Kapitelanfang

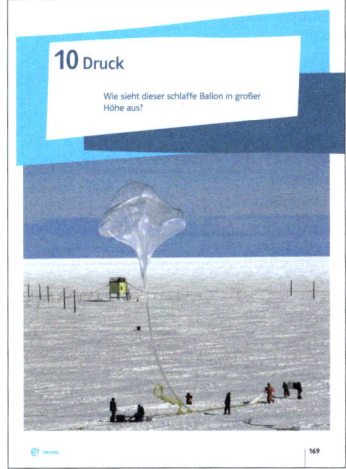

Jedes Kapitel beginnt mit einer solchen Seite. Das Foto und die dazugehörige Frage machen deutlich, worum es in diesem Kapitel geht.

Exkurs-Seiten

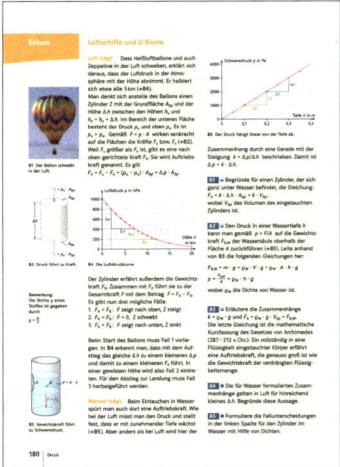

Diese Seiten bieten dir Materialien, mit deren Hilfe du das Gelernte anwenden und vertiefen kannst. Im Gegensatz zu Wahlthemen sind Pflichtthemen Gegenstand des Bildungsplans.

Methoden-Seiten

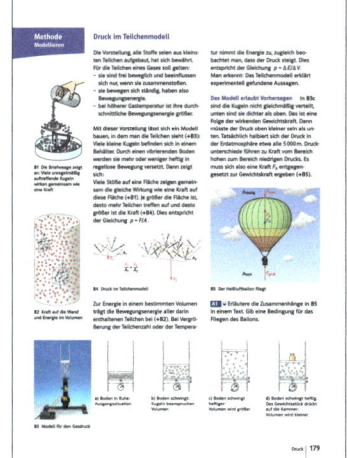

Diese Seiten zeigen dir die grundlegenden Methoden im Überblick. Hier kannst du bei der Arbeit mit dem Buch immer wieder nachschlagen.

Rückblick-Seiten

Zusammenfassung
Auf diesen Seiten findest du den Inhalt des Kapitels in einer Übersichtsgrafik nochmals zusammengefasst.

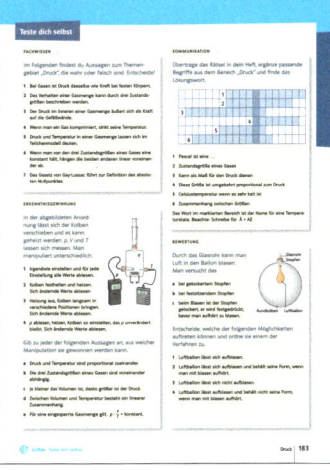

Teste dich selbst
Anhand von Fragen kannst du schnell selbst überprüfen, ob du das Wichtigste verstanden hast. Die **Lösungen** zu diesen Fragen findest du am Ende des Buches.

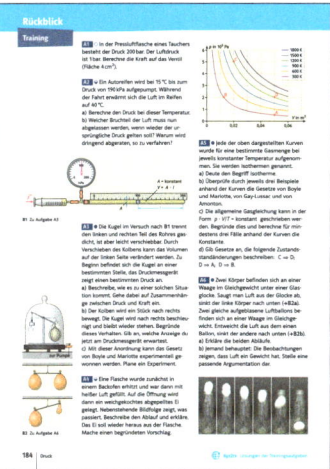

Training
Am Ende jedes Kapitels befinden sich Aufgaben zum Üben. Die **Lösungen** zu diesen Aufgaben findest du in den Online-Materialien.

Impulse Physik

9|10

Zusammengestellt von

Wilhelm Bredthauer
Klaus Gerd Bruns
Oliver Burmeister
Manfred Grote
Ute Schlobinski-Voigt

Ernst Klett Verlag
Stuttgart · Leipzig

Inhaltsverzeichnis

〉 Methode   〉 Exkurs

10 Druck 169

11 Kreisprozesse 185

12 Radioaktivität 199

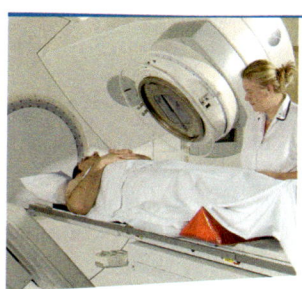

Grundregeln für das Experimentieren

Beim Experimentieren muss man besonders sorgfältig und vorsichtig sein. Lies dir zuerst die Versuchsbeschreibung durch. Beginne mit dem Experimentieren erst, wenn dir die auszuführenden Tätigkeiten klar sind. Führe die einzelnen Schritte eines Experiments immer in der richtigen Reihenfolge aus.

Melde es sofort der Lehrkraft, wenn dir etwas unklar ist oder etwas Unerwartetes geschieht. Achte darauf, dass deine Versuchsaufbauten nicht umkippen können. Trage stets die notwendige Schutzkleidung. Informiere dich darüber, wo der Erste-Hilfe-Kasten und der Feuerlöscher stehen und wie man damit umgeht.

Schutz vor Verbrennungen:
Versuch beendet – Brenner aus!

Schutz vor elektrischen Schlägen:
Nur Spannungen bis 24 V verwenden!

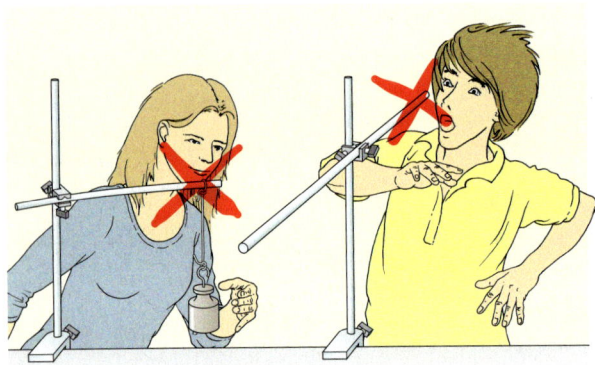

Schutz vor Verletzungen:
Versuch sorgfältig und überlegt aufbauen!

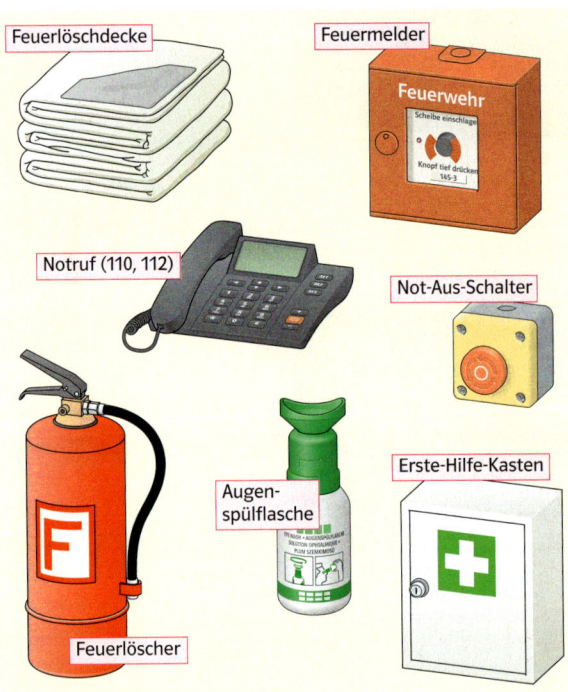

Feuerlöschdecke

Feuermelder

Notruf (110, 112)

Not-Aus-Schalter

Augen-spülflasche

Erste-Hilfe-Kasten

Feuerlöscher

Schutz vor Vergiftung und Verätzung:
Chemikalien richtig aufbewahren und vorsichtig benutzen!

Und wenn doch etwas passiert ...
– Ruhe bewahren!
– Sofort Lehrerin oder Lehrer informieren!
– Hauptschalter bzw. Haupthahn sofort abdrehen!
– Bei größeren Unfällen sofort Notruf wählen:
  Feuerwehr 112
  Polizei 110
– Erste Hilfe leisten!

7 Energieübertragung

Warum führt der Weg nicht in gerader Strecke auf den Berg hinauf?

7.1 Höhenenergie

Man benötigt viel Energie, um ins Weltall zu kommen.

Zur Erinnerung:
Das Produkt $m \cdot g$ ist die Gewichtskraft F_G eines Körpers mit der Masse m.

Berechnung der Höhenenergie

Eine 100-Gramm-Tafel Schokolade wird mit Hilfe eines Elektromotors um einen Meter angehoben (→**B1**).

Die elektrische Energie E_{el}, die dafür benötigt wird, ist gut messbar. Werden zwei Tafeln um einen Meter angehoben, so benötigt man die doppelte Energie. Dasselbe gilt für eine Tafel, die um zwei Meter angehoben wird. Entsprechend ergeben sich weitere Vielfache.

Die Höhenenergie eines Körpers hängt also von seiner Masse und der Höhe ab, in welcher er sich befindet. Es gilt:

1 Die Höhenenergie eines Körpers ändert sich proportional zu seiner Masse: $E_H \sim m$

2 Die Höhenenergie eines Körpers ändert sich proportional zur Höhe, in der er sich befindet: $E_H \sim h$

Zusammengefasst ergibt sich: $E_H \sim m \cdot h$

Ortsfaktor

Würde man den Versuch aus **B1** auf dem Mond wiederholen, ergäben sich dieselben Abhängigkeiten von m und h, aber andere Messwerte für E_{el}.

Die Höhenenergie ist vom jeweiligen Ort abhängig. Die Größe, die diese Abhängigkeit beschreibt, ist der **Ortsfaktor** g. Weitere Einflussfaktoren gibt es nicht. Insgesamt gilt: $E_H = m \cdot g \cdot h$

Aus dieser Gleichung ergibt sich die Definition der Energieeinheit:

$$1\,kg \cdot 1\,\frac{N}{kg} \cdot 1\,m = 1\,Nm = 1\,J$$

Nullniveau

Bei der Angabe der Höhe h ist zu beachten, dass man sich stets auf eine bestimmte Ausgangshöhe Null beziehen muss, das **Nullniveau**. Was man als Nullniveau wählt, hängt von der Zweckmäßigkeit ab. Für einen Körper, der auf dem Tisch liegt, kann man z. B. entweder die Tischoberfläche wählen oder den Fußboden. Im ersten Fall ist seine Höhenenergie null, im zweiten Fall ist sie größer, weil er sich in einer bestimmten Höhe über dem Fußboden befindet. Wird dieser Körper angehoben, so ändert sich seine Höhenenergie. Die Differenz zum jeweiligen Nullniveau bleibt aber die gleiche. Es ist also nur diese Differenz entscheidend (→**B2**).

B1

Beispiele für Ortsfaktoren:

Mittel-europa	$g = 9{,}81\,\frac{N}{kg}$
Nordpol	$g = 9{,}83\,\frac{N}{kg}$
Äquator	$g = 9{,}78\,\frac{N}{kg}$
Mond	$g = 1{,}62\,\frac{N}{kg}$

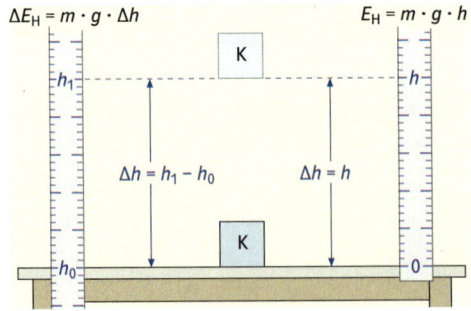

B2 Die Höhe bekommt ein Bezugsniveau.

Die Höhenenergie kann mit der Formel $E_H = m \cdot g \cdot h$ berechnet werden.

Beispiel Katja fährt bei einem Aufenthalt im Schullandheim mit einer Seilbahn von der Talstation (538 m ü. M.) zur Gipfelstation (1248 m ü. M.) Berechne den Wert, um den sich ihre Höhenenergie ändert (m = 60 kg). Der Ortsfaktor betrage g = 9,80 m/s².

Lösung Gegeben: m = 60 kg, g = 9,80 m/s², h_0 = 538 m, h_1 = 1248 m
Gesucht: ΔE_H

Rechnung:

$\Delta E_H = E_{H,\text{Gipfel}} - E_{H,\text{Tal}}$

$\qquad = m \cdot g \cdot h_1 - m \cdot g \cdot h_0$

$\qquad = m \cdot g \cdot (h_1 - h_0) = m \cdot g \cdot \Delta h$

$\Delta h = h_1 - h_0 = 1248\,\text{m} - 538\,\text{m} = 710\,\text{m}$

Daraus folgt:

$\Delta E_H = 60\,\text{kg} \cdot 9,80\,\frac{\text{m}}{\text{s}^2} \cdot 710\,\text{m} = 417\,480\,\text{J}$

Katjas Höhenenergie ändert sich um 417 kJ.

A1 ○ Ein Aufzug befördert die Wagen einer Achterbahn (Gesamtmasse 2 000 kg) zum Startpunkt in einer Höhe von 28 m. Berechne die dafür nötige Energie.

A2 ◐ Bei den Apollo-Mondflügen startete die Mondfähre (m = 4,7 t) von der Mond-oberfläche und koppelte in 100 km Höhe an das Mutterschiff.
a) Schätze die Höhenenergie der Mondfähre beim Kopplungsmanöver.
b) Vergleiche den Wert mit einem Start von der Erde.

A3 ◐ Ein Gewichtheber befördert seine Langhantel beim Wettbewerb um 180 cm nach oben. Dafür muss er eine Energie von 3 834 J aufbringen. Berechne die Masse seiner Langhantel.

A4 ◐ Eine alte Wanduhr wird einmal pro Woche aufgezogen, indem man ihre beiden Gewichte (je 3 kg) um einen Meter anhebt. Berechne die Energie, die der Wanduhr im Jahr im Vergleich zu einer Armbanduhr ($E_{\text{el,Batterie}}$ = 1 000 J) zur Verfügung steht.

V1 Mit einem Experimentier-motor werden Gewichtsstücke gehoben. Miss dabei die Spannung und die Stromstärke sowie die für den Hebevorgang benötigte Zeit Δt und berechne die dem Motor zugeführte elektrische Energie. (Bemerkung: Es gilt $\Delta E_{\text{el}} = U \cdot I \cdot \Delta t$)
Hinweis: Falls vorhanden, kann mit einem Energiemessgerät die elektrische Energie auch direkt gemessen werden.

Wiederhole den Versuch für unterschiedliche Hubhöhen und für Gewichtsstücke mit unterschiedlichen Massen.
Beim Vergleich der zugeführten Energiemenge stellt man fest: Für die doppelte, dreifache, … Hubhöhe benötigt man die doppelte, dreifache, … Menge elektrischer Energie. Der gleiche Zusammenhang ergibt sich bei den Massen.

V2 Versuche, Körper 2 dadurch zu heben, dass Körper 1 herabsinkt. In **a)** gelingt das nur, wenn die Masse von Körper 1 etwas größer ist als die von Körper 2, in **b)** gelingt das auch, wenn sie etwas mehr als halb so groß ist. Sinkt Körper 1 jeweils um die gleiche Weglänge, so steigt Körper 2 in **b)** nur halb so hoch wie in **a)**.

V3 Lass Körper mit unterschiedlicher Masse aus verschiedenen Höhen auf Nägel fallen, die alle gleich weit aus einem Styroporklotz herausragen. Miss die jeweilige Eindringtiefe.
Die Eindringtiefe wächst mit zunehmender Fallhöhe und Masse des gehobenen Körpers.

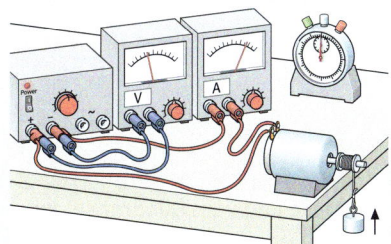

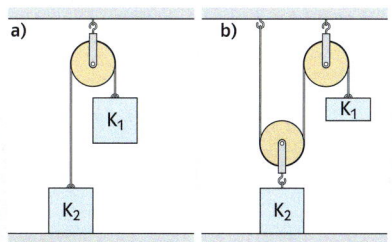

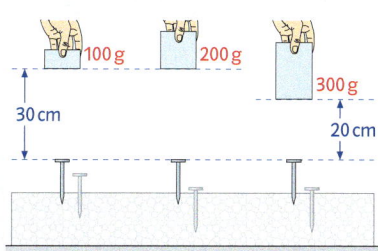

7.2 Bewegungsenergie

Welche Geschwindigkeit muss der Wagen haben, damit er die höchste Stelle der Achterbahn durchfahren kann?

Eine Formel für die Bewegungsenergie

Bei der Fahrt eines Wagens auf der Achterbahn wechselt seine Energie zwischen Höhenenergie und Bewegungsenergie. In der Formel $E_H = m \cdot g \cdot h$ wird die Höhenenergie durch Größen erfasst, die die Situation kennzeichnen und die messbar sind. Bei der Bewegungsenergie müssten das die Geschwindigkeit und eventuell die Masse sein.

Bemerkung:
Statt Bewegungsenergie wird oft auch der Begriff **kinetische Energie** verwendet.

B3 Energie wird durch messbare Größen beschrieben.

Um zu einer Formel für die Bewegungsenergie zu kommen, geht man wie folgt vor:
1 Man geht von einer Energieform aus, die man bereits formelmäßig beschreiben kann.
2 Man sucht einen Vorgang, bei dem Energie, die in dieser Energieform vorliegt, in Bewegungsenergie überführt wird. Dabei nimmt man die Erhaltung der Energie an.
3 Man misst während des Vorgangs alle relevanten Größen.

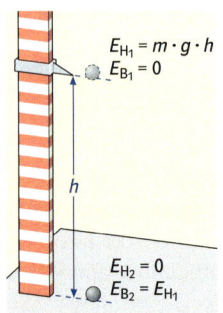

B1 Höhenenergie wird in Bewegungsenergie überführt.

Dafür geeignet ist z. B. der freie Fall eines Körpers: Hier wird Höhenenergie vollständig in Bewegungsenergie überführt (wenn man von der Luftreibung absieht). **B1** zeigt das Prinzip: Man lässt einen Körper aus unter-schiedlichen Höhen fallen und bestimmt am Ende des Fallweges seine Geschwindigkeit. Man stellt fest (→**B2**): Die Endgeschwindigkeit steigt mit der Starthöhe, beide Größen sind aber nicht proportional zueinander. Die markierten Werte in der Tabelle zeigen, dass man die vierfache Höhe braucht, um die doppelte Geschwindigkeit zu erhalten. Dies deutet darauf hin, dass das Quadrat der Endgeschwindigkeit proportional zur Starthöhe ist. Der Quotient v^2/h erweist sich mit einer maximalen Abweichung von 2 % vom Mittelwert 19,46 m/s² als konstant.
Folgerung: Da E_H gemäß $E_H = m \cdot g \cdot h$ proportional zu h ist, ist E_B proportional zum Quadrat der Geschwindigkeit: $E_B \sim v^2$.

Im Versuch zeigt sich, dass die Endgeschwindigkeit des Fallkörpers nicht von seiner Masse abhängt, obwohl das für die Höhenenergie der Fall ist.
Folgerung: Höhenenergie und Bewegungsenergie hängen in gleicher Weise von der Masse ab. Da E_H proportional zu m ist, gilt auch: $E_B \sim m$

Insgesamt ergibt sich $E_B = k \cdot m \cdot v^2$ mit einer Konstanten k.
Wenn die Geschwindigkeit v erreicht ist, gilt $E_B = E_H$, also $k \cdot m \cdot v^2 = m \cdot g \cdot h$

$$\Leftrightarrow k \cdot v^2 = g \cdot h \Leftrightarrow \frac{g}{k} = \frac{v^2}{h} = 19{,}46 \frac{m}{s^2}$$

Mit $g = 9{,}81 \frac{m}{s^2}$ folgt $k = \frac{9{,}81}{19{,}46} = 0{,}5$

Die Bewegungsenergie eines Körpers hängt von seiner Masse und vom Quadrat seiner Geschwindigkeit ab. Es gilt: $E_B = \frac{1}{2} \cdot m \cdot v^2$

h in m	0	0,25	0,50	0,75	1,00	1,25	1,50	1,75	2,00
v in m/s	0	2,18	3,10	3,83	4,42	4,94	5,42	5,85	6,27
v^2 in m²/s²	0	4,76	9,61	14,67	19,54	24,40	29,38	34,22	39,31
v^2/h in m/s²		19,04	19,22	19,56	19,54	19,52	19,57	19,55	19,66

B2 Fallhöhe und Endgeschwindigkeit eines Körpers

Beispiel V1 kann benutzt werden, um eine Formel für die Bewegungsenergie zu gewinnen.
a) Begründe diese Aussage, skizziere dazu auch ein Energietransportdiagramm.
b) Stelle den Versuchsaufbau in einer Skizze dar. Gib die zu messenden Größen an.
c) Vergleiche mit dem Verfahren in V2.

Lösung a) Die noch unbekannte Bewegungsenergie wird in Höhenenergie überführt, die sich aus der erreichten Höhe und der Masse berechnen lässt.

B4

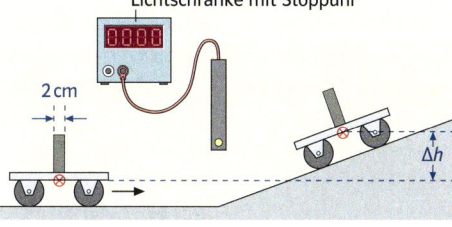

Lichtschranke mit Stoppuhr

2 cm

Δh

b) Man misst die Breite des Verdunklungsfähnchens, die Verdunklungszeit am Fuße der schiefen Ebene und die erreichte Höhe.

c) Es dürfte mehr Reibung als bei V2 auftreten, wegen der Ausdehnung des Wagens ist nicht genau klar, wo die Höhe gemessen werden muss, Bewegungsenergie gibt es nicht nur bei der Vorwärtsbewegung des Wagens, sondern auch bei der Drehung der Räder.

A1 ⊖ a) Begründe die gleichen Endgeschwindigkeiten in V4.
b) Recherchiere den Begriff „Brachistochrone".

A2 ⊖ Du springst vom 10-m-Turm. Bestimme die Höhe über dem Becken, bei der deine Höhenenergie und deine Bewegungsenergie gleich groß sind. Berechne deine Fallgeschwindigkeit in dieser Höhe.

A3 ⊖ Um die Gefahr bei einem Autounfall zu verdeutlichen, wird der Aufprall eines Pkw gegen eine Wand mit dem Sturz von einem Hochhaus verglichen (→B4). Berechne für die Geschwindigkeiten 30 km/h, 50 km/h und 100 km/h die jeweilige Fallhöhe.

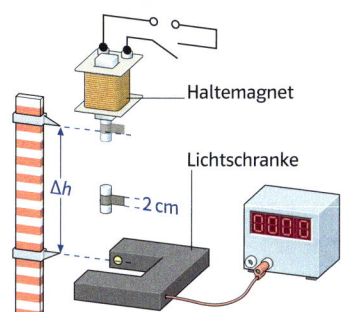

Haltemagnet

Lichtschranke

Δh

2 cm

h in m	0,25	0,50	0,75	1,00	1,25	1,50	1,75	2,00
Δt in s	0,0092	0,0065	0,0052	0,0045	0,0040	0,0037	0,0034	0,0032

die Geschwindigkeit nach Durchfallen der Höhe h berechnet werden.

V2 Schiebe ein Spielzeugauto auf ebener Strecke an, sodass es eine schiefe Ebene hochrollt.
Je schneller das Auto ist, desto höher kommt es.

V3 Lass einen Wagen eine schiefe Ebene hinunterrollen. Miss den Höhenunterschied zwischen Start und Ziel sowie die Endgeschwindigkeit des Wagens.
Die Geschwindigkeit verdoppelt sich bei vierfachem Höhenunterschied.

V1 Körper mit unterschiedlicher Masse durchfallen aus verschiedenen Höhen eine Lichtschranke. Ein Fähnchen der Breite Δs unterbricht das Lichtbündel. Eine angeschlossene Stoppuhr misst die Zeitdauer Δt, für die die Lichtschranke verdunkelt wird. Die Messwerttabelle zeigt: Die Verdunklungszeiten werden mit zunehmender Fallhöhe kleiner. Sie sind unabhängig von der Masse des fallenden Körpers. Aus der Verdunklungszeit Δt und der Breite Δs kann

V4 Lass zwei gleiche Kugeln auf einer Kugelbahn hinabrollen. Obwohl die rechte Bahn länger ist, kommt die rechte Kugel zuerst unten an. Die Endgeschwindigkeiten beider Kugeln sind jedoch gleich.

7.3 Temperaturmessung

Im Hochofen wird Stahl bei sehr hohen Temperaturen verarbeitet. Die Messung der Temperatur erfolgt dabei anhand einer Tabelle, die der Farbe des Stahls eine Temperatur zuordnet. Die Kenntnis der Temperatur nutzt man beim Härten des Stahls aus.

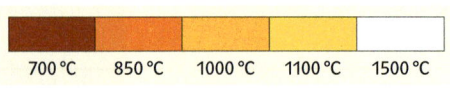

B1 Verschiedene Temperaturskalen

Für Temperaturunterschiede:
$5/9$ °C ≙ 1 °F

Der Begriff „Temperatur"

Unsere Haut ist ein Sinnesorgan, mit dem wir zwischen heißen, lauwarmen und kalten Zuständen unserer Umgebung oder von Körpern, die wir berühren, unterscheiden können. Dieses Empfinden ist subjektiv, das heißt, es ist von der einzelnen Person und ihrer Erfahrung abhängig. Mehrere Menschen können sich oft nicht einigen, ob etwas heiß oder kalt ist. Nur wenn etwas abgekühlt oder erwärmt wird, weichen ihre Aussagen darüber kaum voneinander ab.

Um solche Zustände unabhängig von persönlichen Empfindungen beschreiben zu können, wird eine neue physikalische Messgröße verwendet. Sie beinhaltet eine genau einzuhaltende Messvorschrift, so dass die Messgröße objektiv ist, d.h., für jedermann in gleicher Weise nachvollziehbar wird. Eine Messgröße wird mit Maßzahl und Einheit angegeben. Die Messgröße für den Zustand heiß oder kalt eines Körpers ist die **Temperatur**.

Bei uns wird die Temperatur in der Einheit 1 °C (1 Grad Celsius) angegeben. Dabei entspricht 0 °C der Temperatur, bei der Eis schmilzt und 100 °C der Temperatur, bei der Wasser siedet. In der Physik verwendet man die Einheit 1 K (1 Kelvin). 0 K entsprechen −273,15 °C. Dies ist die tiefste Temperatur, die es geben kann und wird als **absoluter**

Nullpunkt bezeichnet. Entsprechend bedeutet 273,15 K dasselbe wie 0 °C. Eine in Nordamerika gebräuchliche Einheit ist 1 °F (1 Grad Fahrenheit) (→**B1**).

Messung der Temperatur

Die Temperatur eines Körpers misst man mit einem **Thermometer**. Je nach Verwendung besitzen sie unterschiedliche Messbereiche. Der Messbereich wird durch einen kleinsten und größten Temperaturwert angegeben. Die Messung einer Temperatur kann auf vielerlei Arten erfolgen. Flüssigkeitsthermometer nutzen die Ausdehnung einer Flüssigkeit bei Erwärmung aus. Anhand einer Skala kann man die Temperatur ablesen (→**B1**). Elektrische Digitalthermometer nutzen aus, dass manche Materialien den Strom bei verschiedenen Temperaturen unterschiedlich gut leiten. Elektronische Ohrthermometer nutzen die Energie die von der Haut des Menschen abgestrahlt wird, um die Temperatur zu messen. Flüssigkeitskristallthermometer an Aquarien oder Weinflaschen wechseln bei Temperaturänderung ihre Farbe. Im Außenbereich werden sogenannte Bimetallthermometer verwendet, bei denen eine Feder aus Bimetall die Form ändert und damit die Temperatur anzeigt. Auch die Farbe glühender Materialien gibt Auskunft über deren Temperatur (→**B2**).

**Mit der Angabe der Temperatur eines Körpers wird sein Zustand, heiß oder kalt oder eine Zwischenstufe davon, objektiv beschrieben.
Die Temperatur wird z. B. in der Einheit 1 °C (1 Grad Celsius) angegeben.**

| 700 °C | 850 °C | 1000 °C | 1100 °C | 1500 °C |

B2 Glühfarben

Beispiel Die Festlegung einer Skala bezeichnet man als Kalibrieren. Stell dir vor, du hast ein Flüssigkeitsthermometer, bei dem die Skala fehlt. Beschreibe, wie du vorgehst, um eine Skala für das Thermometer zu erstellen.

Lösung Um das Thermometer zu kalibrieren, benötigt man zwei Situationen, deren Temperatur man kennt: Die Temperatur von schmelzendem Eis beträgt 0 °C, die von siedendem Wasser 100 °C.

Man gibt Eiswürfel in ein Becherglas und hält das Thermometer in das Eiswasser. Das Ende des Flüssigkeitsfadens wird markiert und mit 0 °C beschriftet. Dann bringt man Wasser zum Sieden, hält das Thermometer in das siedende Wasser, markiert wieder die Anzeige des Flüssigkeitsfadens und beschriftet sie mit 100 °C. Zum Schluss muss man den Abstand zwischen diesen beiden Marken in 100 gleiche Teile zerlegen. Nach oben und nach unten wird die Skala gleichmäßig fortgesetzt. Temperaturen unterhalb von 0 °C werden mit einem Minuszeichen gekennzeichnet.

A1 ○ Schätze die Temperatur des glühenden Stahls im Bild auf der linken Seite.

A2 ◒ Neben der Celsius-Skala gibt es auch andere Temperaturskalen. Recherchiere, wer diese Skalen erfunden hat und wie sie sich von der Celsius-Skala unterscheiden. Stelle deine Ergebnisse in einer Tabelle dar.

A3 ◒ Beschreibe, welche Fehler du machen kannst, wenn du die Temperatur mit den dargestellten Thermometern messen willst. Erstelle dazu eine Tabelle.

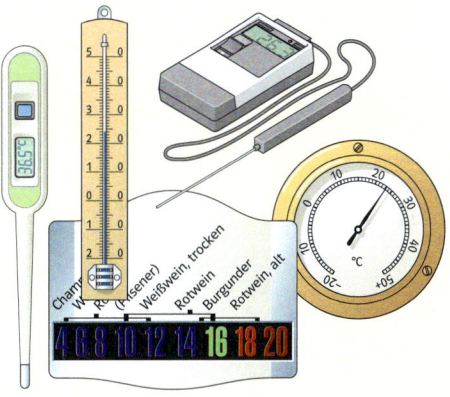

V1 Schalte einen Eisendraht, einen Heißleiter (NTC-Widerstand) und eine Glühlampe wie nachfolgend an eine elektrische Quelle.

Erwärmst du den Eisendraht mit einer Kerze, so leuchtet die Lampe dunkler. Erwärmst du den Heißleiter, so leuchtet die Lampe heller.

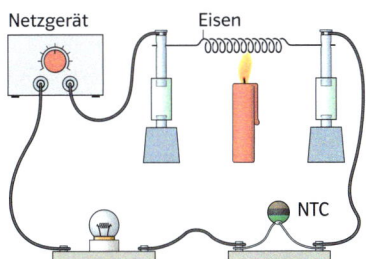

V2 In je einem Gefäß ist kaltes, heißes und lauwarmes Wasser.

Tauche nacheinander eine Hand ein. Du kannst die Zustände des Wassers unterscheiden. Halte jetzt längere Zeit gleichzeitig eine Hand in das heiße und die andere in das kalte Wasser und danach beide Hände in das lauwarme Wasser. Beide Hände empfinden jetzt den Zustand des lauwarmen Wassers unterschiedlich.

V3 Spanne einen Eisendraht vorsichtig zwischen zwei Halterungen ein und schließe ihn an ein Netzgerät. Erhöhe langsam die elektrische Spannung am Netzgerät. Ab einer bestimmten Spannung beginnt der Draht zu glühen. Das Glühen beginnt dunkelrot und wird bei weiterer vorsichtiger Erhöhung der Spannung heller und gelber. Vergleiche die Farben mit der Farbkarte und schätze die jeweilige Temperatur des Drahtes.

V4 Fülle Leitungswasser in einen Becher und lass ihn eine Stunde im Zimmer stehen. Das Wasser fühlt sich kälter an als die Raumluft. Miss nun die Zimmertemperatur und die Wassertemperatur. Vergleiche! Beide Werte sind gleich.

7.4 Thermische Energie

Die Pizza kommt direkt aus dem heißen Ofen. An einer Tomate verbrennt man sich die Zunge, an der Kruste nicht.

Temperaturen gleichen sich an

Um eine Pizza zu backen, heizt man den Backofen auf Temperaturen von etwa 200 °C auf. Die Pizza wird mit Raumtemperatur von ca. 20 °C in den Ofen geschoben.
Der Ofen überträgt Energie an die Pizza. Die Zufuhr dieser **thermischen Energie** macht sich durch eine Erhöhung der Temperatur der Pizza bemerkbar.

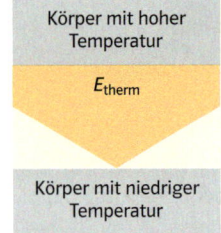

B1 Energie wird von alleine vom warmen zum kalten Körper transportiert.

Immer wenn zwei Körper unterschiedlicher Temperatur zusammentreffen, wird von selbst thermische Energie vom Körper mit der höheren Temperatur zum Körper mit der niedrigeren Temperatur übertragen, nie umgekehrt (→**B1**). Der Vorgang endet, wenn beide Körper dieselbe Temperatur haben. Die Temperatur des warmen Körpers nimmt dabei ab, die Temperatur des kalten Körpers zu. Weil dem Ofen ständig elektrische Energie zugeführt wird, bleibt seine Temperatur bei 200 °C. Diese wird schließlich auch von der Pizza erreicht.

Spezifische Wärmekapazität

Beim Erhitzen von Wasser stellt man fest, dass die Temperaturerhöhung nicht nur davon abhängt, wie viel Energie übertragen wird, sondern auch von der Masse des Wassers.

Dieselben Abhängigkeiten erhält man, wenn man Öl statt Wasser erhitzt. Allerdings ist die jeweilige Temperaturerhöhung beim Öl deutlich größer als bei Wasser. Neben der übertragenen Energie und der Masse spielt also auch der Stoff eine Rolle.

Dieser Einfluss wird durch die **spezifische Wärmekapazität** c beschrieben. Sie gibt an, wie viel Energie benötigt wird, um die Temperatur von 1 kg des Stoffes um 1 °C (bzw. 1 K) zu erhöhen (→**B2**). Die Einheit der spezifischen Wärmekapazität ist 1 kJ/(kg · °C). Derselbe Betrag thermischer Energie wird abgegeben, wenn die Temperatur von 1 kg des Stoffes um 1 °C sinkt.

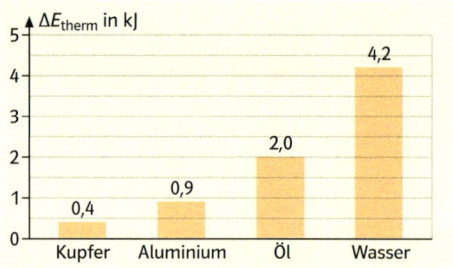

B2 Spezifische Wärmekapazität: Energiebetrag, um 1 kg des Stoffes um 1 °C zu erwärmen

Wasser hat eine besonders hohe spezifische Wärmekapazität von rund 4,2 kJ/(kg · °C). Man benötigt also rund 4,2 kJ, um 1 kg Wasser von z. B. 18 °C auf 19 °C zu erwärmen.

Thermische Energie geht von selbst nur von einem Körper mit hoher Temperatur auf einen mit niedriger Temperatur über.
Ein Körper mit großer Masse benötigt für eine bestimmte Temperaturerhöhung mehr Energie als ein Körper mit kleinerer Masse aus demselben Stoff.
Die spezifische Wärmekapazität eines Stoffes beschreibt den Einfluss des Stoffes auf die Temperaturerhöhung.

Beispiel Wenn die Pizza aus dem Ofen kommt, haben alle Bestandteile die gleiche Temperatur (Käse, Kruste, Tomaten). Erkläre mit Hilfe des Diagramms, warum man sich an der Tomate die Zunge verbrennen kann.

Lösung Wenn alle Bestandteile der Pizza die gleiche Temperatur haben, kann die hohe Temperatur der Tomate nicht die alleinige Ursache für das Verbrennen der Zunge sein. Beim Backen hat die Tomate wegen ihres hohen Wasseranteils besonders viel thermische Energie aufgenommen.
Wir nehmen an, dass im Mund von jedem Bestandteil die gleiche Masse in Kontakt mit der Zunge kommt und dabei thermische Energie an die Zunge abgibt. Dabei verringert sich die Temperatur der Bestandteile. Pro 1 °C Temperaturabnahme gibt die Tomate mehr thermische Energie an die Zunge ab als der Käse bzw. die Kruste. Deshalb erhöht sich die Temperatur der Zunge beim Kontakt mit der Tomate am meisten.

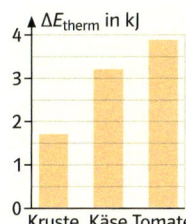

A1 ○ Begründe, dass Wasser als Füllung für eine Wärmflasche besonders gut geeignet ist.

A2 ⊖ a) Erläutere die in der Abbildung zu **V3** dargestellten Temperaturänderungen.
b) Begründe das abweichende Versuchsergebnis, wenn statt des Kupferblocks ein 100-g-Aluminiumblock bzw. wenn 100 g Wasser hinzugefügt wird.
c) Berechne für alle drei Varianten des Versuchs die vom Wasser aufgenommene Energie aus den Messwerten.

A3 ⊖ Zu Beginn einer Schönwetterperiode hat das Wasser in einem unbeheizten Schwimmbad eine geringere Temperatur als die Umgebung. Nach mehreren Sonnentagen wird das Wetter wieder schlechter. Nun kehren sich die Verhältnisse um: Das Wasser hat eine höhere Temperatur als die Umgebung. Verwende die Erkenntnisse dieser Seite, um eine Erklärung zu formulieren.

V1 Stelle einen kleinen Erlenmeyerkolben in einen Becher. Fülle in den Erlenmeyerkolben 100 ml Wasser von 60 °C und in den Becher 200 ml Wasser von 25 °C. Miss in regelmäßigen Abständen die Temperatur des Wassers in beiden Gefäßen.
Das kalte Wasser erwärmt sich und das warme Wasser kühlt sich ab, bis beide die gleiche Temperatur haben.

V2 Fülle 20 g Wasser in ein Becherglas. Miss die Temperatur und erhitze dann mit einem Teelicht für 3 Minuten. Miss erneut die Temperatur. Wiederhole den Versuch mit 40 g Wasser bzw. mit 20 g Öl. Achte

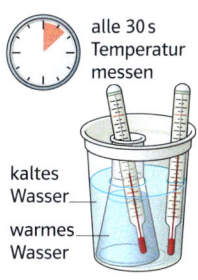

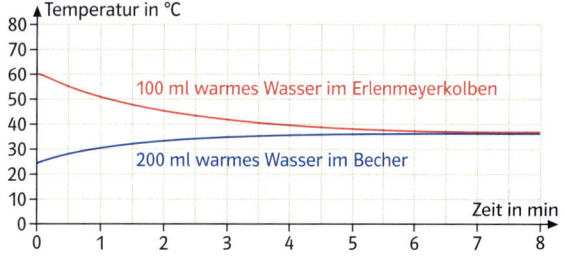

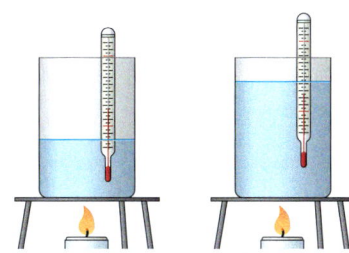

darauf, dass das Teelicht immer in gleicher Höhe unter dem Becherglas steht. Führe die Versuche auch mit zwei Teelichtern durch.
Die Temperatur von 40 g Wasser hat sich weniger, die von 20 g Öl hat sich stärker erhöht als die Temperatur von 20 g Wassers. Bei zwei Teelichtern ergeben sich jeweils größere Temperaturerhöhungen.

V3 Ein Kupferblock (m = 100 g) wird in kochendem Wasser auf 100 °C erhitzt. Lege den heißen Block in 200 g kaltes Wasser (18 °C) und miss anschließend die Temperatur des Wassers. Wiederhole den

Versuch mit einem 100-g-Aluminiumblock. Miss auch die Mischungstemperatur von 100 g siedendem Wasser mit 200 g kaltem Wasser.
Ergebnis: Bei Kupfer steigt die Wassertemperatur auf 21 °C, bei Aluminium auf 25 °C und bei Zugabe von siedendem Wasser ergibt sich eine Endtemperatur von 45 °C.

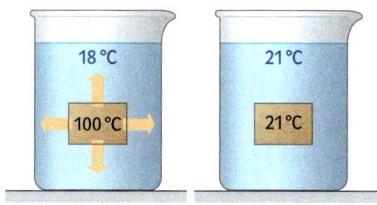

Spezifische Wärmekapazität von Wasser

Etwa 12 % des Energiebedarfs eines durchschnittlichen Haushalts wird benötigt, um Wasser zu erwärmen. Wie kann man die thermische Energie berechnen, die benötigt wird, um das kalte Leitungswasser (Temperatur 18 °C) auf eine Temperatur von 38 °C zu erwärmen, um damit heiß zu duschen? Experimente können die Antwort liefern.

Planen einer Untersuchung Um kaltes Leitungswasser zu erwärmen, muss thermische Energie an das Wasser übertragen werden:

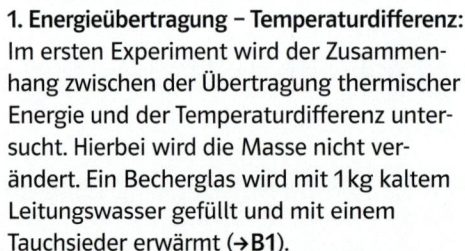

Energie ΔE wird zugeführt	Wasser (Masse m) erhöht seine Temperatur um ΔT

Dabei vermutet man, dass die benötigte thermische Energie sowohl von der Masse des zu erwärmenden Wassers abhängt als auch von der Differenz zwischen Anfangs- und Endtemperatur des Wassers.
Um genaue Aussagen über die Abhängigkeit zu machen, sind zwei Experimente nötig.
Bei den Experimenten ist darauf zu achten, dass immer nur eine Größe verändert wird.

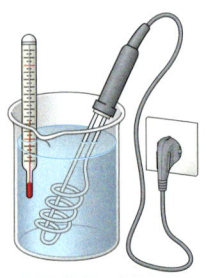

B1 Versuchsaufbau

1. Energieübertragung – Temperaturdifferenz: Im ersten Experiment wird der Zusammenhang zwischen der Übertragung thermischer Energie und der Temperaturdifferenz untersucht. Hierbei wird die Masse nicht verändert. Ein Becherglas wird mit 1 kg kaltem Leitungswasser gefüllt und mit einem Tauchsieder erwärmt (→**B1**).

Das Typenschild des Tauchsieders gibt eine Leistung von 300 W an. Das bedeutet, dass jede Sekunde eine maximale thermische Energie von 300 J an das Wasser übertragen wird. Alle 30 Sekunden wird die erreichte Temperaturdifferenz ΔT gemessen (vorher umrühren!) und zusammen mit der übertragenen thermischen Energie ΔE notiert (→**B2**). Bildet man den Quotienten $\Delta E/\Delta T$, so stellt man fest, dass die Quotienten annähernd gleich sind. Die zugeführte thermische Energie ΔE und die Temperaturdifferenz ΔT sind proportional zueinander.

t in s	ΔE in kJ	ΔT in °C	$\Delta E/\Delta T$ in kJ/°C
30	9	2,0	4,5
60	18	3,9	4,6
90	27	5,8	4,7
120	36	7,6	4,7

B2 Zusammenhang von Temperaturänderung und Energiezufuhr

2. Energieübertragung – Masse: Im zweiten Experiment wird der Zusammenhang zwischen der Übertragung thermischer Energie und der Masse untersucht. Hierzu wird unterschiedlichen Mengen Wasser thermische Energie mit dem Tauchsieder zugeführt. Dabei wird die thermische Energie gemessen, die nötig ist, um eine Temperaturdifferenz von 10 °C zu erreichen und in einer Tabelle notiert (→**B3**):

m in kg	ΔT in °C	ΔE in kJ	$\Delta E/m$ in kJ/kg
0,25	10	11,0	44
0,5	10	22,5	45
1,0	10	46,5	47
1,5	10	70,0	47

B3 Zusammenhang von Masse und Energiezufuhr

Bildet man den Quotienten $\Delta E/m$, so stellt man fest, dass die Quotienten annähernd gleich sind. Die zugeführte thermische Energie und die Masse sind proportional zueinander.

Die thermische Energie ist also sowohl proportional zur Masse m als auch zur Temperaturdifferenz ΔT. Die Proportionalitätskonstante c nennt man **spezifische Wärmekapazität**. Genaue Messungen ergeben für Wasser einen Wert für c von 4,19 kJ/(kg · °C).

Zusammenfassend lässt sich als Ergebnis formulieren: Die zu übertragende thermische Energie, um einen Körper der Masse m um eine Temperaturdifferenz ΔT zu erwärmen, lässt sich berechnen mit:

$$\Delta E_{\text{therm}} = c \cdot m \cdot \Delta T$$

c ist die spezifische Wärmekapazität des Stoffes, aus dem der Körper besteht.

Sachverhalte physikalisch erklären

B1 Warum ist der Sand heiß und das Wasser angenehm warm?

Dichte ϱ
$\varrho_{Wasser} = \frac{1\,kg}{dm^3}$
$\varrho_{Sand} = \frac{1,6\,kg}{dm^3}$
spezifische Wärmekapazität
$c_{Wasser} = \frac{4,19\,kJ}{kg \cdot K}$
$c_{Sand} = \frac{1,0\,kJ}{kg \cdot K}$
Die Sonne liefert
$\Delta E = \frac{2\,000\,kJ}{h \cdot m^2}$

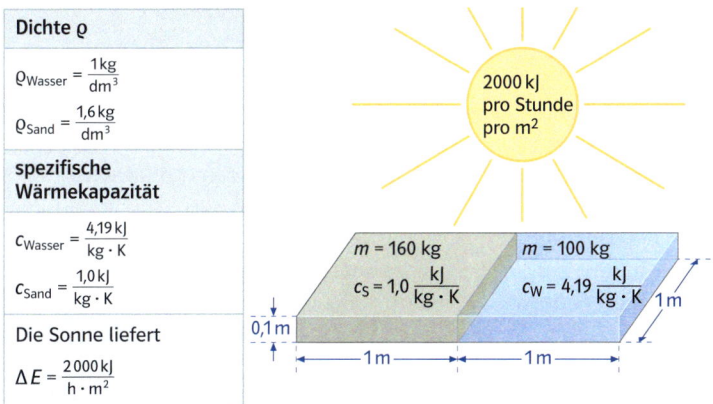

B2 Sonnenenergie wird übertragen und in thermische Energie überführt.

Wasser und Strand An einem heißen Sommertag am Strand verbrennt man sich im Sand fast die Füße und sucht im Wasser Kühlung. Dabei führt doch die Sonne beiden in gleicher Weise Energie zu: 2 000 kJ pro Stunde und Quadratmeter. Sand und Wasser werden erwärmt, weil Sonnenenergie in thermische Energie überführt wird.

Über die Beziehung $\Delta T = \frac{\Delta E}{m \cdot c}$ lässt sich der Temperaturanstieg berechnen. Um einen Wert für m zu bekommen, betrachtet man eine Schicht von 1 m^2 Fläche und 0,1 m Tiefe, d.h., ein Volumen $V = 0,1\,m^3 = 100\,dm^3$. Daraus ergibt sich mit $m = \varrho \cdot V$ (→B2):

$m_{Sand} = 160\,kg$ und $\Delta T_{Sand} = 12,5\,K$

$m_{Wasser} = 100\,kg$ und $\Delta T_{Wasser} = 4,8\,K$

Man erkennt einen deutlichen Temperaturunterschied, der unserer Erfahrung entspricht.

A1 ◔ Sonnenlicht dringt in Wasser tiefer ein als in Sand. Diskutiere den Einfluss auf die Temperaturänderung.

Die Warmwasserheizung Zum heutigen Wohnkomfort gehört eine Zentralheizung. B3 zeigt das Funktionsprinzip, das Energietransportdiagramm B4 Energieumwandlung und -übertragung. In den Heizungen wird Wasser verwendet. Es ist deswegen gut geeignet, weil seine spezifische Wärmekapazität im Vergleich zu anderen Flüssigkeiten groß ist (Wasser: 4,19 kJ/kg · K, Öl: 2 kJ/kg · K). Die Flüssigkeitsmenge, die erforderlich ist, um die Energie 1 kJ in das Wohnzimmer zu transportieren, lässt sich berechnen. Wir nehmen an, dass sich bei der Energieübertragung die Temperatur der Flüssigkeit um 5 °C erniedrigt. Dann gilt

$$m_{Wasser} = \frac{1\,kJ}{4,19\,\frac{kJ}{kg \cdot K} \cdot 5\,K} = 0,047\,kg$$

$$m_{Öl} = \frac{1\,kJ}{2,0\,\frac{kJ}{kg \cdot K} \cdot 5\,K} = 0,1\,kg$$

A2 ● Verfasse einen Text, in dem du die Funktion der Zentralheizung erläuterst.

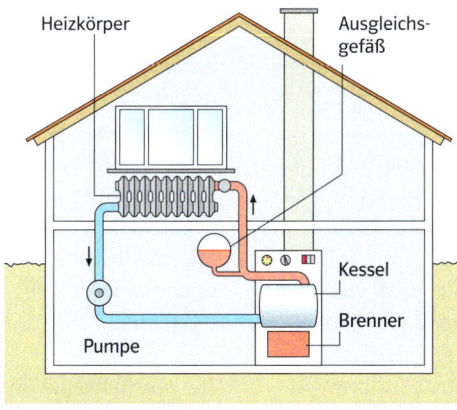

B3 Die Zentralheizung

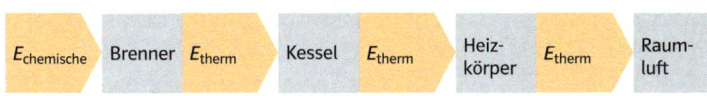

B4 Energietransportdiagramm zur Zentralheizung

7.5 Arbeit und Wärme

Streichhölzer entzünden sich bei einer Temperatur von ca. 60 bis 70 °C. Wie wird diese Temperatur erreicht?

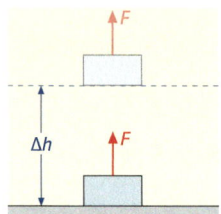

B1 Ein Gegenstand wird gehoben.

Mechanische Arbeit

Um einen Gegenstand hochzuheben, muss eine Kraft auf ihn wirken. Gleichzeitig ändert sich dabei seine Höhenenergie. Die Höhenenergie eines Gegenstandes kann demnach geändert werden, indem eine Kraft F längs der Weglänge Δh auf ihn wirkt (→B1). Man sagt auch: An dem Körper wird **Arbeit W** verrichtet und es gilt $W = \Delta E$.

Das Anheben des Gegenstandes kann auf sehr unterschiedliche Weise erfolgen, z.B.:
– Beim Hochheben muss eine Kraft F längs der Weglänge Δh wirken. Deren Betrag ist gleich dem Betrag der Gewichtskraft F_G.
– Beim Hochziehen über eine schiefe Ebene ist der Betrag für die dafür notwendige Kraft F kleiner als F_G. Dafür muss sie über eine größere Weglänge $\Delta s > \Delta h$ wirken.
– Auch beim Hochziehen mit einem Flaschenzug ist F kleiner als F_G, aber dafür ist die einzuholende Seillänge Δs größer als Δh.

Untersucht man alle diese Hebevorgänge genau, so stellt man fest, dass das Produkt $F \cdot \Delta s$ stets genau so groß ist wie die Änderung der Höhenenergie $\Delta E_H = m \cdot g \cdot \Delta h = F_G \cdot \Delta h$. Es ist deswegen sinnvoll, Arbeit als Kraft mal Weg zu definieren: $W = F \cdot \Delta s$. Die Einheit der Arbeit ist die gleiche wie der Energie, nämlich 1 J (Joule) und es gilt:
$$1 J = 1 N \cdot 1 m = 1 Nm$$

Wirkt die Kraft nicht längs des Weges, so ist für die verrichtete Arbeit nur deren Komponente $F_\parallel$, die parallel zur Wegrichtung zeigt, zu berücksichtigen (→B2).

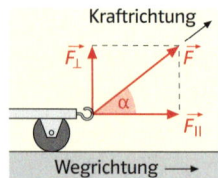

B2 Nur $F_\parallel$ trägt zur Arbeit bei.

Durch Arbeit kann auch die Bewegungsenergie bzw. die Spannenergie eines Gegenstandes geändert werden.

Wärme

Wenn die Temperatur eines Körpers steigt, zeigt dies die Zunahme seiner thermischen Energie an. Nach dem Prinzip der Energieerhaltung muss dann dem Körper Energie zugeführt worden sein. Das kann auf unterschiedliche Weise geschehen:
– durch Kontakt mit einem heißeren Gegenstand, z.B. einer heißen Herdplatte,
– durch Strahlung, z.B. von der Sonne.

Wenn sich die thermische Energie eines Körpers alleine durch Kontakt mit einem Körper anderer Temperatur ändert oder durch Strahlung, spricht man von Energieübertragung durch **Wärme**. Wärme wird mit Q bezeichnet, die Einheit ist 1 J. Wärme bewirkt eine Energieänderung ΔE_{therm} und es gilt: $Q = \Delta E_{therm}$
Außer durch Wärme kann man die Temperatur und damit die thermische Energie eines Gegenstandes auch durch mechanische Arbeit ändern. Man erkennt dies, wenn man die Hände kräftig reibt oder ein Streichholz entzündet. Gleiches gilt für alle Reibungsvorgänge.

Die mechanische Energie eines Körpers kann durch Arbeit verändert werden.
Zufuhr und Entzug von thermischer Energie durch direkten Kontakt oder durch Strahlung bezeichnet man als Wärme.
Thermische Energie kann außerdem auch durch Arbeit geändert werden.

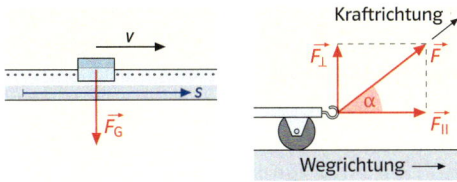

Beispiel Nicht immer, wenn ein Weg zurückgelegt wird oder eine Kraft wirksam ist, wird Arbeit verrichtet. Erläutere folgende Situationen:
a) Ein Gegenstand wird gehalten,
b) ein Luftkissengleiter bewegt sich mit konstanter Geschwindigkeit und
c) ein Wagen wird mit einer schräg nach oben wirkenden Kraft gezogen.

Lösung a) Beim Halten eines Gewichtsstücks wirkt eine Kraft, es wird aber kein

Weg zurückgelegt, d.h., $\Delta s = 0 \Rightarrow W = 0$
b) Wenn sich ein Körper, z.B. ein Gleiter auf einer Luftkissenbahn gemäß der Trägheit mit konstanter Geschwindigkeit auf einer Waagerechten bewegt, ist keine Kraft erforderlich, d.h., $F = 0 \Rightarrow W = 0$
Auf den Gleiter wirkt zwar senkrecht zur Bewegungsrichtung die Gewichtskraft. Dadurch ändert sich aber die Bewegungsenergie nicht, d.h., F senkrecht zu $s \Rightarrow W = 0$
c) Zeigen Kraft und Weg nicht in die gleiche Richtung, so trägt nur die Kraftkomponente $F_\parallel$ in Wegrichtung zur Arbeit bei:
$W = F_\parallel \cdot \Delta s$.

A1 ○ Ein Handball ($m = 450\,\text{g}$) wird über eine Weglänge von 1,2 m mit einer Kraft F beschleunigt. Berechne für $F = 200\,\text{N}$ die Geschwindigkeit des Balls beim Abwurf.

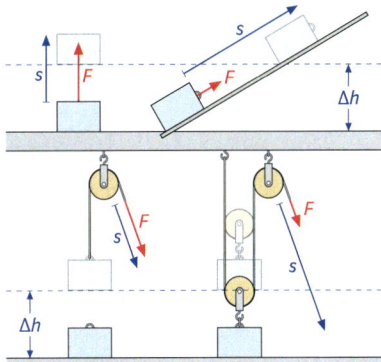

V1 Hebe ein Gewichtsstück durch senkrechtes Hochheben, durch Hochziehen über eine schiefe Ebene, mit Hilfe einer festen Rolle und mit Hilfe einer losen Rolle um die Höhe Δh an. Miss jeweils den Betrag der erforderlichen Kraft und die Weglänge, über die diese Kraft wirkt. Je kleiner der Betrag der Kraft ist, desto länger ist die Weglänge.

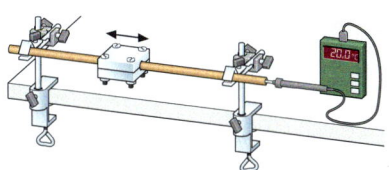

V2 Zwei Hälften eines Klotzes umschließen ein Kupferrohr. Bewege den Klotz mehrere Male hin und her. Miss die Temperatur des Kupferrohres. Je öfter man den Klotz hin und her bewegt, desto größer ist der Temperaturanstieg.

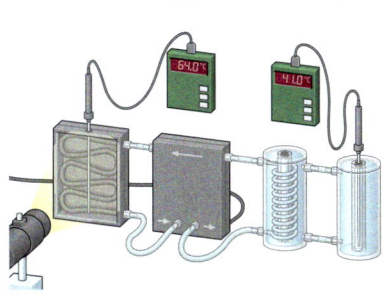

V3 Bestrahle mit einer Rotlichtlampe das Modell eines Solarkollektors. Das darin befindliche Wasser wird durch eine Pumpe in einem Kreislauf bewegt. Dieser führt durch ein Gefäß mit kaltem Wasser zurück zum Kollektor. Dieses Gefäß ist über zwei Rohre mit einem zweiten verbunden. Mit der Zeit steigt die Wassertemperatur in diesem Gefäß.

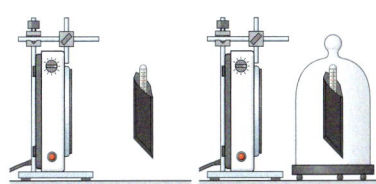

V4 Halte ein Thermometer, dessen Ende in einer schwarzen Papiertasche steckt, vor eine senkrecht gestellte Heizplatte. Die Temperatur steigt. Sie steigt auch, wenn sich das Thermometer unter einer evakuierten Glasglocke befindet.

V5 Die Wassertemperatur in einem Becherglas wird auf 90 °C gehalten. Daneben steht ein zweites Becherglas mit kaltem Wasser. In beide Gefäße tauchen die Enden eines dicken Kupferbügels. Die Temperatur des kalten Wassers steigt.

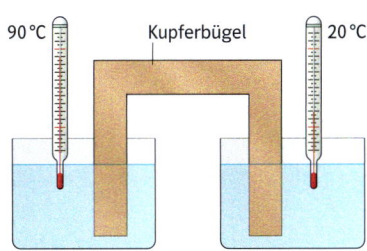

Was Diagramme aussagen

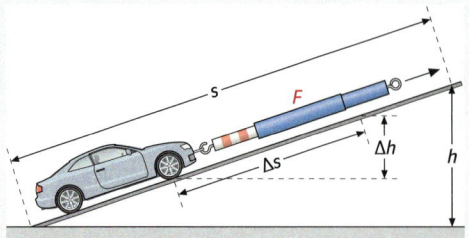

B2 Arbeit wird verrichtet.

Diagramme zur verrichteten Arbeit Wird ein Wagen eine schiefe Ebene hochgezogen (→**B2**), so muss längs der Weglänge Δs die Arbeit $W = F \cdot \Delta s$ verrichtet werden. In diesem Beispiel ändert sich die Zugkraft F längs des Weges nicht. Im Ort-Kraft-Diagramm (kurz: s-F-Diagramm) ergibt sich eine Parallele zur s-Achse (→**B1a**). Das Produkt aus F und Δs lässt sich als Flächeninhalt des Rechtecks im s-F-Diagramm deuten (→**B1b**). Im s-F-Diagramm gibt der Inhalt der Fläche unter der s-F-Kurve die verrichtete Arbeit an. Das s-F-Diagramm wird daher auch als Arbeitsdiagramm bezeichnet. Es beschreibt den Vorgang der Energieänderung $\Delta E = W$. ΔE umfasst dabei alle beim Vorgang auftretenden Energieformen, insbesondere auch die thermische Energie.

Arbeit bei veränderlicher Kraft Beim Dehnen einer Feder wirkt in Richtung der Dehnung eine Kraft, d.h., es wird Arbeit verrichtet. In diesem Fall ist der Betrag der Kraft nicht konstant. Ist die Feder zu Beginn entspannt ($s = 0$), so kann $\Delta s = s$ gesetzt werden und es gilt $F = D \cdot s$ (Hooke'sches Gesetz), wobei D die Federkonstante ist. Im s-F-Diagramm ergibt sich eine Gerade durch den Ursprung (→**B3a**). Die Fläche unter der s-F-Kurve ist ein Dreieck.

Der Flächeninhalt gibt die verrichtete Arbeit zum Spannen der Feder an (→**B3b**). Zu Beginn ist die Feder entspannt, d.h., ihre Spannenergie ist $E_S = 0$. Beim Dehnen wird die Arbeit $W_S = \frac{1}{2} \cdot D \cdot s^2$ verrichtet. Die um s gedehnte Feder hat dann die Spannenergie $E_S = \frac{1}{2} \cdot D \cdot s^2$.

Leistung und Energieänderung Der zeitliche Ablauf einer Energieänderung lässt sich mit Hilfe der Leistung beschreiben. Beim Betrieb einer Lampe zeigt ein Messgerät konstante Leistung an. Aus der Definition $P = \Delta E / \Delta t$ folgt $\Delta E = P \cdot \Delta t$. Dieses Produkt kann wieder als Inhalt einer Fläche gedeutet werden (→**B4c**).

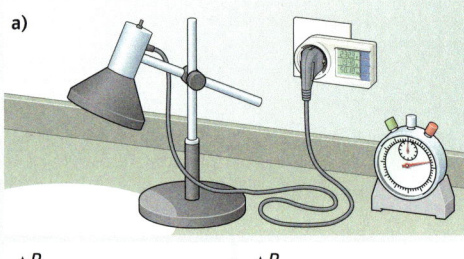

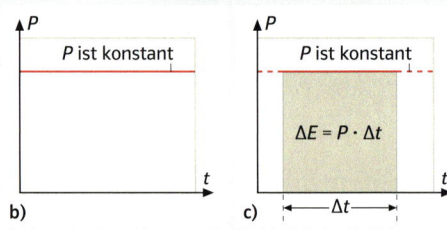

B4 Leistungsmessung beim Betrieb einer Lampe (a), zugehöriges t-P-Diagramm (b), Flächeninhalt = Energieänderung (c)

Leistung von Menschen und Maschinen Bei vielen täglichen Verrichtungen findet Energieübertragung durch Arbeit statt. Aus $W = \Delta E$, $W = F \cdot \Delta s$ und $P = \Delta E / \Delta t$ folgt

$$P = \frac{W}{\Delta t} = \frac{F \cdot \Delta s}{\Delta t}$$

Der Quotient $\Delta s / \Delta t$ gibt die Geschwindigkeit v an, d.h., es ist $P = F \cdot v$.

A1 ⬤ Diskutiere die Angabe $P = 80\,\text{kW}$ für ein Motorrad und einen Traktor.

B1 s-F-Diagramm (a), Flächeninhalt = Arbeit (b)

Zur Erinnerung:
Die Leistung P wird in der Einheit 1 Watt (1W) angegeben. Es gilt: $1\,\text{W} = 1\,\text{J/s}$

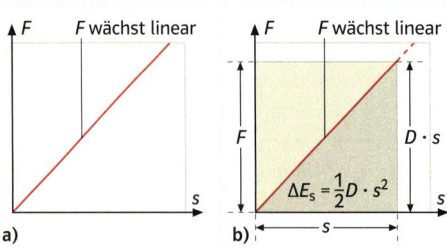

B3 s-F-Diagramm (a), Flächeninhalt = Arbeit (b)

Aufwand und Nutzen

Der Wirkungsgrad Bei jedem Vorgang, bei dem Energie von einer Energieform in eine bestimmte andere Energieform überführt wird, lassen sich die zugeführte Energie und die abgegebene Energie miteinander vergleichen.

Der Quotient aus beiden Energien wird als Wirkungsgrad η bezeichnet:

$$\eta = \frac{\Delta E_{ab}}{\Delta E_{zu}}$$

Der Wirkungsgrad ist eine Zahl ohne Einheit, da zwei Größen mit gleicher Einheit dividiert werden.

Würde bei einem Vorgang die zugeführte Energie vollständig in eine gewünschte andere Energieform überführt, so wäre η = 1. Wird die zugeführte Energie in weitere nicht gewünschte Energieformen überführt, so ist η < 1. Das Prinzip der Energieerhaltung sagt, dass bei keinem Vorgang Energie erzeugt werden kann. Daraus folgt, dass bei einem Vorgang für jede überführte Energieform immer η ≤ 1 gelten muss.

Bemerkung:
Der Wirkungsgrad eines Gerätes wird oft in Prozent angegeben, also z.B.
η = 95 % statt
η = 0,95

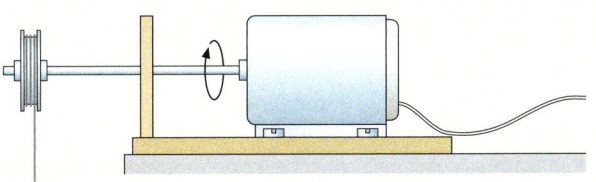

B1 Überführung elektrischer Energie in mechanische Energie

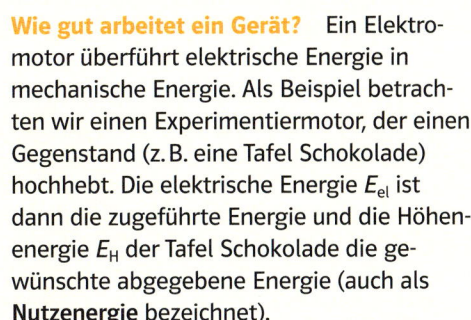

Wie gut arbeitet ein Gerät? Ein Elektromotor überführt elektrische Energie in mechanische Energie. Als Beispiel betrachten wir einen Experimentiermotor, der einen Gegenstand (z.B. eine Tafel Schokolade) hochhebt. Die elektrische Energie E_{el} ist dann die zugeführte Energie und die Höhenenergie E_H der Tafel Schokolade die gewünschte abgegebene Energie (auch als **Nutzenergie** bezeichnet).

In diesem Beispiel ist E_H = 1 J, wenn die Tafel 1 m gehoben wird. Dafür werden 19 J elektrische Energie benötigt. Der Wirkungsgrad für diesen Vorgang ist η = 0,05. Ein großer Teil der elektrischen Energie wird

wegen der Reibung in den Lagern des Motors in thermische Energie überführt. Ein anderer Teil führt dazu, dass die elektrischen Leitungen durch den elektrischen Strom ihre thermische Energie erhöhen.

Der Wirkungsgrad eines Gerätes ist oft von den Bedingungen abhängig, unter denen es betrieben wird. Bei dem Motor aus dem Beispiel wird er etwas größer, wenn man mehrere Tafeln Schokolade gleichzeitig hochhebt. Moderne Elektromotoren haben einen Wirkungsgrad von bis zu 0,98. Je größer der Wirkungsgrad, desto effizienter ist der Vorgang hinsichtlich der gewünschten Energieüberführung. **B2** zeigt Beispiele.

E_{zu}	Gerät	η	E_{ab} (= E_{Nutz})
mechanische Energie	Generator	0,96	elektrische Energie
chemische Energie	Dampfmaschine	0,15	mechanische Energie
	Benzinmotor	0,35	
	Pkw (gesamt)	0,16	
	Ölheizung	0,84	thermische Energie
elektrische Energie	Wasserkocher	0,97	
	Herdplatte	0,90	
	Glühlampe (wärmend)	0,95	
	Glühlampe (leuchtend)	0,05	Lichtenergie
	LED-Lampe	0,30	
	Elektromotor	0,98	mechanische Energie

B2 Wirkungsgrade verschiedener Geräte

A1 ⊖ Das folgende Energietransportdiagramm zeigt einen Vorgang, bei dem Energie in mehreren Schritten in die gewünschte Nutzenergie überführt wird. Gib den Gesamtwirkungsgrad des Vorgangs an.

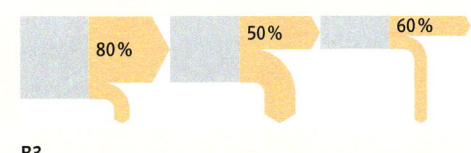

B3

7.6 Aggregatzustandsänderungen

Erfrischungsgetränke versetzt man oft mit Eis. Die Eiswürfel schmelzen, aber welche Temperatur hat das Getränk dabei?

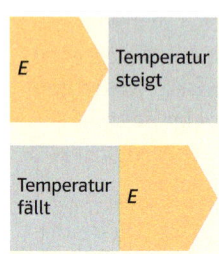

B1 Temperaturänderungen

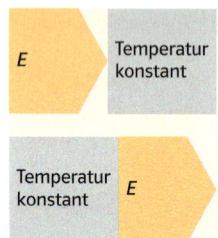

B2 Zustandsänderungen

Die Aggregatzustände

Im Schwimmbad steigt die Wassertemperatur, wenn ihm die Sonne thermische Energie zuführt. Nasse Wäsche trocknet an der Leine, im Winter gibt es Eis. Wasser kann in den Zuständen fest, flüssig und gasförmig auftreten. Diese drei sogenannten **Aggregatzustände** gibt es für alle Stoffe. Welcher Zustand auftritt, hängt von der Temperatur ab. Zwischen 0 °C und 100 °C ist Wasser flüssig, unter 0 °C ist es fest, über 100 °C gasförmig (→B3). Der untere Wert heißt **Schmelztemperatur**, der obere **Siedetemperatur**. Für jeden Stoff haben diese beiden Temperaturen einen bestimmten Wert.

Versuche zeigen, dass nicht nur für die Temperaturerhöhung (→B1) Energie zugeführt werden muss, sondern auch für die Überführung vom festen in den flüssigen bzw. vom flüssigen in den gasförmigen Zustand (→B2). An einer kalten Scheibe im Badezimmer lässt sich nach dem Duschen beobachten, dass auch der Übergang vom gasförmigen in den flüssigen möglich ist; Eis entsteht

beim Übergang vom flüssigen in den festen Zustand. Die Vorgänge nennt man Kondensieren bzw. Erstarren.

Für Schmelzen und Verdampfen muss pro kg ein stofftypischer Energiebetrag zugeführt werden, die **Schmelzenergie** bzw. die **Verdampfungsenergie** (→B3). Beim umgekehrten Vorgang wird diese Energie als Erstarrungsenergie bzw. Kondensationsenergie wieder freigesetzt (→B3).

Aus Messwerten lassen sich quantitative Aussagen über diese Energiebeträge gewinnen. Z. B. wird für das Verdampfen einer Wassermenge etwa sechsmal so viel Energie benötigt wie für das Erwärmen der gleichen Menge von der Schmelz- bis zur Siedetemperatur.

Stoffe können in den drei Aggregatzuständen fest, flüssig und gasförmig auftreten. Zustandsänderungen erfolgen bei bestimmten stofftypischen Temperaturwerten. Bei der Umwandlung treten stofftypische Energiewerte auf.

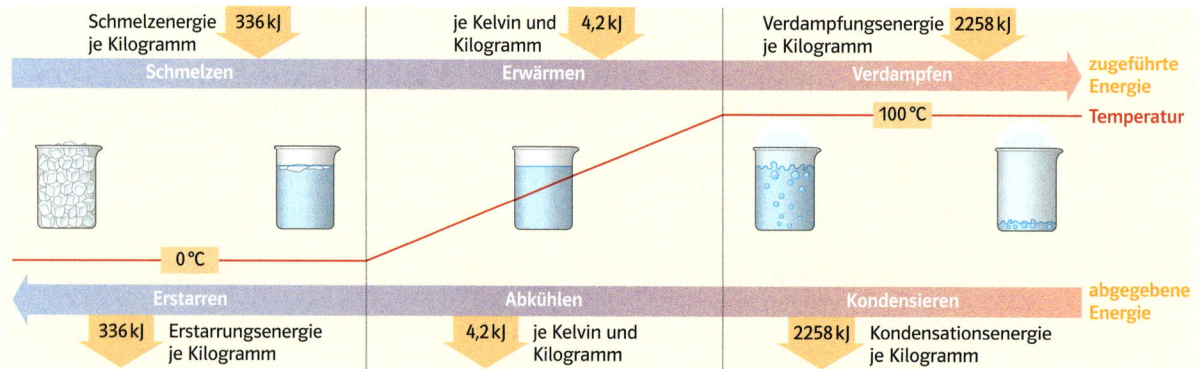

B3 Wasser ändert seine Temperatur und seinen Zustand.

Beispiel Ein Isoliergefäß mit 200 g Wasser der Temperatur 20 °C steht auf einer Waage. Es wird so lange Wasserdampf eingeleitet, bis die Waage 10 g mehr anzeigt. Die Wassertemperatur beträgt jetzt etwa 45 °C. Wenn statt des Wasserdampfes 10 g siedendes Wasser eingefüllt wird, steigt die Temperatur nur auf etwa 23 °C.
a) Begründe Massenzunahme und Temperaturzunahme bei der Dampfzufuhr.
b) Begründe den Unterschied bei der Temperaturzunahme.

Lösung a) Der Dampf kondensiert zu Wasser. Das zusätzliche Wasser verbleibt im Gefäß. Mit dem heißen Dampf wird dem kalten Wasser Energie zugeführt, das führt zum Temperaturanstieg.

b) Der Dampf kondensiert zu Wasser von 100 °C. Dabei wird die Kondensationsenergie frei und dem kalten Wasser zugeführt. Außerdem kühlt sich das kondensierte Wasser von 100 °C auf 45 °C ab und gibt dabei Energie ab, was ebenfalls zur Temperaturerhöhung des ursprünglich vorhandenen Wassers beiträgt. Bei der Zugabe von Dampf wird also mehr Energie zugeführt, was zu einer höheren Temperatur führt.

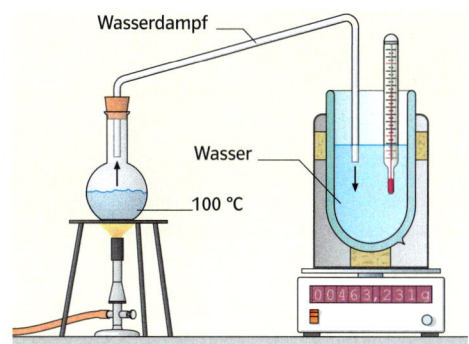

A1 ○ Gib zu den Energiediagrammen in **B2** der vorigen Seite passende Zustandsänderungen an.

A2 ◒ Auf einer Herdplatte werden 1,5 kg Wasser in 5 Minuten von 20 °C auf 100 °C erhitzt. Berechne die zugeführte Energie. Berechne die Masse des Wassers, das innerhalb der nächsten 5 Minuten verdampft.

A3 ◒ Berechne aus den Angaben zu **V4** die Verdampfungsenergie für Wasser.

A4 ◒ Setze die spezifische Wärmekapazität des Wassers voraus und berechne dann aus den Daten zu **V2** und **V4** die Verdampfungsenergie. Die Leistung des Wasserkochers soll nicht bekannt sein.

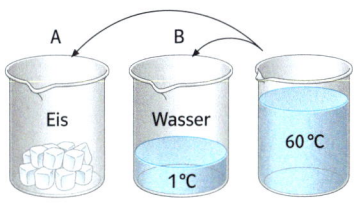

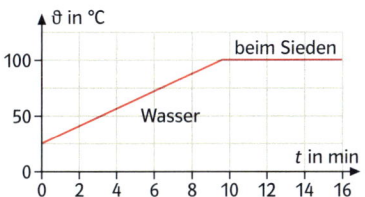

V1 Zwei Bechergläser enthalten 50 g Wasser bzw. Eis. Fülle jeweils 150 g Wasser von 60 °C hinzu. Rühre um und miss in beiden Gläsern die Temperatur.
Sie ist in B deutlich höher als in A.

V2 Erhitze 1,5 l Wasser aus der Leitung, bis es kocht und lasse es eine Weile sieden. Miss über die ganze Zeit die Wassertemperatur. Erstelle ein Zeit-Temperatur-Diagramm. Das obige Diagramm zeigt das Ergebnis einer elektronischen Messung.

V3 Fixiersalz schmilzt bei 59 °C. Fülle ca. 3 cm hoch Fixiersalz in ein Reagenzglas und erhitze es, bis alles geschmolzen ist. Halte das Reagenzglas in Eiswasser. Das Salz lässt sich so deutlich unter 59 °C abkühlen, ohne zu erstarren. Wirft man dann einige Fixiersalzkristalle in die

Flüssigkeit, so erstarrt die Schmelze sofort. Dabei steigt ihre Temperatur.

V4 Wiederhole **V2**. Stelle aber jetzt den Wasserkocher auf eine Waage und bestimme so die Masse des Wassers. Beobachte die Waage. Bis zum Beginn des Siedens ändert sich deren Anzeige kaum. Nach Siedebeginn nimmt sie kontinuierlich ab. Notiere die Masse in Abhängigkeit von der Zeit und bestimme die Zeitdauer für eine Massenabnahme von jeweils 20 g.
Mögliche Messwerte:
Es wird ein elektrischer Wasserkocher mit der Leistung 1000 W verwendet. Zeit für jeweils 20 g Massenabnahme: 61 s, 49 s 50 s, 54 s Mittelwert: 53,5 s

Das Teilchenmodell deutet Beobachtungen

Wärme $Q = \Delta E$ → Zunahme der thermischen Energie, die Temperatur steigt ← Arbeit $W = \Delta E$

Alle Stoffe bestehen aus kleinen Teilchen. Die Teilchen bewegen sich ständig regellos umso heftiger, je höher die Temperatur ist. Die Temperatur ist ein Maß für die durchschnittliche Bewegungsenergie der Teilchen.

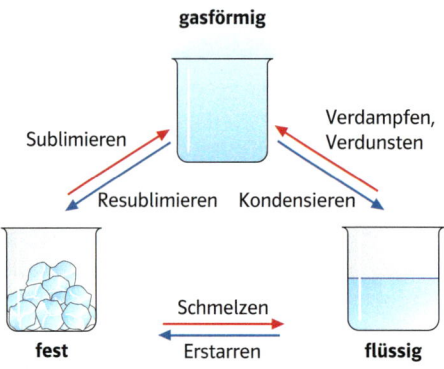

gasförmig

Sublimieren · Verdampfen, Verdunsten

Resublimieren · Kondensieren

Schmelzen · Erstarren

fest · **flüssig**

thermische Energie nimmt zu

Gas

Verdampfen · Kondensieren

Flüssigkeit

Schmelzen · Erstarren

Festkörper

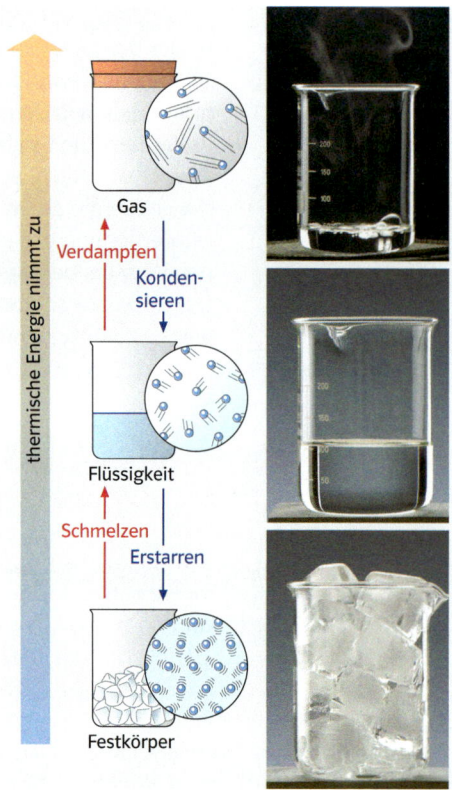

A1 ○ Fasse die auf dieser Seite dargestellten Aussagen in einem zusammenhängenden Text zusammen.

A2 ○ Ergänze die Grafiken durch Werte von typischen physikalischen Größen.

A3 ● Formuliere Regeln zur Gestaltung eines Plakates. Betrachte die Darstellung des Plakats und bewerte sie auf der Grundlage deiner Regeln.

Ein Tropfen Tinte fällt ins Wasser

Ein Physiker beobachtet einen Tropfen Tinte, der ins Wasser fällt und freut sich an den interessanten Figuren. In **B2** ist dargestellt, wie **Heinrich Hertz** (1857–1894) das Handeln von Physikerinnen und Physikern beschreibt.

4. Die Diffusion von Tee zeigt, dass die Temperatur eine Rolle spielt (→**B3**). Das Modell wird erweitert: Die Teilchen bewegen sich bei höherer Temperatur heftiger.

B1 Diffusion von Tinte

B3 Diffusion von heißem und kaltem Tee

1. Man beobachtet mit den Sinnen: Ein Tropfen fällt ins Wasser. Tinte verteilt sich von selbst im Wasser, ebenso Tee. Man beschreibt diesen Vorgang und nennt ihn Diffusion. Damit ist nichts erklärt, sondern nur ausgedrückt, dass in verschiedenen Situationen Übereinstimmungen gesehen werden, die gleich gedeutet werden können.

2. Von diesem Vorgang macht man sich in seinem Kopf ein Bild oder Modell: Wasser und Tinte bestehen aus kleinsten Teilchen, die sich ständig regellos bewegen. Man folgert, dass die sich dann vermischen. Über die Ursache der Teilchenbewegung wird im Modell nichts gesagt. Mit diesem Teilchenmodell lässt sich die Diffusion erklären.

3. Wenn man annimmt, dass sich ein Tropfen roter Tinte genauso verhält wie ein blauer, kann sein Verhalten auf der Grundlage des Modells vorhergesagt werden. Die mit der Nase wahrnehmbare Ausbreitung von Parfüm wird erklärt, wenn man das Teilchenmodell auf Gase ausweitet.

Das Teilchenmodell beschreibt neben der Diffusion den Aufbau aller Stoffe:
In festen Körpern sind die Teilchen mit ihren Nachbarn stark verbunden. Die Teilchen bleiben an einem festen Platz und schwingen nur um diesen Ort.

In flüssigen Körpern gibt es keine regelmäßige Anordnung der Teilchen. Die Teilchen können beliebig gegeneinander verschoben werden, bleiben aber eng beieinander.

In gasförmigen Körpern sind die Abstände zwischen den Teilchen des Stoffes groß und sie können sich frei im Raum bewegen. Dabei stoßen sie mit anderen Teilchen des Gases und mit den Teilchen der Gefäßwand zusammen.

Modelle erfassen nie alle Aspekte. So erklärt das Teilchenmodell, wie die Erwärmung eines Eisenstabes von der heißen Stelle aus fortschreitet, nicht aber die Aussendung von Licht (→**B4**).

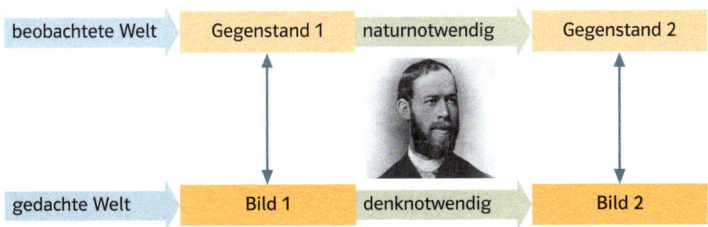

| beobachtete Welt | Gegenstand 1 | naturnotwendig | Gegenstand 2 |
| gedachte Welt | Bild 1 | denknotwendig | Bild 2 |

B2 So arbeiten Physiker.

B4 Licht braucht ein anderes Modell.

Energieentwertung

Reden über Energie Energie ist ein wichtiges Thema. Das zeigt z. B. die Anzahl der Ergebnisse zum Suchwort „Energie" bei einer Internetrecherche (→B4). In einer Tageszeitung lautete eine Überschrift: „Energie verbrauchen oder selbst erzeugen?"

Die Haushalte erhalten von ihrem Energieversorger die Stromrechnung, in einer Infobroschüre berichtet er über Verbesserungen an seinen Kraftwerken. „Energiekrise" ist ein Thema in den Medien und hat 1973 zu leeren Autobahnen geführt.

Diejenigen, die in der Schule etwas vom „Prinzip der Energieerhaltung" gelernt haben, kommen ins Grübeln: Entweder hat Physik wenig mit dem Alltag zu tun oder gleiche Worte haben im Alltag und in der Physik unterschiedliche Bedeutung. „Energiekrise" und „Energieerhaltung" ist ein Widerspruch.

Ein Widerspruch wird aufgelöst Eine Glühlampe ist im Alltag nützlich, weil sie Licht bringt. Die Physik beschreibt das so: Elektrische Energie wird überführt in Lichtenergie und thermische Energie. Wie viel Lichtenergie herauskommt, erfasst der energetische Wirkungsgrad: $\eta = E_{Licht}/E_{el}$. Die thermische Energie taucht hier nicht auf, weil sie dem Zweck der Glühlampe nicht dient. Beim Prinzip der Energieerhaltung spielt der Aspekt der Nützlichkeit keine Rolle, es gilt in einem abgeschlossenen System (→B1) uneingeschränkt:

$$E_{el} = E_{Licht} + E_{therm}$$

Wenn man die thermische Energie der Glühlampe zum Heizen nutzt, wird der Wirkungsgrad fast 1.

Die thermische Energie, die die Bremsscheiben eines Wagens zum Glühen bringt (→B2), wird beim Abkühlen in der Umgebung verteilt und kann nicht mehr genutzt werden. Energie, die nicht genutzt werden kann, ist weniger wert als andere. Verbrauchen von Energie meint „Entwerten" und nicht „Verschwinden".

B1 Abgeschlossenes System

B2 Glühende Bremsscheibe

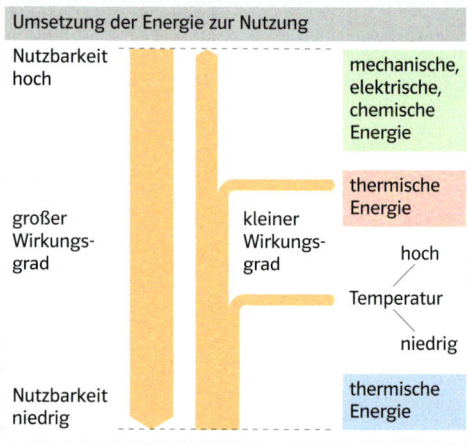

B3 Was passiert hier?

Begriff	Trefferzahl
Energie	203 000 000
Energieverbrauch	6 110 000
Energieversorgung	5 360 000
Energienutzung	444 000
Energieverlust	284 000
Energieerhaltung	82 500
Energieerhaltungssatz	63 600

B4 Trefferzahl einer Internetsuchmaschine

Zwei Prinzipien In **B3** sieht man ein Stück Eisen, dass im Feuer glühend gemacht wurde und jetzt durch den herabfallenden Hammer geformt wird. Das ist die nächstliegende Deutung, weil sie der Alltagserfahrung entspricht. Denkbar wäre, dass die Höhenenergie des Hammers beim Auftreffen in thermische Energie überführt wird und dadurch das Eisen zu glühen beginnt. Der umgekehrte Vorgang, nämlich dass der Hammer aufsteigt und dafür das Eisen sich abkühlt, wäre nach dem „Prinzip der Energieerhaltung" ebenfalls möglich. Er wurde aber noch nie beobachtet. Das Prinzip der Energieerhaltung muss ergänzt werden durch das „Prinzip der Energieentwertung": Jeder Vorgang, bei dem Energie überführt wird, ist mit einer Energieentwertung verbunden.

B5 zeigt: Hochwertige Energie kann nahezu vollständig in geringerwertige überführt werden, umgekehrt gilt das nicht.

Umsetzung der Energie zur Nutzung

Nutzbarkeit hoch — mechanische, elektrische, chemische Energie

thermische Energie

großer Wirkungsgrad · kleiner Wirkungsgrad

Temperatur · hoch · niedrig

Nutzbarkeit niedrig — thermische Energie

B5 Wege der Energienutzung

Energiesparen

Energiebedarf Die Herdplatte in **B1** symbolisiert den Energiebedarf in Deutschland. Wenn sie ununterbrochen in Betrieb ist, benötigt sie genauso viel Energie wie jeder Einwohner Deutschlands im Durchschnitt. Etwa ⅓ davon entfällt auf den privaten Bereich (→**B4**), das sind etwa 7 kWh pro Tag. Weltweit ist der Bedarf in verschiedenen Regionen sehr unterschiedlich. Ein Vergleich zeigt, dass einerseits Lebensstandard und Energienutzung zusammenhängen, andererseits ein geringerer Energieeinsatz nicht notwendig mit einem niedrigeren Lebensstandard verbunden sein muss. Die Bereitstellung von Energie erfolgt in hohem Maße durch Verbrennen von Rohstoffen. Dies führt zu Umweltschäden und die Menge der Rohstoffe ist begrenzt. Verringerung des Energiebedarfs könnte die schädlichen Folgen verringern, die Rohstoffvorräte könnten länger reichen und die Kosten für Energie ließen sich begrenzen.

B1

Maßnahmen „Sparen" von Energie kann durch Verzicht auf Nutzung erreicht werden. Wenn das nicht passieren soll, kann „Sparen" wie „Verbrauchen" nur nach dem Prinzip von der Energieentwertung gedeutet werden. Sparen heißt dann, bei einer Energienutzung die Entwertung so gering wie möglich zu halten, z. B. indem man die Energieübertragung in die Umgebung behindert. Die Bilder **B5** bis **B8** weisen auf mögliche Maßnahmen hin.

1 kWh reicht für
Geschirrspüler 1 x durchlaufen
1 Hefekuchen backen
1 h staubsaugen
5 – 10 h am PC arbeiten
6 x Haare föhnen
5 h fernsehen
1 Duschbad

B2 Energiebedarf für verschiedene Tätigkeiten

A1 ● Verschaffe dir Informationen zum Energiebedarf in verschiedenen Regionen der Welt. Fasse sie in Grafiken zusammen.

A2 ◐ Erläutere **B5**. Stelle den Inhalt mit Hilfe eines Energietransportdiagramms dar.

A3 ◐ Deute **B6**. Verschaffe dir das Wärmebild eines Hauses und werte es mit Blick auf **B6** aus.

A4 ◐ Erläutere das Energielabel in **B3**. Nenne alle Informationen, die sich auf der Verpackung eines Leuchtmittels finden lassen. Bewerte sie aus der Sicht eines Käufers.

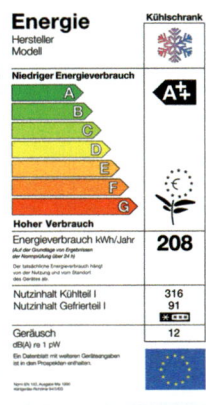

B3 Energielabel

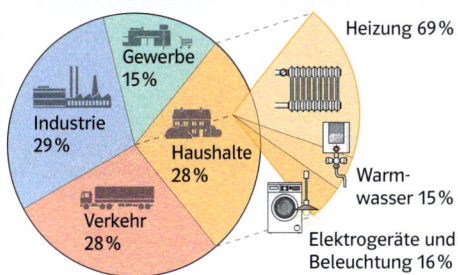

B4 Energiebedarf in Deutschland

Gewerbe 15%
Industrie 29%
Haushalte 28%
Verkehr 28%
Heizung 69%
Warmwasser 15%
Elektrogeräte und Beleuchtung 16%

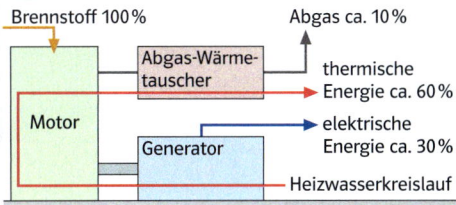

B5 Energieentwertung in Stufen

Brennstoff 100% — Abgas ca. 10%
Abgas-Wärmetauscher — thermische Energie ca. 60%
Motor
Generator — elektrische Energie ca. 30%
Heizwasserkreislauf

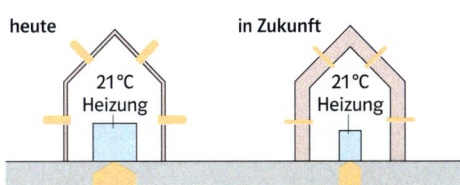

B6 Energiestrom in die Umgebung reduzieren.

heute — 21°C Heizung
in Zukunft — 21°C Heizung

B7 Technische Entwicklung nutzen.

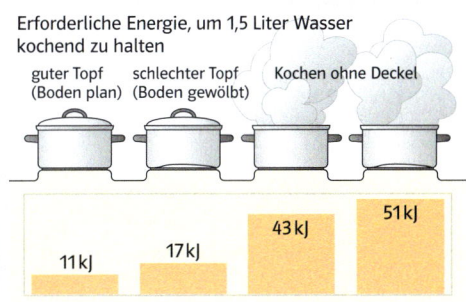

Erforderliche Energie, um 1,5 Liter Wasser kochend zu halten
guter Topf (Boden plan) — 11 kJ
schlechter Topf (Boden gewölbt) — 17 kJ
Kochen ohne Deckel — 43 kJ — 51 kJ

B8 Sich energiebewusst verhalten.

ENERGIEÜBERTRAGUNG

Die **Höhenenergie** kann mit der Formel
$$E_H = m \cdot g \cdot h$$
berechnet werden.

Mit der Angabe der **Temperatur** eines Körpers wird sein Zustand, heiß oder kalt oder eine Zwischenstufe davon, objektiv beschrieben. Die Temperatur wird z. B. in der Einheit **1 °C (1 Grad Celsius)** angegeben.

Die **mechanische Energie** eines Körpers kann durch **Arbeit** verändert werden.

Zufuhr und Entzug von thermischer Energie durch direkten Kontakt oder durch Strahlung bezeichnet man als **Wärme.**

Thermische Energie kann außerdem auch durch **Arbeit** geändert werden.

Stoffe können in den drei **Aggregatzuständen fest, flüssig** und **gasförmig** auftreten. Zustandänderungen erfolgen bei bestimmten stofftypischen Temperaturwerten. Bei der Umwandlung treten stofftypische Energiewerte auf.

Thermische Energie geht von selbst nur von einem Körper mit hoher Temperatur auf einen mit niedriger Temperatur über.

Ein Körper mit große Masse benötigt für eine bestimmte Temperaturerhöhung mehr Energie als ein Körper mit kleinerer Masse aus demselben Stoff.

Die **spezifische Wärmekapazität** eines Stoffes beschreibt den Einfluss des Stoffes auf die Temperaturerhöhung.

Die **Bewegungsenergie** eines Körpers hängt von seiner Masse und vom Quadrat seiner Geschwindigkeit ab. Es gilt:
$$E_B = \tfrac{1}{2} \cdot m \cdot v^2$$

FACHWISSEN

Im Folgenden findest du Aussagen zum Themengebiet „Energieübertragung", die wahr oder falsch sind. Entscheide!

1 Um die Temperatur eines Gegenstandes ($m = 100\,g$) um 1 °C zu erhöhen, wird eine Energie von 1 J benötigt.

2 Um einen Gegenstand ($m = 100\,g$) um 1 m anzuheben, benötigt man eine Energie von 1 J.

3 Zum Schmelzen von 100 g Eis ist mehr Energie notwendig als zum Erwärmen von 100 g Wasser von 0 °C auf 20 °C.

4 Höhenenergie lässt sich vollständig in thermische Energie überführen.

5 Durch Reibung wird Bewegungsenergie in thermische Energie überführt.

6 Für dieselbe Temperaturerhöhung braucht man bei einem Körper mit der doppelten Masse (aber aus demselben Stoff) die doppelte Energie.

7 Der Zuwachs an Höhenenergie beim Anheben eines Körpers hängt davon ab, wie schnell der Körper angehoben wird.

8 Der Wirkungsgrad bei einer Energieüberführung ist nie größer als 1.

ERKENNTNISGEWINNUNG

Mit einem Wasserkocher wird Wasser ($m = 1\,kg$) aus der Leitung (18 °C) auf 95 °C erwärmt. Mit einem Energiemessgerät ermittelt man die für den Vorgang benötigte Energie zu 362 kJ. Mit der Formel für die thermische Energie ergibt sich 323 kJ. Nenne Erkenntnisse, die sich aus diesem Sachverhalt ableiten lassen.

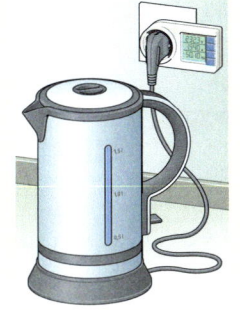

1 Die Messung ist mit Sicherheit falsch.

2 Die zugeführte Energie wird nur zum Teil zur Erwärmung des Wassers genutzt.

3 Die Differenz von 39 kJ wird u. a. benötigt, um den Wasserkocher ebenfalls auf 95 °C zu erwärmen.

4 Die Differenz von 39 kJ wird benötigt, um einen Teil des Wassers zu verdampfen.

5 Der Wirkungsgrad des Wasserkochers beträgt aufgrund der Messung rund 89 %.

KOMMUNIKATION

Übertrage das Rätsel in dein Heft und ergänze passende Begriffe aus dem Bereich „Energieübertragung" und finde das Lösungswort.

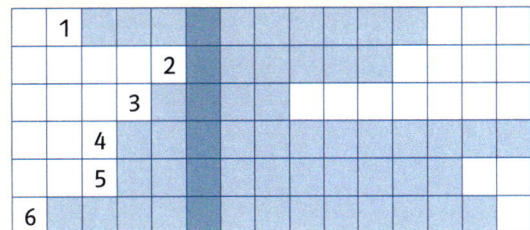

1 Bezeichnet die Tatsache, dass bei jedem Vorgang ein Teil der Energie in thermische Energie überführt wird.

2 Größe, die sich mit dem Produkt von Kraft in Wegrichtung und zurückgelegter Weglänge berechnen lässt.

3 Ein Aggregatzustand

4 Bezeichnet das Verhältnis aus nutzbarer Energie und aufgewendeter Energie.

5 Größe, die die Zustände „heiß" oder „kalt" von Körpern objektiv beschreibt.

6 Eine der mechanischen Energieformen

Das Wort im markierten Bereich bezeichnet die Übertragung thermischer Energie durch direkten Kontakt oder Strahlung. Beachte: Schreibe für Ö = OE.

BEWERTUNG

In einem Lagerhaus wird ein Lastenaufzug eingebaut. Mit dem Aufzug sollen Lasten bis zu einer Masse von 600 kg gehoben werden. Die Masse der Lastenkabine beträgt 200 kg. Die zur Verfügung stehenden Elektromotoren haben jeweils eine Zugkraft von 6 000 N und einen Wirkungsgrad von 90 %. Ordne folgende Konstruktionsvorschläge für den Bau des Aufzugs hinsichtlich der aufzuwendenden elektrischen Energie (Beginne mit der effizientesten Konstruktion).

1 Es werden zwei Motoren eingebaut.

2 Es wird ein Motor mit Getriebe eingebaut, sodass seine Zugkraft verdoppelt wird.

3 Es wird ein Motor und zusätzlich über ein Seil und eine Rolle ein Gegengewicht ($m = 200\,kg$) zur Lastenkabine eingebaut.

A1 ⊖ Gleiche Säcke sollen auf die verschiedenen Etagen gehoben werden. Ganz links ist die erforderliche Änderung der Höhenenergie angegeben. Kennzeichne die anderen Fälle durch passende Zahlen.

A2 ○ Ein Autofahrer fährt statt der erlaubten 50 km/h mit 70 km/h. Berechne, um welchen Faktor sich seine Bewegungsenergie erhöht.

A3 ○ Tom ($m = 60$ kg) fährt mit einem Schlitten einen 30 m hohen Hügel hinunter. Ermittle seine Höchstgeschwindigkeit. Die Reibung kann vernachlässigt werden.

A4 ○ Begründe, warum man Wasser normalerweise nicht über 100 °C erhitzen kann.

A5 ● Ein Schmied (→B1) behauptet, er habe das Stück Eisen nur durch Hämmern zum Glühen gebracht. Beurteile diese Behauptung. Erläutere dabei, was mit den Teilchen im Eisen beim Hämmern passiert.

A6 ● Nimm Stellung zu folgender Aussage: „Verbrühungen mit Dampf von 100 °C sind schlimmer als solche mit siedendem Wasser."

A7 ⊖ Wasser mit der Temperatur 20 °C wird ins Gefrierfach gestellt. Zeichne ein Zeit-Temperatur-Diagramm bis zu dem Zeitpunkt, an dem alles Wasser gefroren ist.

B1 Zu Aufgabe 5

A8 ● 1,5 kg Wasser werden erhitzt. Bis zum Sieden steigt dabei die Temperatur in 200 s um 30 °C. Nach dem Sieden steigt die Temperatur nicht weiter, aber in 48 s nimmt die Masse des Wassers um 20 g ab.

a) Erkläre den Vorgang.
b) Berechne die Energie, die zum Verdampfen von 1 kg Wasser erforderlich ist.

A9 ● Ein Hagelkorn fällt aus 1000 m Höhe auf die Erde. Beim Aufprall wird seine Höhenenergie in thermische Energie überführt. Prüfe, ob es dadurch schmilzt und anschließend verdampft.

A10 ● Eine Kanne mit Tee steht auf einem Stövchen. Die nachfolgende Abbildung zeigt, wie sich die Temperatur mit der Zeit entwickelt.
a) Begründe den Verlauf der Kurve.
b) Mache eine begründete Aussage über die Temperatur der Umgebung.
c) Gehe von 500 g Tee aus und berechne den Betrag der thermischen Energie, die ohne das Teelicht in den ersten 10 Minuten an die Umgebung übertragen wurde.

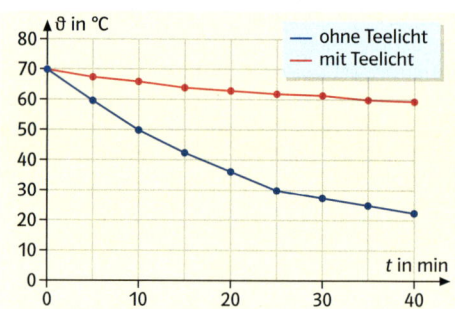

A11 ⊖ Bei einem Metallstück (Masse m, spezifische Wärmekapazität c) ändert sich die thermische Energie um ΔE. Dadurch ändert sich die Temperatur um ΔT. Fülle die Lücken in der Tabelle aus.

c	m	ΔE	ΔT
c	$2m$	ΔE	
c	m	$3\Delta E$	
c	$\frac{1}{2}m$		ΔT
$c_1 > c$	m	ΔE	
	m	$\Delta E_2 > \Delta E$	$\Delta T_2 < \Delta T$

A12 ⊖ Bei einem Aluminiumstück ($m = 100$ g) steigt die Temperatur von 18 °C auf 32 °C. Berechne die erforderliche Energie. Berechne auch, wie hoch man das Aluminiumstück mit dieser Energie heben könnte.

8 Halbleiter

Warum konnten sich Leuchtdioden als Lichtquellen durchsetzen?

8.1 Elektrische Leitung und Energie

Fieber kann man durch Berührung der Mundhöhle mit einem Thermometer messen. Auf welche Weise gelingt die Anzeige der Temperatur mit modernen Digitalthermometern?

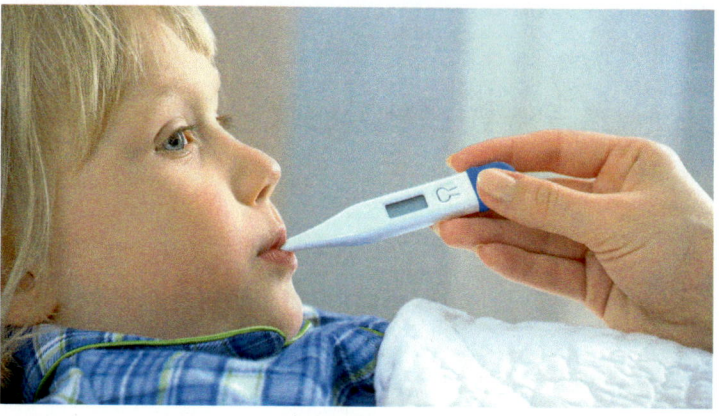

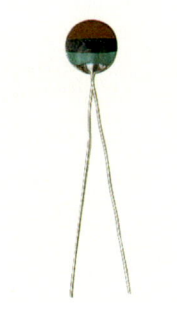

B1 Heißleiter NTC (Negative Temperature Coefficient)

B2 Fotowiderstand LDR (Light Dependent Resistor)

Elektrische Eigenschaften der Stoffe

Man unterscheidet Stoffe nach ihrem elektrischen Widerstand in **elektrische Leiter**, **Halbleiter** und **Nichtleiter** (Isolatoren). Ihr Widerstand verändert sich meist mit der Temperatur. Besonders gut leiten Metalle. Wird ein Bauteil aus Metall stark erhitzt, so erhöht sich in der Regel sein Widerstand. Schlechter als Metalle, aber besser als Porzellan oder Glas leiten Halbleiter. Germanium und Silicium sind wichtige Vertreter dieser Stoffgruppe. Sie verhalten sich bei Temperaturänderungen umgekehrt wie Metalle. Bereits eine Berührung mit den Fingern senkt ihren Widerstand deutlich. Daher werden NTC-Widerstände (→**B1**) aus Halbleitermaterial oft als Sensoren in Digitalthermometern verwendet.

Auch in Bezug auf die Einwirkung von Strahlungsenergie unterscheiden sich Metalle von Halbleitern. Selbst wenn die Bestrahlung so kurz ist, dass sich ihre Temperatur kaum erhöht, beobachtet man bei Halbleitern eine Verminderung des Widerstandes. Metalle ändern unter diesen Bedingungen ihre Eigenschaften nicht.

Mit speziellen Halbleiterbauteilen kann man Lichtsensoren (LDRs) herstellen (→**B2**). Je heller es ist, desto geringer ist ihr Widerstand. Eine Erklärung ist: Strahlungsenergie erhöht die Zahl der beweglichen Ladungsträger im LDR. Im Halbleiter gelingt die Erhöhung der Zahl der beweglichen Ladungsträger auch bei Zufuhr von thermischer Energie.

Damit im Leiter oder Halbleiter ein Strom besteht, muss eine elektrische Spannung zwischen seinen Enden anliegen. In Metallen sind die Ladungsträger ausschließlich Elektronen. Bei angelegter Spannung bewegen sie sich vom Minuspol zum Pluspol. Eine Magnetnadel neben der Leitung zeigt den elektrischen Strom durch ihre Auslenkung an.

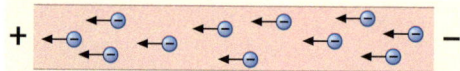

B3 Leiter mit Elektronen

In Halbleitern gibt es auch positive Ladungsträger. Sie bewegen sich vom Pluspol zum Minuspol. Die Auslenkung der Magnetnadel neben der Leitung erfolgt in die gleiche Richtung wie bei den Elektronen. Die Stärke des Stroms nimmt zu, wenn auch positive Ladungsträger im Leiter vorhanden sind.

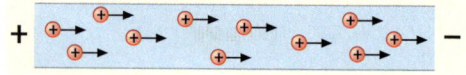

B4 Leiter mit positiven Ladungsträgern

Bei Zimmertemperatur gibt es in Metallen sehr viele, in Halbleitern wenige und in Isolatoren keine beweglichen Ladungsträger. In Isolatoren besteht daher bei Zimmertemperatur auch kein elektrischer Strom.

Der Widerstand eines Metalldrahtes nimmt mit steigender Temperatur zu, der von Halbleiterbauteilen nimmt ab.
Energiezufuhr erhöht die Zahl der beweglichen Ladungsträger im Halbleiter.

Beispiel Ein Glasstab ist in einen Stromkreis in Reihe zu einer Glühlampe an eine elektrische Quelle geschaltet. Bei Zimmertemperatur leuchtet die Lampe nicht. Erhitzt man den Glasstab sehr stark mit einem Bunsenbrenner, so beginnt dieser zu leuchten und auch die Glühlampe leuchtet. Erkläre die Vorgänge im Glasstab.

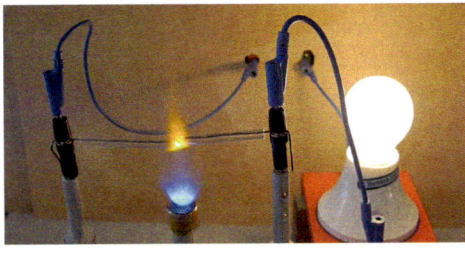

Bemerkung:
Ein Ohm'scher Widerstand ist ein Bauteil, dessen elektrischer Widerstand unabhängig von der anliegenden Spannung konstant ist.

Lösung Bei Zimmertemperatur ist Glas ein Isolator, weil in ihm bewegliche Ladungsträger fehlen. Daher leuchtet die Lampe im geschlossenen Stromkreis nicht. Erhöht man die Temperatur sehr stark, so beginnt das Glas Licht auszusenden und zu schmelzen. Dabei entstehen bewegliche Ladungsträger im Glas. Bei angelegter Spannung beginnt die Glühlampe zu leuchten.

A1 ○ Fertige eine Schaltskizze zur Bestimmung des Widerstandes eines LDR
a) mit einem Ohmmeter,
b) ohne Ohmmeter an.

A2 ◐ Begründe, dass die Stromstärke beim Einschalten einer Glühlampe größer ist als später.

A3 ◐ Erläutere die Abnahme des Widerstandes bei einem Halbleiter, wenn die Temperatur steigt.

A4 ● Ein LDR und ein Ohm'scher Widerstand werden in Reihe an eine elektrische Quelle angeschlossen. Die Spannung am Ohm'schen Widerstand und am LDR werden mit und ohne Beleuchtung durch eine Lampe gemessen. Erläutere die Änderungen der Spannung an den Bauteilen.

A5 ● Plane ein Experiment, mit dem es gelingt, mit einem NTC die Temperatur zu bestimmen.

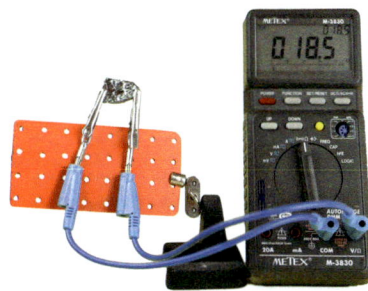

V1 Baue die nebenstehende Schaltung auf. Miss mit dem Ohmmeter den Widerstand vor und nach der Erwärmung des Kristalls mit einem Teelicht. Der Widerstand sinkt bei der Erwärmung.

V2 Untersuche die Abhängigkeit des Widerstandes eines Stoffes von der Temperatur. Erwärme einen Eisendraht, einen Konstantandraht und einen Graphitstab in destilliertem Wasser. Für den Eisendraht ergibt sich z. B.:

ϑ in °C	20	40	60	80	100
R in Ω	7,2	7,3	7,5	7,7	7,9

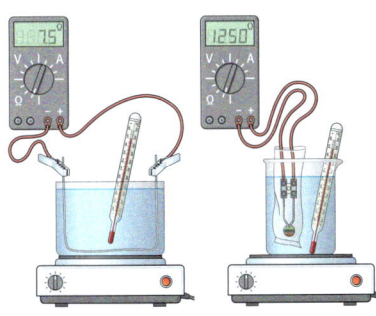

V3 Erhitze einen durch eine Folie gegen Wasser geschützten Heißleiter (NTC) im Wasserbad. Miss seinen Widerstand in Abhängigkeit von der Temperatur. Es ergibt sich z. B.:

ϑ in °C	20	30	40	50	60	70
R in kΩ	12,4	8,2	5,3	3,5	2,4	1,7

V4 Verändere im nachfolgenden Aufbau den Abstand der Lampe vom LDR. Miss den Widerstand des LDR in Abhängigkeit von der Helligkeit (messbar z. B. mit geeigneten Apps von Smartphones). Je mehr Licht auf den LDR trifft, desto geringer ist sein Widerstand.

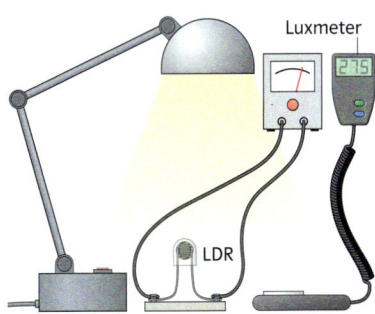

Luxmeter

LDR

Elektrische Leitung im Kristallgittermodell

Zum Verständnis der Eigenschaften von Metallen, Halbleitern und Isolatoren wird ein zweidimensionales Modell des atomaren Aufbaus benutzt. Die regelmäßige Anordnung von Atomen wird Kristall genannt.

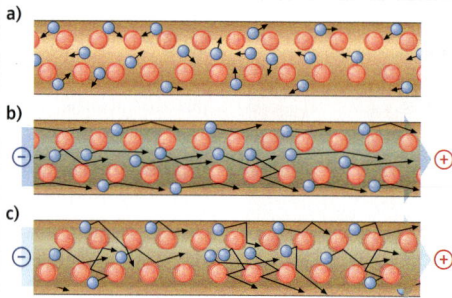

B1 Leitung im Metall

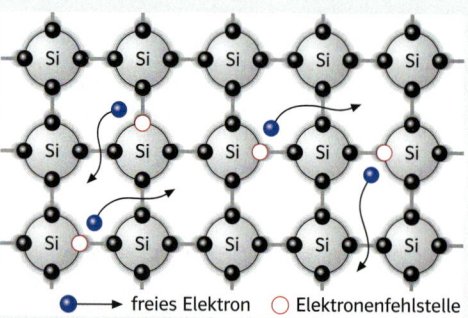

B2 Thermische Energie löst Elektronen aus ihrer Bindung, es entstehen Elektronenfehlstellen.

Bemerkung:
$10^{13} = 10\,000\,000\,000\,000$

Im Metall gibt jedes Atom ein bis zwei Elektronen ab, die sich unregelmäßig im Kristall bewegen, während die Atome auf ihren Plätzen nur hin und her zittern. Die frei beweglichen Elektronen sind keinem Atom zugeordnet. Insgesamt bleibt der Leiter neutral. Erhöht man die Temperatur, so wird die Bewegung von Elektronen und Atomen heftiger. Bei angelegter Spannung kommt noch die Bewegung der Elektronen vom Minuspol zum Pluspol hinzu (→**B1b**). Je stärker die Atomrümpfe schwingen, desto häufiger stoßen Elektronen mit ihnen zusammen. Die Elektronen erfahren bei ihrer gerichteten Bewegung einen größeren Widerstand (→**B1c**).

Ein Silicium-Atom hat vier für eine Bindung zur Verfügung stehende Elektronen. Bei der Bindung zwischen zwei Silicium-Atomen steuert jedes ein Elektron bei. Deshalb ist ein Silicium-Atom im Inneren des Kristalls mit vier anderen Silicium-Atomen über gemeinsame Elektronenpaare verbunden (→**B2**). Silicium müsste demnach ein Nichtleiter sein, weil keine beweglichen Ladungsträger im Kristall vorhanden sind. Bei Zimmertemperatur hat der Kristall jedoch bereits eine so große thermische Energie, dass einzelne Elektronen aus ihrer Bindung mit einem anderen Silicium-Atom gelöst werden und sich frei im Kristall bewegen können.

Dies trifft auf etwa 1 von 10^{13} Silicium-Atomen zu. Dort, wo ein Elektron eine Bindung verlassen hat, hinterlässt es eine Elektronenfehlstelle. Dieser Bereich um das Atom herum ist deshalb positiv geladen. Die negative Ladung befindet sich mit dem Elektron an anderer Stelle im Kristall. Der Kristall als Ganzes bleibt nach außen neutral. Die Fehlstellen mit positiver Ladung wandern durch den Kristall, wenn zufällig Elektronen eines Nachbaratoms in die Lücken („Löcher") springen (→**B3**). In Isolatoren sind dagegen alle Elektronen fest an ihre Atomrümpfe gebunden. Unter diesen Bedingungen kann kein elektrischer Strom bestehen. Nur durch extreme Energiezufuhr werden Ladungsträger frei beweglich.

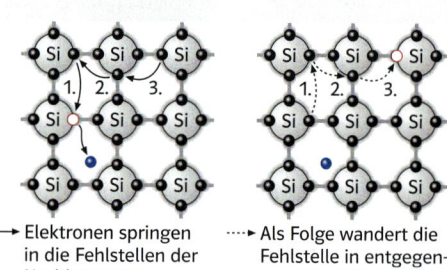

→ Elektronen springen in die Fehlstellen der Nachbaratome

····→ Als Folge wandert die Fehlstelle in entgegengesetzter Richtung

B3 Wanderung von Elektronenfehlstellen

A1 ● Elektrischer Strom führt im Metall und im Halbleiter zu einer Temperaturerhöhung. Annahme: Ein Metalldraht und ein Halbleiter sind parallel an eine elektrische Quelle mit konstanter Spannung angeschlossen. Gib an, wie sich die Stromstärke im Metall und im Halbleiter mit der Zeit ändert und begründe dies.

Elektrische Leitung im Bändermodell

Das elektrische Verhalten von Metallen, Isolatoren und Halbleitern kann mit einer Energiedarstellung beschrieben werden. Diese beruht auf folgenden Annahmen (→B5):

- Elektronen im Kristall haben unterschiedliche Energiewerte.
- Es gibt Energiewerte, die für Elektronen nicht möglich sind. Diese Energiewerte bilden sogenannte Energielücken.
- Ein Bereich von Energiewerten ohne Lücke, der Elektronen aufnehmen kann, heißt Energieband. Ein Band kann immer nur eine begrenzte Zahl von Elektronen aufnehmen.

Diese Annahmen lassen sich anhand eines Parkhauses veranschaulichen. Dabei stehen Autos für Elektronen, Stockwerke für Energiebänder, Parkplatznummern geben Energiewerte an und das Baustellensymbol im Stockwerk bezeichnet Energielücken (→B1).

Ein teilweise mit Elektronen besetztes Energieband mit freien Energiewerten heißt Leitungsband. Das oberste mit Elektronen voll besetzte Energieband heißt Valenzband. B2 zeigt die Übertragung in das Parkhausmodell. Elektrische Leitung beruht auf der Bewegung von Elektronen. Diese ist in einem Kristall nur möglich, wenn Energiewerte frei sind. In Metallen überlappen sich Leitungs- und Valenzband und ermöglichen wegen der vielen freien Energiewerte eine gute Elektronenleitung (→B4a).

Bei Isolatoren ist das Valenzband komplett besetzt. Die Energielücke zum nächsten freien Energieband ist aber so groß, dass sie in der Regel nicht überwunden werden kann (→B4b). Für die elektrische Leitung stehen keine freien Energiewerte zur Verfügung.

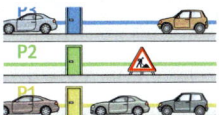

B1 Veranschaulichung des Bändermodells als Parkhaus

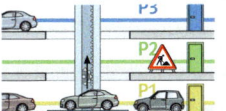

B2 Teilweise bzw. vollständig besetzte Stockwerke im Parkhaus

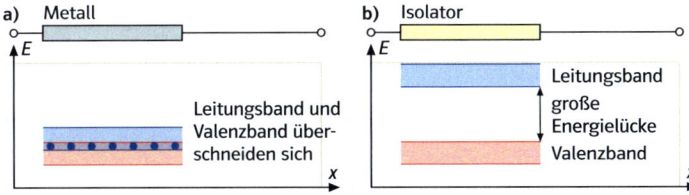

B3 Ein Fahrstuhl sorgt für bewegliche Autos und freie Parkplätze.

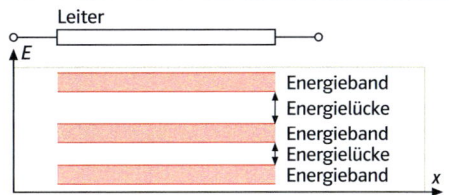

B5 Energiebänder

Bei Halbleitern ist das oberste gefüllte Energieband (Valenzband) ebenfalls komplett besetzt. Die Energielücke zum nächsten freien Energieband (Leitungsband) ist deutlich kleiner als bei Isolatoren und kann in der Regel durch thermische Energie bei Zimmertemperatur überwunden werden (→B6). Elektronen können freie Energiewerte im Leitungsband einnehmen und hinterlassen dabei freie Energiewerte im Valenzband. So nimmt die Leitfähigkeit zu, der Widerstand des Halbleiters sinkt.

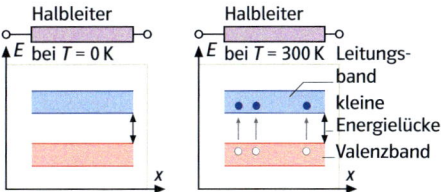

B6 Energiebänder in Halbleitern

Hebt ein Fahrstuhl im Parkhaus ein Auto in das obere Stockwerk, so kann sich das gehobene Auto im oberen Stockwerk bewegen (→B3). Durch Umparken kann aber auch der freie Parkplatz im Untergeschoss seine Position verändern.

Durch Energiezufuhr stehen in Halbleitern mehr Elektronen im Leitungsband und Elektronenfehlstellen im Valenzband für den elektrischen Strom zur Verfügung.

A1 ○ Bei drei gleichen Bauteilen aus Porzellan, Kupfer und Silicium wird der Widerstand gemessen. Beschaffe dir Informationen über das Verhältnis der Widerstände.

A2 ◐ Beschreibe elektrischen Strom im Bändermodell.

B4 Energiebänder in Metallen (a); Energiebänder in Isolatoren (b)

Dotierte Halbleiter im Kristallgittermodell

Um den Widerstand bei Zimmertemperatur zu vermindern, ersetzt man im Kristall (bei mittlerer Dotierung) etwa jedes millionste Silicium-Atom durch geeignete Atome anderer Stoffe. Diese Veränderung des Kristalls durch Einbau von Fremdatomen heißt Dotieren. Silicium gehört, ebenso wie das sich ähnlich verhaltende Germanium, zur vierten Hauptgruppe des Periodensystems (→B1).

An den Stellen der Arsen-Atome entstehen ortsfeste positive Ladungsträger. Das abgelöste Elektron ist im Kristall beweglich und steht für die elektrische Leitung zur Verfügung (→B3). Weil diese beweglichen Ladungsträger negativ geladen sind und ihre Zahl sehr viel größer ist als die beweglichen Ladungsträger, die ohne Dotierung entstehen, sagt man, das so dotierte Silicium ist n-leitend. Man spricht von einem n-leitenden Halbleiter.

Wird ein Siliciumkristall mit Atomen der III. Hauptgruppe, z.B. mit Indium, dotiert, so kann zwischen dem Indium-Atom und einem der vier benachbarten Silicium-Atome keine vollständige Paarbindung entstehen (→B4). Springt ein benachbartes Elektron an diese Stelle, so entsteht ein ortsfester negativer Ladungsträger. Gleichzeitig erhalten wir eine bewegliche Elektronenfehlstelle. Die beweglichen Elektronenfehlstellen wirken wie positive Ladungsträger. Weil ihre Zahl viel größer ist als die beweglichen Ladungsträger, die ohne Dotierung entstehen, sagt man, das so dotierte Silicium ist p-leitend. Man spricht von einem p-leitenden Halbleiter.

	Hauptgruppen						VIII
							4,0 **He** 2
	II	III	IV	V	VI	VII	
2	9,0 **Be** 4	10,8 **B** 5	12,0 **C** 6	14,0 **N** 7	16,0 **O** 8	19,0 **F** 9	20,2 **Ne** 10
3	24,3 **Mg** 12	27,0 **Al** 13	28,1 **Si** 14	31,0 **P** 15	32,1 **S** 16	35,5 **Cl** 17	39,9 **Ar** 18
4	40,1 **Ca** 20	69,7 **Ga** 31	72,6 **Ge** 32	74,9 **As** 33	79,0 **Se** 34	79,9 **Br** 35	83,8 **Kr** 36
5	87,6 **Sr** 38	114,8 **In** 49	118,7 **Sn** 50	121,8 **Sb** 51	127,6 **Te** 52	126,9 **I** 53	131,3 **Xe** 54
6	137,3 **Ba**	204,4 **Tl**	207,2 **Pb**	209,0 **Bi**	209 **Po**	210 **At**	222 **Rn**

Periden

B1 Ausschnitt aus dem Periodensystem der Elemente

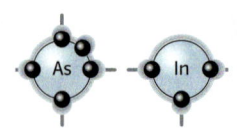

B2 Modell der neutralen Fremdatome

Wird ein Siliciumkristall mit Atomen eines Elements der V. Hauptgruppe, z.B. mit Arsen, dotiert, so bleibt jeweils ein Elektron des Arsens ungebunden, da Arsen über fünf äußere Elektronen verfügt. Dieses übrig gebliebene Elektron kann viel leichter als eines der an der Paarbindung beteiligten äußeren Arsen- bzw. Silicium-Elektronen vom Arsen-Atom abgelöst werden.

A1 ○ Notiere Elemente, die sich für eine n-Dotierung von Silicium eignen.

A2 ○ Begründe, dass in p-dotiertem Material die Umgebung der Fremdatome negativ ist.

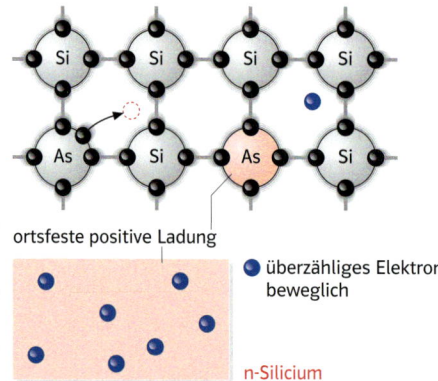

ortsfeste positive Ladung

● überzähliges Elektron beweglich

n-Silicium

B3 Ein n-leitender Siliciumkristall

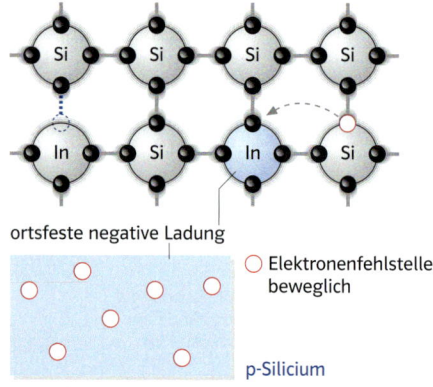

ortsfeste negative Ladung

○ Elektronenfehlstelle beweglich

p-Silicium

B4 Ein p-leitender Siliciumkristall

Dotierte Halbleiter im Bändermodell

Experimente zeigen, dass sich der Widerstand von Halbleitern auch durch eine etwas andere Zusammensetzung des Kristalls stark verringert. Das wird im Energiebild betrachtet. Der Einbau von Atomen eines anderen Elementes führt zu zusätzlichen Energiewerten, die im reinen Kristall nicht möglich sind. In einem technischen Prozess kann man bei mittlerer Dotierung etwa jedes millionste Silicium-Atom durch ein Arsen-Atom ersetzen.

n-Dotierung: Durch Dotierung von Silicium mit einem Atom der fünften Hauptgruppe stehen zusätzliche Elektronen zur Verfügung. Im Bändermodell erkennt man die Dotierung durch ein zusätzliches Energieniveau in der Energielücke direkt unterhalb des Leitungsbandes. Es reicht eine geringe Energie, um Elektronen von dort ins Leitungsband gelangen zu lassen, so dass sie für den Ladungstransport zur Verfügung stehen. Dieser Prozess findet bereits bei Zimmertemperatur statt (→**B1**). Die Zahl der zusätzlichen Elektronen ist dabei wesentlich größer als die Zahl der ohne Dotierung entstandenen Elektronen und Elektronenfehlstellen. Deshalb spricht man von Elektronen- oder n-Leitung.

p-Dotierung: Wird Silicium mit Atomen der dritten Hauptgruppe, wie z.B. Indium dotiert, so zeigt sich dies im Bändermodell durch ein zusätzliches Energieniveau direkt oberhalb des Valenzbandes. Für Elektronen des Valenzbandes besteht nur ein geringer Energieabstand zu diesem Niveau. Bei Zimmertemperatur besitzen Elektronen diese zusätzliche Energie, so dass im Valenzband freie Energiewerte entstehen, die einen elektrischen Strom von Elektronenfehlstellen ermöglichen (→**B3**). Die Zahl der zusätzlichen Elektronenfehlstellen ist wesentlich größer als die Zahl der ohne Dotierung entstandenen Elektronen und Elektronenfehlstellen. Man spricht von Elektronenfehlstellenleitung, Löcher- oder p-Leitung.

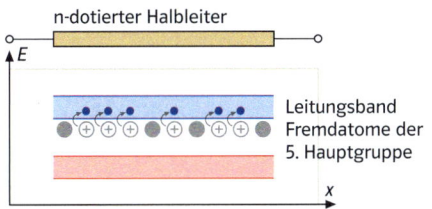

B1 n-dotierter Halbleiter

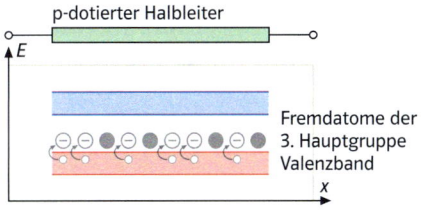

B3 p-dotierter Halbleiter

Bei angelegter Spannung besteht ein elektrischer Strom im Wesentlichen im Leitungsband. Elektronen bewegen sich in Richtung auf den Pluspol (→**B2**).

Bei angelegter Spannung besteht ein elektrischer Strom im Wesentlichen im Valenzband. Elektronenfehlstellen bewegen sich vom Pluspol zum Minuspol hin (→**B4**).

A1 ○ Notiere Elemente, die sich für eine p-Dotierung von Silicium eignen.

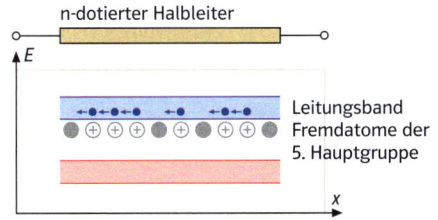

B2 Elektrischer Strom im n-dotierten Halbleiter

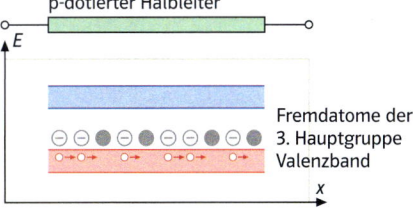

B4 Elektrischer Strom im p-dotierten Halbleiter

8.2 Dioden und Leuchtdioden

Wieso flackert der Scheinwerfer bei einigen Fahrrädern beim Langsamfahren?

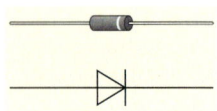

B1 Diode mit Schaltzeichen

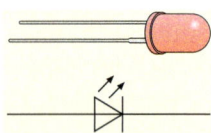

B2 Leuchtdiode (LED) mit Schaltzeichen

B3

Die Diode – ein elektrisches Ventil

Wird eine **Diode** an eine Quelle für Gleichstrom angeschlossen, so lässt sie nur bei einer bestimmten Polung einen Strom im Stromkreis zu. Bei umgekehrter Polung verhindert sie einen Strom, man sagt sie sperrt. Die Diode wirkt wie ein elektrisches Ventil. Bei einer Quelle für Wechselstrom ändern die Elektronen ständig ihre Bewegungsrichtung. Da eine Diode sie nur in einer Richtung durchlässt, entsteht ein pulsierender Gleichstrom. Eine LED leuchtet dabei immer nur kurz auf, wenn die Polung der Wechselspannung gerade in Durchlassrichtung anliegt. D.h., die LED flackert.

Dioden sind Gleichrichter

Wird eine Schaltung mit zwei Leuchtdioden wie in **B4a** betrieben, so verdeutlicht **B4b** den Verlauf der Stromstärke in den Messpunkten.

Die Diode – ein Energiewandler

Eine LED sendet bei Betrieb in Durchlassrichtung Licht aus, elektrische Energie wird in Strahlungsenergie überführt. Durch unterschiedliche Dotierung des Siliciums ist dabei jede gewünschte Farbe möglich. Untersucht man die Stromstärke in Abhängigkeit von der Spannung, so ergibt sich für eine rote Leuchtdiode eine deutliche Steigerung ab ca. 1,7 V. Erst bei dieser Spannung setzt ein Leuchten ein. **B5** zeigt, dass zwischen der Farbe und der Spannung, ab der ein Strom einsetzt, ein Zusammenhang besteht.

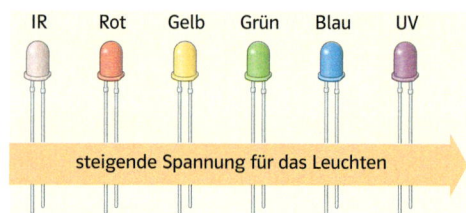

B5 Farbe und Spannung bei der Leuchtdiode

Zu Beleuchtungszwecken ist weißes Licht erforderlich. Überdeckt man eine blaue LED mit einer Schicht Phosphor, so wird das blaue Licht zum Teil in gelbes Licht gewandelt. Die Farbmischung der beiden Anteile erscheint uns weiß. Diese Art der Lichterzeugung erfordert nur ein Sechstel der Energie wie bei einer Glühlampe.

Eine Diode lässt Strom nur bei geeigneter Polung zu. Für jede Diode steigt ab einer bestimmten Spannung die Stromstärke stark an. Eine Leuchtdiode sendet nur bei Betrieb in Durchlassrichtung Licht aus.

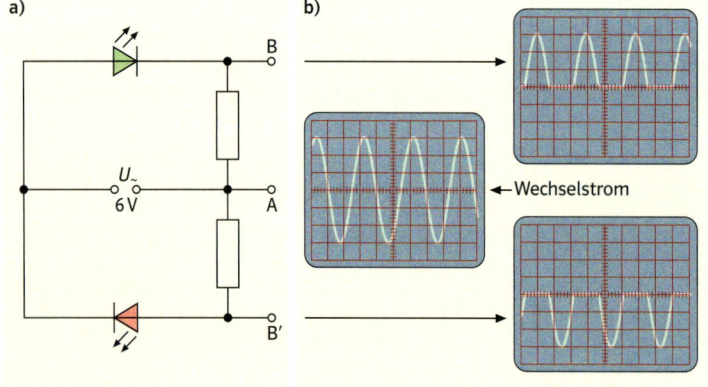

B4 In B und B' besteht jeweils nur während einer Halbperiode elektrischer Strom.

Beispiel Mit Hilfe einer Diode lässt sich aus einem Wechselstrom ein pulsierender Gleichstrom erzeugen. Erläutere folgende Schaltung, die beide Halbwellen des Wechselstroms nutzt.

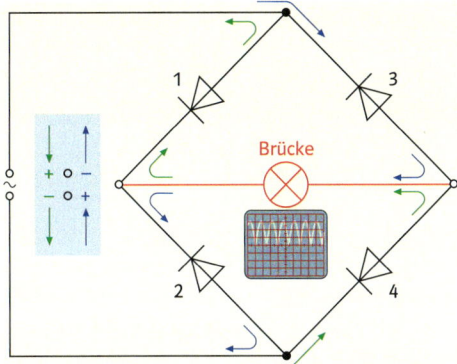

Lösung Die Schaltung besteht aus vier Dioden. Je nach Polung der Quelle bewegen sich Elektronen entweder durch die erste und vierte Diode (grüne Pfeile) oder durch die zweite und dritte Diode (blaue Pfeile).

Die jeweils anderen Dioden sperren. Damit wird erreicht, dass die Elektronen bei jeder Polung in die gleiche Richtung durch die Lampe fließen.

A1 ○ Nenne Einsatzmöglichkeiten von Dioden.

A2 ○ Nenne Gemeinsamkeiten zwischen Diode und Fahrradventil.

A3 ○ Drei blaue Leuchtdioden sind in Reihe geschaltet. Entscheide, ob eine 4,5-V-Batterie den Betrieb der LEDs gewährleisten kann.

A4 ⊖ Eine blaue LED soll im Auto bei einer Spannung von 12 V betrieben werden. Berechne den Widerstand, der in Reihe zu einer blauen LED eine Stromstärke von 20 mA gewährleistet. Lies die Einsetzspannung der blauen LED aus dem Diagramm von **V4** ab.

V1 Schließe eine Glühlampe in Reihe zu einer Silicium-Diode an eine elektrische Quelle mit einer Wechselspannung U an. Miss die Spannung der elektrischen Quelle und die Spannung an der Glühlampe mit einem Interface oder Oszilloskop. Die Abbildung zeigt, dass nur etwa während der halben Zeit ein Strom besteht und dass die Spannung an der Glühlampe etwa 0,7 V niedriger ist als an den Anschlüssen der elektrischen Quelle.

V2 Baue eine Schaltung mit einer Leuchtdiode (LED) wie nachfolgend auf.
Beim Schließen des Schalters bleibt die Diode dunkel. Werden die Anschlüsse an der Quelle vertauscht und der Schalter geschlossen, so leuchtet die LED.

V3 Verändere die Schaltung aus V2 so, dass zusätzlich die Spannung an den Anschlüssen der Diode gemessen wird und miss die Stromstärke für eine rot leuchtende Diode in Abhängigkeit von der Spannung. Es ergeben sich z. B. folgende Messwerte:

U in V	0	1,6	1,7	1,8	1,9	2,0	2,1	2,2
I in mA	0	0	0,5	2,0	4,1	9,0	13	20

V4 Wiederhole den Versuch **V3** mit einer blauen LED, einer Silicium-Diode und einer Infrarot-Diode und zeichne die U-I-Diagramme.

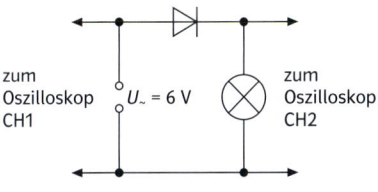

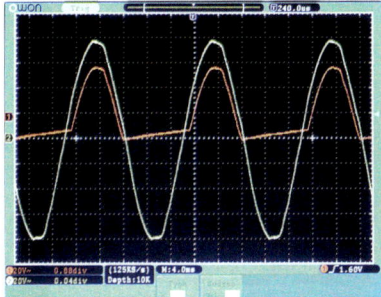

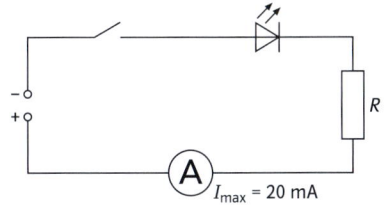

Diode im Kristallgittermodell

Die Eigenschaften von Halbleiterdioden entstehen durch das Zusammenwirken einer p- und einer n-leitenden Schicht. Im p-leitenden Teil des Kristalls sind die Elektronenfehlstellen beweglich und die negative Ladung ist ortsfest (→**B1**). Im n-leitenden Teil des Kristalls gibt es frei bewegliche Elektronen und ortsfeste positive Ladung. Im zweidimensionalen Modell wird die ortsfeste Ladung jeweils durch die blaue bzw. rote Fläche dargestellt.

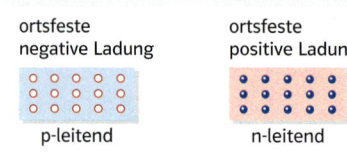

ortsfeste negative Ladung   ortsfeste positive Ladung

p-leitend   n-leitend

○ bewegliche Elektronenfehlstelle
● bewegliches Elektron

B1 Einzelne dotierte Halbleiter im Modell

In einer Diode stoßen die beiden dotierten Schichten direkt aneinander. Die Grenzfläche zwischen ihnen heißt **p-n-Übergang**. Dort rekombinieren die beweglichen Elektronen der n-Schicht mit den beweglichen Elektronenfehlstellen der p-Schicht (→**B2**).

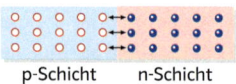

p-Schicht   n-Schicht

B2 Rekombination von Elektronen und Elektronenfehlstellen am p-n-Übergang

Auf der vorher p-leitenden Seite bleibt die ortsfeste negative, auf der n-leitenden Seite die ortsfeste positive Ladung zurück. Die ortsfeste negative Ladung links verhindert ein weiteres Eindringen von Elektronen aus der n-Schicht und die ortsfeste positive Ladung rechts verhindert das weitere Eindringen von Elektronenfehlstellen aus der p-Schicht. Der p-n-Übergang sperrt, man sagt, er bildet eine **Sperrschicht** (→**B3**).

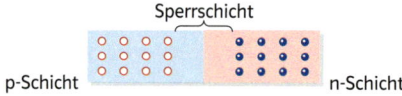

Sperrschicht

p-Schicht   n-Schicht

B3 Sperrschicht der unbeschalteten Diode

Wird die Diode an eine elektrische Quelle angeschlossen, so wandern freie Elektronen zum Pluspol und Elektronenfehlstellen zum Minuspol. Wenn die n-Schicht mit dem Pluspol und die p-Schicht mit dem Minuspol der Quelle verbunden ist, wird die Sperrschicht breiter. Die Diode sperrt (→**B4**).

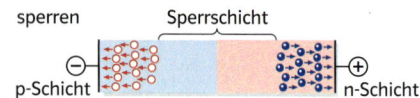

sperren   Sperrschicht

p-Schicht   n-Schicht

B4 Vergrößerung der Sperrschicht

Wird dagegen die p-Schicht an den Pluspol und die n-Schicht an den Minuspol der Quelle angeschlossen, so dringen freie Elektronen und Elektronenfehlstellen in die Sperrschicht ein. Ab einer bestimmten Spannung verliert sie ihre Wirkung und die Diode leitet. Dabei rekombinieren fortlaufend Elektronen und Elektronenfehlstellen in der Sperrschicht, die von den Polen der elektrischen Quelle aufeinander zuströmen (→**B5**). Die Rekombination setzt Energie frei. In Leuchtdioden entsteht so die Lichtwirkung.

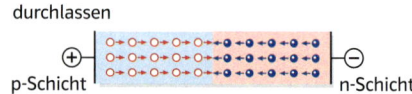

durchlassen

p-Schicht   n-Schicht

B5 Die Diode leitet.

Die Stromstärke einer Si-Diode steigt ab einer Spannung von etwa 0,7 V stark an (→**B6**). Zur Überwindung der Sperrschicht einer Si-Diode ist demnach eine Spannung von etwa 0,7 V erforderlich.

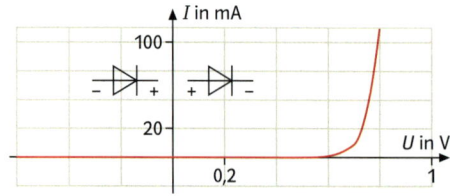

B6 Kennlinie einer Si-Diode

A1 ○ Die Kennlinie einer Diode soll aufgezeichnet werden. Zeichne eine Schaltskizze.

Diode im Bändermodell

Die Eigenschaften von Halbleiterdioden entstehen durch das Zusammenwirken einer p- und einer n-dotierten Schicht. Die Grenzfläche zwischen beiden Schichten heißt **p-n-Übergang**.
Elektrische Leitung setzt bei der Silicium-Diode erst bei etwa 0,7 V ein. Das bedeutet, dass Elektronen erst eine bestimmte Energie benötigen, um vom n-dotierten Teil bis zum Rand des p-dotierten Teils der Diode zu gelangen. Im Modell wird dies durch die unterschiedliche Lage der Energiebänder der unbeschalteten Diode veranschaulicht (→**B2**).

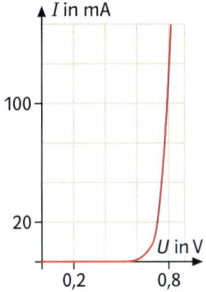

B1 Kennlinie einer Si-Diode

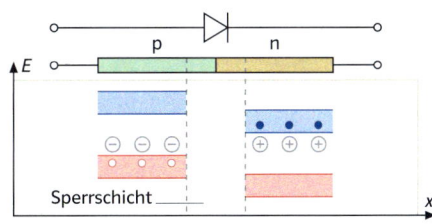

B2 Der p-n-Übergang der unbeschalteten Diode im Energiediagramm

Wird an die Diode von außen eine Spannung angelegt und zwar mit dem Pluspol am p-dotierten und dem Minuspol am n-dotierten Teil der Diode, so gleicht sich die Energie der Bänder in beiden unterschiedlich dotierten Gebieten an (→**B3**).

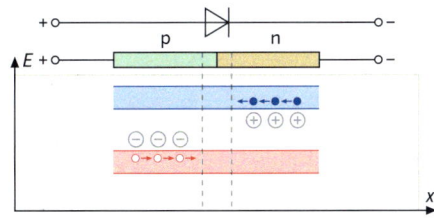

B3 Leitende Diode

Die elektrische Quelle kann so Ladung in Bewegung setzen. Im n-leitenden Teil der Diode bewegen sich Elektronen, im p-leitenden Teil Elektronenfehlstellen. Ladungsträger können allerdings von beiden Seiten jeweils nur bis zum p-n-Übergang aufeinander zufließen, weil hinter der Grenze freie

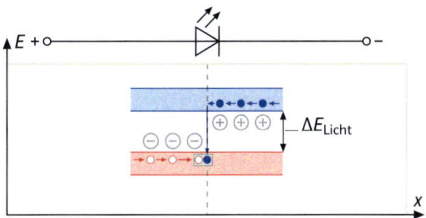

B4 Rekombination in der Grenzschicht

Energiewerte in den jeweiligen Bändern für Elektronen bzw. Elektronenfehlstellen fehlen. Haben Elektronen und Elektronenfehlstellen die Grenze erreicht, so rekombinieren sie. Dabei geben Elektronen Energie ab, die bei Leuchtdioden in Form von Licht austritt (→**B4**).
Es gibt einen Zusammenhang zwischen der Farbe des ausgesandten Lichtes und der Größe der Energielücke zwischen Leitungsband und Valenzband. Bei einer roten LED ist die Energielücke kleiner als bei einer blauen. Mit Galliumnitrid als Grundmaterial ist es erstmals gelungen, genügend große Bandlücken für die Herstellung von blauen LEDs bereitzustellen.
In Sperrrichtung vergrößert sich der Energieabstand der Leitungsbänder im n- und p-dotierten Teil (→**B5**). Eine Rekombination von Elektronen mit Elektronenfehlstellen ist nicht möglich.

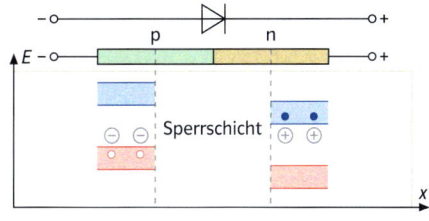

B5 Sperrende Diode

A1 ⊜ Eine Diode sendet nur bei Betrieb in Durchlassrichtung Licht aus. Begründe dies im Bändermodell.

A2 ⊜ Erkläre, dass bei einer bestimmten Spannung zwischen den Enden der Diode die Stromstärke plötzlich steigt.

8.3 Solarzellen

Das Flugzeug „Solar Impulse 2" wird nur mit Sonnenenergie angetrieben und hat am 26.7.2016 als erstes Solarflugzeug eine Weltumrundung geschafft. Es besitzt mit 72 Metern eine größere Spannweite als ein Jumbo Jet B747.

Solarzellen als Energiewandler

Solarzellen sind speziell konstruierte Leuchtdioden, die die Wirkung von LEDs umkehren. Sie überführen Strahlungsenergie der Sonne in elektrische Energie (→**B1**).

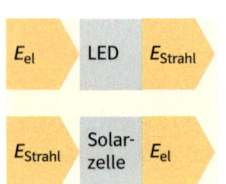

B1 Energietransport-diagramme

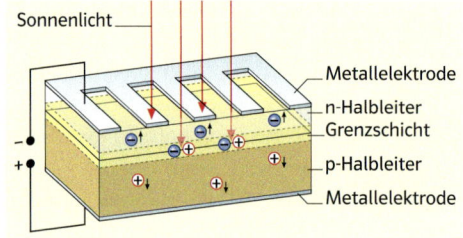

B3 Prinzip einer Silicium-Solarzelle

Die Schemazeichnung **B3** veranschaulicht die Vorgänge in einer Solarzelle. Licht kann in die Grenzschicht eindringen, weil die n-Schicht sehr dünn ist. Die Energie des Lichts kehrt die Rekombination von Elektronen und Elektronenfehlstellen um. In der Grenzschicht entstehen so frei bewegliche Elektronen und Elektronenfehlstellen. Wegen der ortsfesten positiven Ladung in der n-Schicht und der ortsfesten negativen Ladung in der p-Schicht bewegen sich Elektronen nach oben zur n-dotierten Seite und Elektronenfehlstellen nach unten zur p-dotierten Seite. Die Strahlungsenergie der Sonne bewirkt eine – im Vergleich zur Leuchtdiode – umgekehrte Bewegung der Ladungsträger. An den Metallelektroden der Solarzelle bilden sich so elektrische Pole.

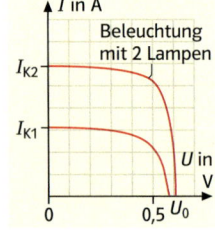

B2 U-I-Kennlinie einer Si-Solarzelle bei unterschiedlicher Helligkeit

Die Leistung einer Solarzelle

Spannung und Stromstärke bestimmen die Leistung einer Solarzelle. Ohne angeschlos-

senes Gerät misst man ihre Leerlaufspannung U_0. Sie beträgt bei allen Silicium-Solarzellen etwa 0,6 V. Größere Helligkeit verändert diesen Wert kaum. Verbindet man ihre Pole direkt, so besteht ein Kurzschlussstrom I_K bei der Zellenspannung $U = 0$ V. Die Kurzschluss-Stromstärke I_K der Solarzelle lässt sich durch größere Helligkeit steigern. Vergrößert man den Widerstand eines angeschlossenen Geräts von 0 Ω bis zu sehr großen Widerstandswerten hin, so verändern sich Spannung und Stromstärke. Den Zusammenhang zwischen den beiden Größen bei gegebener Helligkeit hält man in der Kennlinie (→**B2**) fest. Das Wertepaar (U/I) aus der Kennlinie mit maximalem Produkt $U \cdot I$ gibt die Kenngrößen für die maximale Leistung der Solarzelle an.

In Solarmodulen werden mehrere Solarzellen zusammengeschaltet, um so notwendige Spannungen und Stromstärken für die Energieversorgung zu erreichen. Eine Reihenschaltung von Solarzellen erhöht wie eine Reihenschaltung von Batterien bei richtiger Polung die Spannung. Eine Parallelschaltung erhöht die Stromstärke.

Da „Solar Impulse 2" mehrere Tage benötigt, um Ozeane zu überqueren, müssen tagsüber Akkus geladen werden, um die Elektromotoren in den Nacht anzutreiben.

Solarzellen überführen Lichtenergie in elektrische Energie. Bei gleicher Lichtquelle hängt die Spannung der Solarzelle nicht von deren Helligkeit ab.

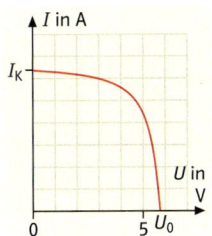

B4 *U-I*-Kennlinie des Solarmoduls

Beispiel Gegeben ist die *U-I*-Kennlinie eines Solarmoduls (→B4). Begründe, wie Spannung und Stromstärke des Moduls gewählt werden müssen, so dass die abgegebene Leistung ihren größten Wert erreicht.

Lösung Die elektrische Leistung P errechnet sich mit der Formel $P = U \cdot I$. Bei einer *U-I*-Kennlinie kann die elektrische Leistung des Moduls als Rechteckfläche zwischen der Kennlinie und den Koordinatenachsen U und I veranschaulicht werden.

Die Kennlinie zeigt zur Leerlaufspannung U_0 bei sehr großem Widerstand des Gerätes die Stromstärke 0 A an. Die Maximalstromstärke I_K bei sehr kleinem Widerstand lässt die Spannung auf 0 V sinken (Kurzschluss). Extremwerte von Spannung U und Stromstärke I bewirken deshalb eine Leistung von jeweils 0 W.

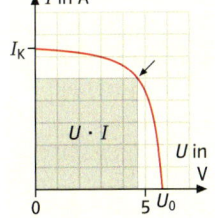

B5 Maximale Leistung

Vom Kurzschlussfall ausgehend fällt die Kennlinie leicht ab. Das heißt, dass sich die Stromstärke bei zunehmender Spannung kaum verringert. Folglich vergrößert sich die Fläche $U \cdot I$ immer weiter. Das gilt solange, bis die Kennlinie eine starke Krümmung aufweist (→B5). Bei weiter zunehmender Spannung nehmen die Stromstärke und mit ihr die Leistung wieder ab.

A1 ○ Die Spannung einer Solarzelle beim Betrieb eines Gerätes betrage 0,5 V bei einer Stromstärke von 100 mA. Zeichne einen Schaltplan für eine Kombination von Solarzellen zu einem Solarmodul, sodass die Spannung $U = 1,5$ V beträgt und eine Stromstärke $I = 200$ mA möglich ist.

A2 ◕ Ermittle Daten zur jährlichen Energie der Sonneneinstrahlung in der Bundesrepublik Deutschland und zur benötigten elektrischen Energie. Beurteile die Bedarfsdeckung bei einem Umwandlungswirkungsgrad von 10 % bei Solarzellen.

A3 ● „Solar Impulse 2" verändert während einer Ozeanüberquerung zweimal täglich seine Flughöhe. Bei maximaler Flughöhe beträgt die Geschwindigkeit 140 km/h, bei minimaler Flughöhe 35 km/h. Erläutere den Flugplan anhand des Diagramms.

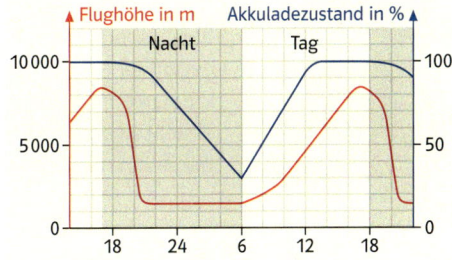

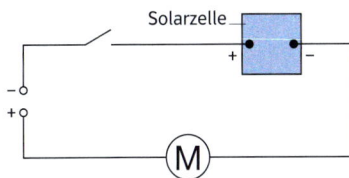

V1 Baue voranstehende Schaltung mit einer Solarzelle auf. Beim Schließen des Schalters dreht sich der Elektromotor. Werden die Anschlüsse an der Quelle vertauscht und wird der Schalter geschlossen, so bleibt der Motor stehen.

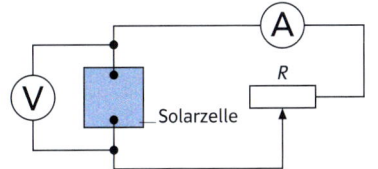

V2 Untersuche den Zusammenhang zwischen Spannung U und Stromstärke I in obigem Stromkreis. Verwende dazu ein Bauteil, dessen Widerstand von 0 Ω bis zum Maximalwert von etwa 1000 Ω vergrößert werden kann. Miss jeweils die Spannung und die Stromstärke. Es ergibt sich z. B.:

U in V	0,05	0,55	1,9	2,3	3,5	3,7	4,5
I in mA	48	47	43	42	35	31	4

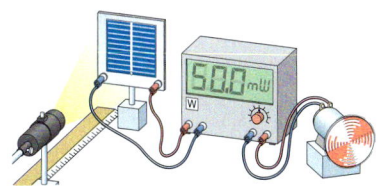

V3 Baue den abgebildeten Versuch auf. Miss die Leistung P in Abhängigkeit vom Abstand zwischen Lampe und Solarzelle.
Bei halbiertem Abstand vervierfacht sich in etwa die Leistung.

Transistoren

Die Funktionsweise des Transistors
Ein Transistor ähnelt in Bezug auf seinen Aufbau zwei gegeneinander geschalteten Dioden. Er besteht aus einem Silicium-Kristall mit drei verschieden dotierten Schichten (→B1).

Es werden hier nur Transistoren mit der Schichtenfolge n-p-n betrachtet. Die p-Schicht des npn-Transistors wird Basis (B), die beiden n-Schichten werden Emitter (E) und Kollektor (C) genannt. Emitter und Basis haben wie Basis und Kollektor paarweise die Eigenschaften einer Diode. Wird der Anschluss zur Basis offen gelassen, so gelingt es nicht, zwischen Emitter und Kollektor einen Strom zu erzeugen. Stets ist eine der beiden Dioden in Sperrrichtung gepolt. Im Transistor bewegen sich Elektronen nur dann vom Emitter zum Kollektor, wenn eine zusätzliche Spannung zwischen Emitter und Basis so angelegt wird, dass der Emitter-Basis-Übergang in der Durchlassrichtung gepolt ist (→B1). Man sagt, der Transistor leitet, wenn zwischen Emitter und Basis eine Spannung mit dem Pluspol an der Basis von mindestens 0,7 V anliegt.

Der Transistoreffekt
Wird der Emitter-Basis-Übergang in Durchlassrichtung gepolt, so bewegen sich Elektronen vom Emitter zur Basis und die Sperrschicht wird leitend. Die Basisschicht ist sehr dünn und nur schwach dotiert. Es finden deshalb kaum Rekombinationen statt, sodass viele Elektronen, die vom Emitter in die Basis gelangt sind, in den Bereich des folgenden Kollektor-Basis-Überganges gelangen. Hier werden sie durch starke elektrische Kräfte in den Bereich des positiv geladenen Kollektors gezogen. Durch geeignete Geometrie und Dotierung der Transistorschichten lässt sich erreichen, dass z. B. 99 % der Elektronen, die vom Emitter kommen, zum Kollektor gelangen, und nur 1 % über den Anschluss der Basis abfließen. Man spricht vom Transistoreffekt (→B2).

Wenn der Basisstromkreis unterbrochen wird, wird die Sperrschicht zwischen Basis und Emitter wieder wirksam. Der Transistor sperrt. Der Transistor wirkt wie ein elektronischer Schalter, bei dem ein kleiner Strom über Emitter und Basis einen großen Strom über Emitter und Kollektor schaltet. Mit zwei einzelnen Dioden (→B3) ist der Transistoreffekt nicht erreichbar, erst eine gemeinsame p-Schicht ermöglicht ihn. Folgende Maßnahmen erhöhen die Wahrscheinlichkeit dafür, dass Elektronen aus der Basis die angrenzende Kollektor-Basis-Sperrschicht überwinden, so dass der Transistoreffekt möglich wird:
- Die Basisschicht wird sehr dünn gemacht (etwa 0,005 mm).
- Die p-Schicht der Basis wird nur wenig dotiert, damit nicht zu viele Elektronen durch Rekombination verloren gehen.
- Der Weg vom Emitteranschluss zum Basisanschluss ist möglichst lang.
- Die Berührungsfläche zwischen Emitter und Basis ist viel kleiner als die zwischen Kollektor und Basis. Die beiden n-Schichten des Transistors sind also nicht gleichwertig. Dies zeigt sich, wenn der Transistor umgekehrt angeschlossen wird, d. h., Emitter und Kollektor vertauscht werden. Der Transistoreffekt ist dann kleiner.

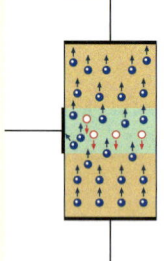

Basis-stromkreis Kollektor-stromkreis

B1

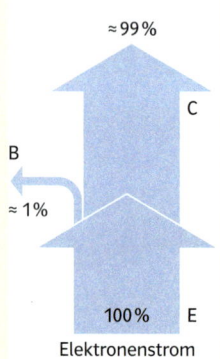

≈ 99 %

C

B

≈ 1 %

100 % E

Elektronenstrom

B2

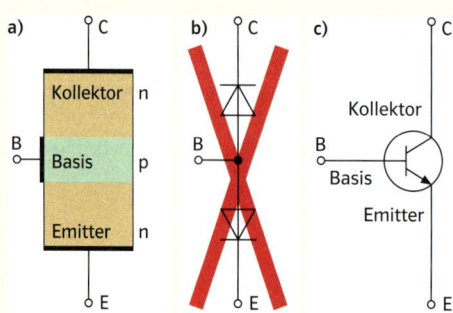

a) b) c) d)

a) Kollektor n / Basis p / Emitter n

d) $R = 1\,k\Omega$ $U \approx 1\,V$ $U = 6\,V$

B3

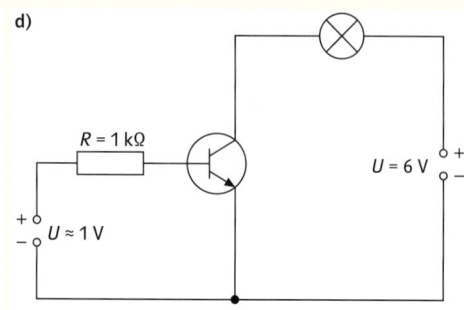

Transistorschaltungen

In den folgenden Lernstationen werden Eigenschaften von Transistoren untersucht. Bildet in der Klasse Gruppen mit jeweils zwei bis drei Schülerinnen und Schülern und bearbeitet die Aufträge an den Stationen. Notiert alle Beobachtungen im Heft.

STATION I

Beschaltung der drei Eingänge des Transistors

Geräte: 1 npn-Transistor, 1 elektrische Quelle, 1 Glühlampe, Kabel

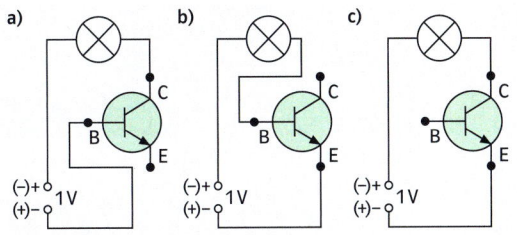

1 Baue die Schaltung nach Schaltskizze a) auf.

2 Vertausche die Polung der elektrischen Quelle.

3 Formuliere ein Ergebnis.

4 Untersuche entsprechend die anderen beiden Schaltungen b) und c).

5 Formuliere ein Ergebnis.

STATION II

Ein Stromkreis beeinflusst einen zweiten Stromkreis

Geräte: 1 npn-Transistor, 2 elektrische Quellen, 1 Schutzwiderstand 1 kΩ, 1 Glühlampe, 1 Voltmeter, Kabel

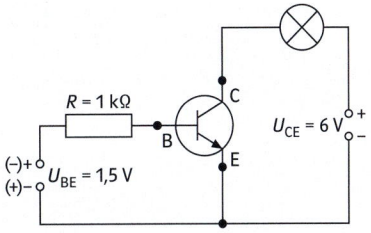

1 Baue die Schaltung nach der Schaltskizze auf.

2 Vertausche die Polung der elektrischen Quelle im Basis-Emitter-Kreis.

3 Formuliere ein Ergebnis.

4 Wähle wieder die Ursprungspolung im Basis-Emitter-Kreis. Reduziere die Spannung U_{BE}.

5 Formuliere ein Ergebnis.

STATION III

Es genügt eine einzige Quelle

Geräte: 1 npn-Transistor, 1 elektrische Quelle, 1 Schutzwiderstand 1000 Ω, 1 Glühlampe, 1 Satz Widerstände, 1 regelbarer Widerstand, Kabel

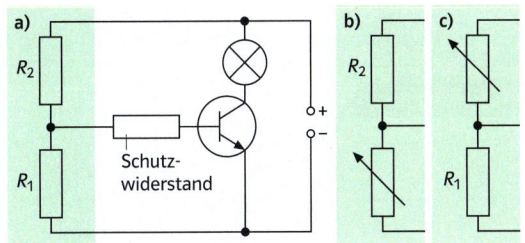

1 Baue die Schaltung nach Schaltskizze a) auf.

2 Wähle zwei Widerstände R_1 und R_2, sodass die Glühlampe leuchtet. Formuliere ein Ergebnis.

3 Ändere die Schaltung nach den Vorschlägen b) und c) ab.

4 Stelle den regelbaren Widerstand jeweils so ein, dass die Glühlampe leuchtet.

5 Formuliere ein Ergebnis.

STATION IV

Automatische Lichtregelung

Geräte: 1 npn-Transistor, 1 elektrische Quelle, 1 Schutzwiderstand 1000 Ω, 1 Glühlampe, 1 regelbarer Widerstand, 1 LDR, Kabel

1 Baue eine Schaltung mit einem LDR auf, die bei zu geringer Helligkeit im Raum die Glühlampe zum Leuchten bringt. Verwende dazu eine Reihenschaltung aus LDR und regelbarem Widerstand. Orientiere dich an den Schaltskizzen von Station 3.

2 Skizziere die von dir entwickelte Schaltung.

3 Formuliere ein Ergebnis.

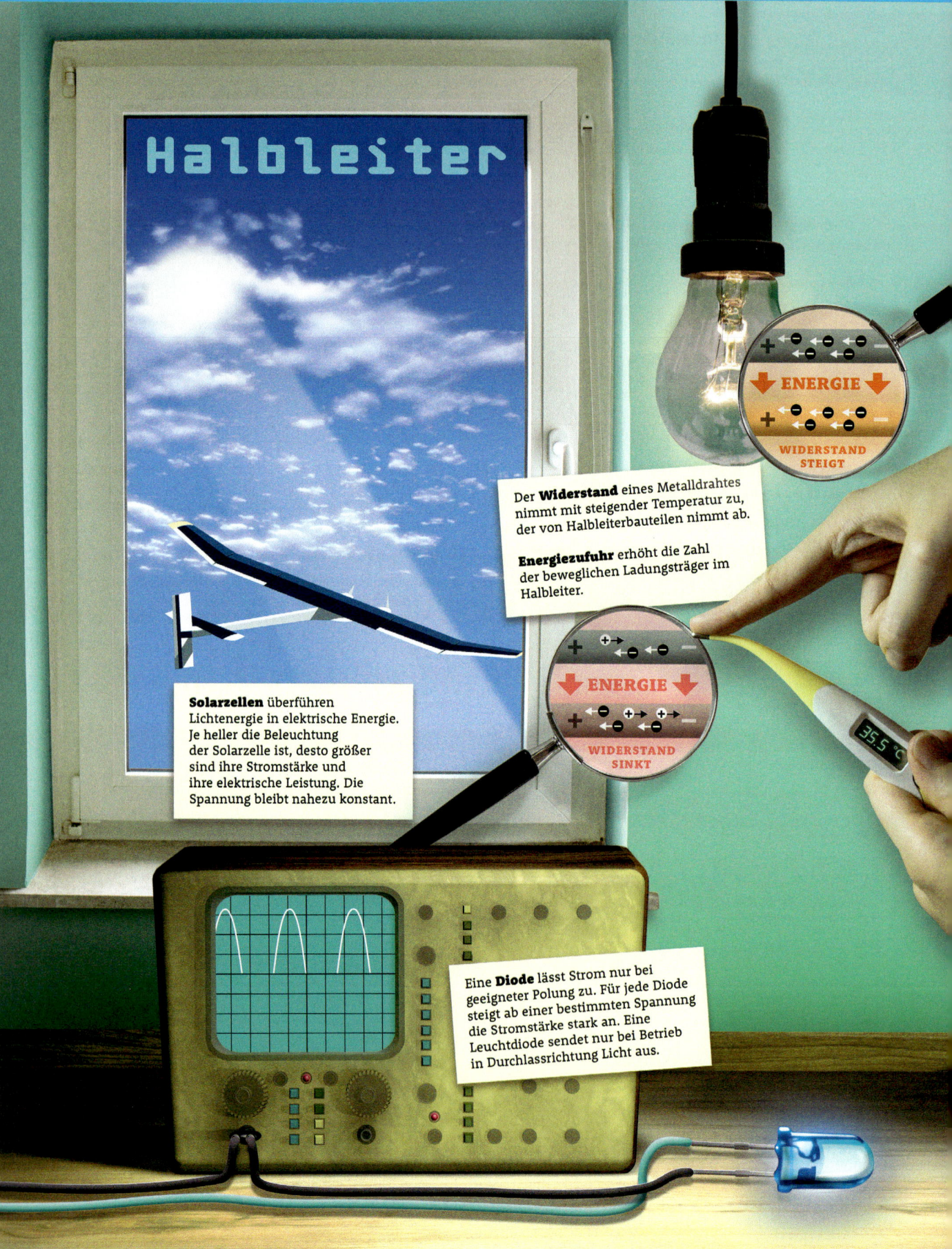

Halbleiter

Der **Widerstand** eines Metalldrahtes nimmt mit steigender Temperatur zu, der von Halbleiterbauteilen nimmt ab.

Energiezufuhr erhöht die Zahl der beweglichen Ladungsträger im Halbleiter.

ENERGIE
WIDERSTAND STEIGT

ENERGIE
WIDERSTAND SINKT

Solarzellen überführen Lichtenergie in elektrische Energie. Je heller die Beleuchtung der Solarzelle ist, desto größer sind ihre Stromstärke und ihre elektrische Leistung. Die Spannung bleibt nahezu konstant.

Eine **Diode** lässt Strom nur bei geeigneter Polung zu. Für jede Diode steigt ab einer bestimmten Spannung die Stromstärke stark an. Eine Leuchtdiode sendet nur bei Betrieb in Durchlassrichtung Licht aus.

35.5 °C

FACHWISSEN

Im Folgenden findest du Aussagen zum Themengebiet „Halbleiter", die wahr oder falsch sind. Entscheide!

1 Der elektrische Widerstand R einer Glühlampe ist stets konstant.

2 Positive Ladungsträger bewegen sich vom Pluspol zum Minuspol.

3 Energiezufuhr erhöht die Zahl der beweglichen Ladungsträger im Halbleiter.

4 Bei stärkerer Beleuchtung der Solarzelle erhöht sich die Spannung der Solarzelle.

5 Leuchtdioden senden Licht aus, wenn ein elektrischer Strom besteht.

6 Dioden dienen der Gleichrichtung von Wechselstrom.

7 Der Widerstand eines Metalldrahtes nimmt mit steigender Temperatur ab.

8 Lichtsensoren (LDRs) erhöhen ihren Widerstand, wenn sie mit Licht bestrahlt werden.

9 In Halbleitern gibt es positive und negative Ladungsträger.

ERKENNTNISGEWINNUNG

In den folgenden Schaltungen wird jeweils die Spannung zwischen Messpunkten A bis F und dem Punkt X mit dem Oszilloskop gemessen. Ordne den Messpunkten die t-U-Diagramme zu.

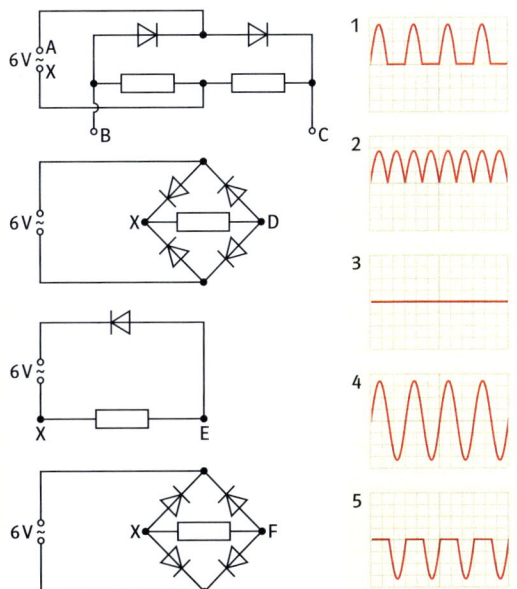

KOMMUNIKATION

Übertrage das Rätsel in dein Heft, ergänze passende Begriffe aus dem Bereich „Halbleiter" und finde das Lösungswort.

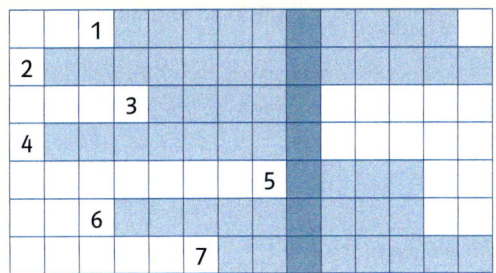

1 Bei Temperaturerhöhung verringert sich sein Widerstand.

2 Vorgang, bei dem in Leuchtdioden Licht ausgestrahlt wird.

3 Dient der Gleichrichtung von Wechselstrom.

4 Er leitet nur unter extremen Bedingungen.

5 Durchsichtiger Nichtleiter

6 Zeigt den Zusammenhang zwischen Spannung und Stromstärke.

7 Ladungsträger

Das Wort im markierten Bereich bezeichnet eine physikalische Größe.

BEWERTUNG

Entscheide, welche Maßnahmen zum gewünschten Erfolg beitragen können.
Ein Ferienhaus soll ausschließlich mit Strahlungsenergie der Sonne versorgt werden.

1 Du ermittelst die elektrische Leistung aller im Haus befindlichen elektrischen Geräte.

2 Du multiplizierst die Kurzschluss-Stromstärke mit der Leerlaufspannung eines angebotenen Solarmoduls, um seine Leistung zu ermitteln.

3 Du bestimmst für jeden Monat die Energie, die im Ferienhaus benötigt wird.

4 Du stellst das Solarmodul senkrecht auf und richtest es nach Norden aus.

5 Du beschaffst bewährte und in der Anschaffung kostengünstige Glühlampen zur Beleuchtung des Ferienhauses.

6 Du ermittelst die durchschnittliche elektrische Energie, die $1\,m^2$ Solarmodulfläche in jedem Monat überführen können.

7 Du verzichtest auf Akkumulatoren zur Energiespeicherung.

A1 ○ Nenne Unterschiede im Aufbau eines elektrischen Leiters und eines Isolators.

A2 ◒ Erkläre die Änderung des elektrischen Widerstandes eines Metalls bei Temperaturerhöhung.

A3 ○ Die Betriebstemperatur von Taschenrechnern, Computern, Radios und Fernsehgeräten soll zwischen 10 °C und 50 °C liegen. Begründe die Begrenzungen!

A4 ◒ Zwischen den Anschlüssen eines Heißleiters besteht die Spannung von 6 V. Wie groß ist sein Widerstand bei den Temperaturen
a) 20 °C,   b) 40 °C,   c) 50 °C?
Entnimm die erforderlichen Werte aus dem ϑ-I-Diagramm.

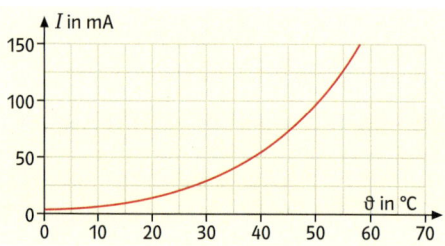

A5 ● Begründe, weshalb beim Messen von Temperaturen mit Halbleiterwiderständen die Stromstärke möglichst klein sein soll.

A6 ◒ Das nachfolgende Diagramm zeigt die Abhängigkeit zwischen Widerstand und Temperatur bei einem NTC-Widerstand.
a) Bestimme ϑ für $R = 2\,k\Omega$, $R = 4\,k\Omega$, $R = 6\,k\Omega$, $R = 10\,k\Omega$.
b) Bestimme einen geeigneten Bereich für

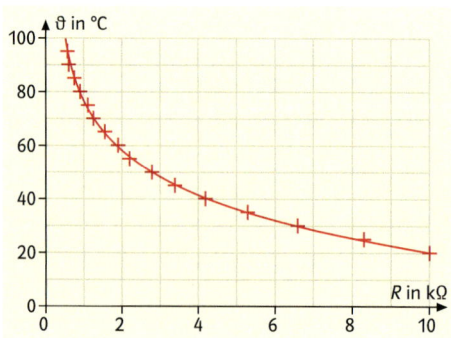

eine lineare Annäherung für die Abhängigkeit ϑ von R.

A7 ◒ Begründe, dass auch ein dotierter elektrischer Halbleiter nach außen elektrisch neutral ist.

A8 ○ Nenne zwei Unterschiede zwischen einer Leuchtdiode und einer Glühlampe.

A9 ◒ Beschreibe, wie man mit Leuchtdioden weißes Licht erzeugen kann.

A10 ◒ Die nachfolgende Abbildung zeigt das U-I-Diagramm einer Diode. Begründe die Eigenschaften der Diode mit diesem Diagramm.

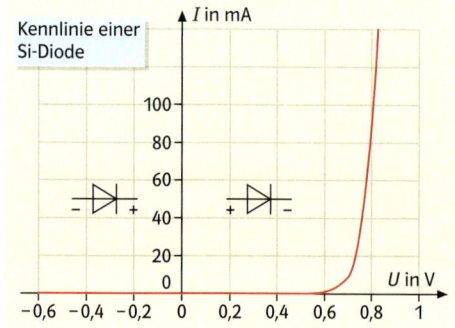

A11 ◒ Welches Bild ist am Oszilloskop zu sehen, wenn in der Schaltung **B1** die Diode
a) überbrückt wird?
b) umgepolt wird?

A12 ○ Nenne die Wirkungsweise von Solarzellen.

A13 ○ Beschreibe den Aufbau einer Solarzelle.

A14 ◒ Erkläre die Ladungstrennung in einer Solarzelle bei Beleuchtung.

A15 ○ Es stehen Solarzellen mit einer Leerlaufspannung von 0,7 V und einer Kurzschlussstromstärke von 0,15 A zur Verfügung. Beschreibe die Schaltung für ein Solarmodul, das eine Leerlaufspannung von mindestens 10 V und eine Kurzschlussstromstärke von mindestens 2 A besitzt.

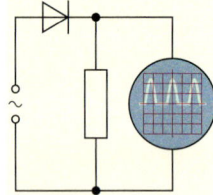

B1 Zu Aufgabe 10

9 Energieversorgung

Verteilungsnetze transportieren elektrische Energie, die Windräder bereitstellen, von der Nordsee nach Bayern.

9.1 Motor und Generator als Energiewandler

Eine praktische Hilfe – Elektromotoren am Aufzug ersparen das Treppensteigen.

Motoren und Generatoren überführen Energie

Elektromotoren werden auch in Zukunft unser Leben mitbestimmen, ob im Auto, am Fahrrad, in Haushaltsgeräten oder in der Industrie. Ein Elektromotor überführt dabei elektrische Energie in mechanische Energie. Er kann durch den Einsatz elektrischer Energie zum Beispiel einen Fahrstuhl heben.

abgeben	überführen	nutzen
elektrische Energie	Energie geht über	mechanische Energie
Steckdose	Elektromotor	Bewegung, Höhe

B1 Energietransportdiagramm zum Elektromotor

Die vom Motor überführte Energie ist abhängig von der Belastung. Dieses demonstriert ein Staubsauger mit einem Energiemessgerät. Wird das Ansaugen der Luft mit der Hand erschwert (→**B2**), so zeigt das Messgerät einen höheren Wert.
Ein **Generator** arbeitet umgekehrt. Ein Gewichtsstück sinkt an einer um die Welle eines Generators gewickelte Schnur nach unten (→**V2**). Die sich abwickelnde Schnur dreht die Welle. An den elektrischen An-schlüssen des Generators ist eine Spannung messbar. Ein angeschlossener Motor dreht einen Propeller. Es wird mechanische Höhenenergie in elektrische Energie und diese wieder in Bewegungsenergie überführt. Generatoren finden sich als Fahrraddynamo, als Lichtmaschine im Auto oder in Kraftwerken. Ihre Leistungen sind sehr unterschiedlich.

Leistungen von Generatoren	
Fahrraddynamo	3 W – 10 W
Lichtmaschinen in Pkws	1,5 kW – 2,5 kW
Notstromaggregate	5 kW – 10 kW
Windkraftgeneratoren	1 MW – 2 MW
Heizkraftwerksgeneratoren	500 MW – 1000 MW

Generatoren sind das Herzstück unserer elektrischen Energieversorgung. In Kraftwerken wird mittels Turbinen oder Windrädern mechanische Energie zur Verfügung gestellt, die in Generatoren in elektrische Energie überführt wird.

**Ein Elektromotor überführt elektrische Energie in mechanische Energie.
Ein Generator überführt mechanische Energie in elektrische Energie.**

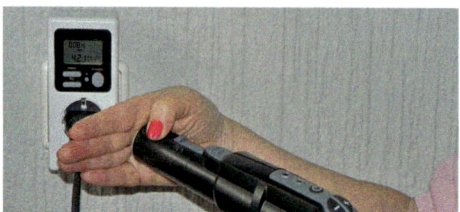

B2 Bei Belastung steigt die Energie.

B3 Kraftwerksgenerator

Beispiel Elektromotoren finden sich heute in vielen Geräten (→**B5**). Untersuche die Energieüberführung in folgenden Teilaufgaben.

B5 Elektromotor an der Achse eines Elektrofahrzeuges

a) Zeichne ein Energietransportdiagramm zu Versuch **V1**.
b) Berechne aus den Messwerten die elektrische Energie und die Höhenenergie. Vergleiche beide.
c) Berechne die Wirkungsgrade und diskutiere das Ergebnis.

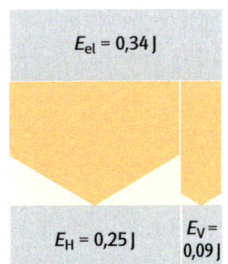

B4 Höhen- und Verlustenergie aus elektrischer Energie.

Lösung a) Siehe Abbildung **B4**.
b) Beim Heben des Gewichtsstückes werden für 50 g $I = 40$ mA für 100 g $I = 62$ mA gemessen. Die Zeitdauern betragen $\Delta t_1 = 1,4$ s und $\Delta t_2 = 1,8$ s. Für die elektrische Energie errechnet sich bei $m = 50$ g:

$\Delta E_{el} = U \cdot I \cdot \Delta t_1 = 6\,V \cdot 0,040\,A \cdot 1,4\,s = 0,34\,J$

und bei $m = 100$ g:

$\Delta E_{el} = U \cdot I \cdot \Delta t_2 = 6\,V \cdot 0,062\,A \cdot 1,8\,s = 0,67\,J$

Wir vergleichen die Höhenenergie.
Bei $m = 50$ g:
$\Delta E_H = m \cdot g \cdot h = 0,05\,kg \cdot 9,81\,\frac{m}{s^2} \cdot 0,5\,m = 0,25\,J$
Bei $m = 100$ g:
$\Delta E_H = m \cdot g \cdot h = 0,1\,kg \cdot 9,81\,\frac{m}{s^2} \cdot 0,5\,m = 0,49\,J$.
Die jeweiligen Werte unterscheiden sich deutlich.
c) Nicht die gesamte Energie ist nutzbar. Für die Wirkungsgrade ergeben sich für $m = 50$ g etwa 74 % und für 100 g etwa 73 %. Ein Teil der Energie wird durch Reibung in thermische Energie überführt. Schon im Leerlauf wird elektrische Energie überführt, man misst $I = 0,007$ A und $P = 0,04$ W.

A1 ○ Nenne Beispiele aus der Technik für Energieüberführungen bei dem Betrieb eines Generators.

A2 ◒ Gib eine Begründung an, warum Elektromotoren nie einen Wirkungsgrad von 100 % erreichen werden.

A3 ● Ein herabsinkendes Gewichtsstück ($m = 500$ g) treibt über einen Faden einen kleinen Generator an. An den Generator wird eine Glühlampe angeschlossen. Spannung und Stromstärke werden gemessen. Das Gewichtsstück sinkt in 2,5 s um 1 m. Die Lampe leuchtet und es werden $U = 6$ V und $I = 0,2$ A gemessen. Zeichne einen Schaltplan, berechne die überführte mechanische und die elektrische Energie und bestimme den Wirkungsgrad.

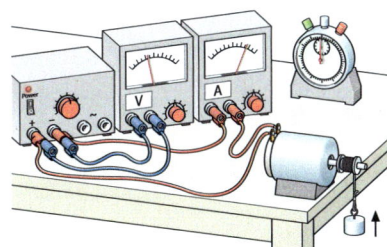

V1 Ein Experimentiermotor mit der Nennspannung 6 V wird an einer passenden elektrischen Quelle betrieben. Die rotierende Welle kann einen Faden aufwickeln und so ein Gewichtsstück mit der Masse m um

50 cm hochheben. Man misst die dafür benötigte Zeit Δt und die Stromstärke I. Sie beträgt ohne Massestück 7 mA. Sie steigt mit zunehmender Masse. Man erhält:

m in g	I in mA	Δt in s
50	40	1,4
100	62	1,8

V2 Der Motor aus **V1** wird von der Quelle getrennt. An ihrer Stelle wird eine Glühlampe angeschlossen. Der Faden wird auf die Welle aufgewickelt. Ein herabsinkendes

Gewichtsstück kann so die Welle in Drehung versetzen. Die Glühlampe leuchtet, solange das Gewichtsstück herabsinkt. Bei größerer Masse leuchtet sie heller. Wenn man zur Glühlampe weitere parallel schaltet, sinkt das Gewichtsstück langsamer.

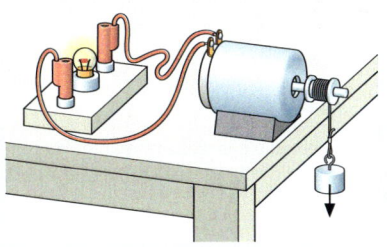

Experimente mit Motor und Generator

In den folgenden Lernstationen sollen Generator und Motor experimentell untersucht werden. Es wird vorausgesetzt, dass die Beobachtungen, Messungen und Auswertungen eigenständig vorgenommen werden und alles sorgfältig dokumentiert wird.

STATION I

Energie bei Parallel- und Reihenschaltung

Geräte: 1 Experimentiergenerator mit Kurbel, 1 Stativ mit Tischklemme und Experimentierklemme, 2 gleiche Glühlampen (6 V, 5 A) mit Fassung, Kabel

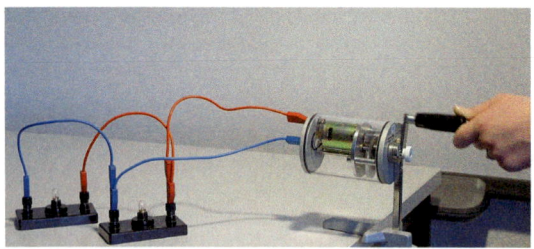

1 Baue den Generator auf, schließe eine Glühlampe an und drehe die Kurbel (Vorsicht! Die Glühlampe darf nicht zu hell werden.) Fertige eine Skizze. Notiere alle Beobachtungen.

2 Schließe die zweite Glühlampe parallel zur ersten. Drehe die Kurbel. Dabei sollten die Glühlampen etwa so hell leuchten wie in 1. Vergleiche und notiere die Beobachtungen.

3 Schließe die zweite Glühlampe in Reihe zur ersten. Verfahre wie in 2. Vergleiche und notiere die Beobachtungen.

STATION II

Höhenenergie ⟶ elektrische Energie

Geräte: 1 Experimentiergenerator, 1 Stativ mit Tischklemme und Experimentierklemme, 1 Schnur, 2 gleiche Gewichtsstücke (m = 500 g), 1 Stoppuhr, 1 Glühlampe, 1 Spannungsmessgerät, 1 Stromstärkemessgerät, Kabel

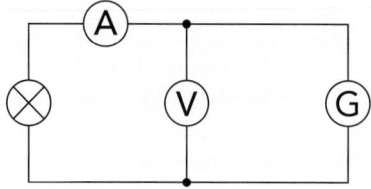

1 Baue den Generator auf, schließe die Glühlampe und die Messgeräte entsprechend des Schaltplans an. Wickle die Schnur auf die Welle. Hänge ein Gewichtsstück an die Schnur und lass es 0,5 m herabsinken. Miss die Zeitdauer Δt, die Spannung U und die Stromstärke I.

2 Wiederhole die Messungen mit zwei angehängten Gewichtsstücken.

3 Berechne jeweils die Produkte aus U, I und Δt und vergleiche.

STATION III

Wechselspannung

Geräte: 1 Experimentiergenerator mit Kurbel, 1 Stativ mit Tischklemme, Experimentierklemme, 1 Glühlampe mit Fassung, Kabel, 1 Oszilloskop

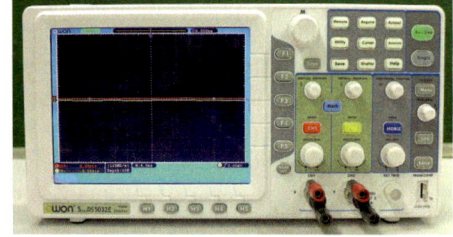

1 Baue den Generator auf, schließe eine Glühlampe und das Oszilloskop als Spannungsmessgerät über der Glühlampe an. Stelle die Zeitablenkung am Oszilloskop auf einen langsamen Wert.

2 Drehe die Kurbel gleichmäßig (Vorsicht! Die Glühlampe darf nicht zu hell werden.) Notiere alle Beobachtungen.

3 Zeichne den Spannungsverlauf in ein t-U-Diagramm.

STATION IV

Elektrische Energie ⟶ Höhenenergie

Geräte: 1 Experimentiermotor, 1 Stativ mit Tischklemme und Experimentierklemme, 1 Schnur, 2 gleiche Gewichtsstücke, 1 Maßstab, 1 Stoppuhr, 1 elektrische Quelle, 1 Schalter, 1 Spannungsmessgerät, 1 Stromstärkemessgerät, Kabel

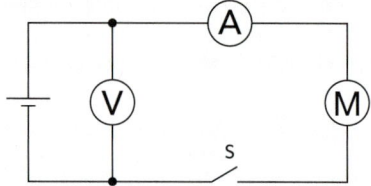

1 Baue den Motor auf. Schließe ihn entsprechend dem Schaltplan an der elektrischen Quelle an. Befestige die Schnur und wickle sie auf der Welle auf. Hänge ein Gewichtsstück an die Schnur, schließe den Schalter und lass es 0,5 m hochziehen. Miss die Zeitdauer Δt, die Spannung U und die Stromstärke I.

2 Berechne das Produkt aus U, I und Δt und vergleiche dies mit der Höhenenergie des gehobenen Gewichtsstückes.

Die Entdeckung der Elektrotechnik

B3 Das historische Experiment von Hans Christian Oerstedt 1820

B4 Michael Faraday 1791–1867

Drei Forscher sind untrennbar mit der heutigen Elektrotechnik und damit mit dem uns umgebenden Komfort verbunden: Hans Christian Oerstedt, Michael Faraday und Werner von Siemens.

Im April 1820 gelang dem dänischen Professor **Hans Christian Oerstedt** (1777–1851) der Nachweis eines Zusammenhanges zwischen elektrischem Strom und Magnetismus. Er spannte einen Platindraht direkt über eine Magnetnadel. Ein elektrischer Strom in dem Platindraht lenkte die Magnetnadel aus der Nord-Süd-Richtung ab. Oerstedt folgerte, dass der elektrische Strom Magnetismus erzeugt, der eine Kompassnadel ablenkt. Er hatte das Grundprinzip eines Elektromotors entdeckt.

B1 Werner von Siemens (1816–1892)

Michael Faraday, ein talentierter Naturwissenschaftler, Autodidakt und später Labordirektor der Royal Institution in London, wollte die Entdeckungen von Christian Oerstedt umkehren. Er beobachtete 1831, dass an den Enden einer Spule eine Spannung entsteht, wenn diese in einem Magnetfeld bewegt wird. Er wurde so der Begründer der Generatoren und damit der heutigen Erzeugung von Elektrizität. Mit der Entdeckung der grundlegenden Zusammenhänge waren aber noch lange keine funktionsfähigen Maschinen entwickelt. Es dauerte mehr als 30 Jahre, bis Werner von Siemens 1865 das elektrodynamische Prinzip entdeckte. Er nutzte den in einem Generator erzeugten elektrischen

B2 Siemens-Generator

Strom teilweise zum Betrieb eines Elektromagneten anstelle des Festmagneten im Generator. Damit konnte man leistungsfähige Generatoren bauen, ohne große Permanentmagnete zu verwenden. Zum Anlaufen nutzen die Generatoren den Restmagnetismus im Eisenkern. In der Folgezeit setzte eine rasante Entwicklung ein. Nun wurde Energieübertragung über elektrische Kabel möglich und Elektromotoren konnten überall leicht eingebaut werden.

Werner von Siemens war der Begründer der Siemenswerke. Er beeinflusste eine ganze Reihe technischer Entwicklungen maßgeblich: Er begründete die Telegraphie, baute die erste Kabelpresse zur Umhüllung elektrischer Kabel, baute als Erster elektrische Straßenbahnen u. v. m. Mit der von ihm 1891 entwickelten Übertragung elektrischer Energie vom Wasserkraftwerk Lauffen am Neckar nach Frankfurt setzte sich die Wechselstromtechnik gegenüber der Gleichstromtechnik durch.

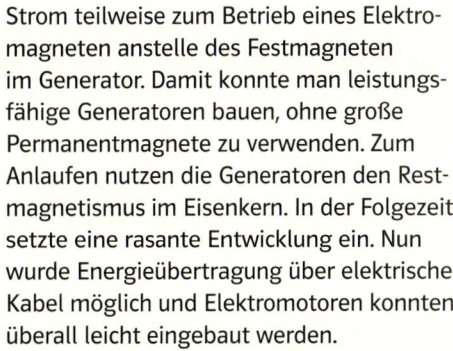

B5 Faraday-Generator

9.2 Der Elektromotor

Elektromotoren gehören zu den universellsten Energiewandlern. Sie gibt es in extrem kleinen Ausführungen in Uhren bis hin zu großen Motoren in Kränen oder Lokomotiven. Wie funktioniert ein solcher Motor?

Strom erzeugt Bewegung

Elektromotoren sind sehr effiziente Maschinen. Moderne Motoren können bis zu 98 % der elektrischen Energie in Bewegungsenergie überführen.

Ein einfacher Versuch verdeutlicht das Prinzip eines Elektromotors. Ein drehbar gelagerter Stabmagnet kann durch einen Elektromagneten in der Nähe bewegt werden. Er bleibt stehen, wenn sich entgegengesetzte Pole von Stabmagnet und Elektromagnet gegenüberstehen. Der drehbare Magnet heißt **Rotor** oder Anker. Der feststehende Magnet **Stator**. Dabei kann auch der Rotor ein Elektromagnet und der Stator ein Festmagnet oder auch ein Elektromagnet sein. Wird die Stromrichtung im Elektromagneten geändert, so dreht sich der Rotor wieder, bis sich die anderen Pole gegenüberstehen.

Durch regelmäßiges Umschalten lässt sich der Rotor in dauerhafte Drehung versetzen (→**V1, V3**). Dabei bringt ihn der Schwung, genauer gesagt die Trägheit, jeweils über den Totpunkt hinweg, in dem sich entgegengesetzte Pole von Rotor und Stator gegenüberstehen.

Das ständige Umschalten nach jeder Halbdrehung des Rotors lässt sich automatisch durchführen. Dazu werden zwei gegeneinander isolierte Halbringe auf der Welle des Rotors angebracht (→**B1**). Zwei fest positionierte Schleifkontakte (Bürsten) bilden den Kontakt zur elektrischen Quelle. Nach jeder Halbdrehung des Rotors werden so die Anschlüsse umgepolt. Diese Anordnung heißt **Kommutator**.

Heute sind Elektromotoren technisch hoch entwickelt. Rotor und Stator bestehen oft aus mehreren Elektromagneten. Dadurch wird ein sehr gleichmäßiger Lauf erzeugt (→**B2**).

Im Elektromotor dreht sich ein Elektromagnet im Magnetfeld eines anderen Magneten. Ein Umschalter (Kommutator) ändert ständig die Stromrichtung und damit die Magnetfeldrichtung.

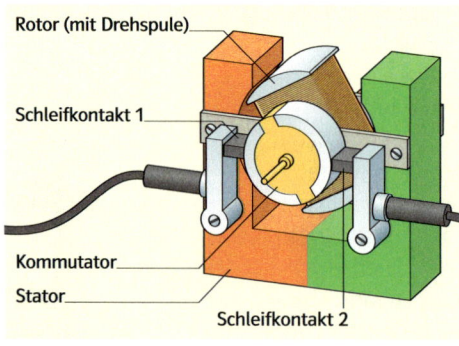

B1 Bestandteile eines Elektromotors

B2 Blick in einen technischen Elektromotor

Beispiel Die folgende Abbildung zeigt einen kleinen Selbstbauelektromotor. Ordne die Bestandteile den Begriffen Stator, Rotor, Kommutator und Schleifkontakte zu. Beschreibe die Funktionsweise.

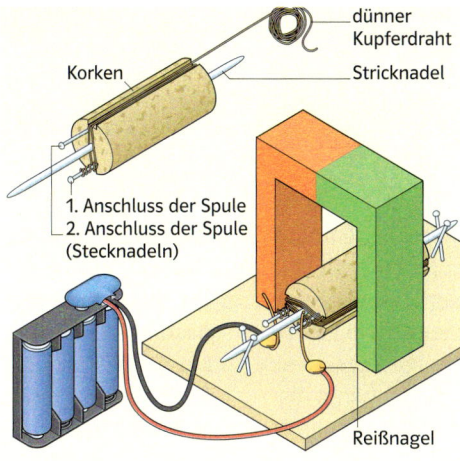

- dünner Kupferdraht
- Stricknadel
- Korken
- 1. Anschluss der Spule
- 2. Anschluss der Spule (Stecknadeln)
- Reißnagel

Lösung Der Hufeisenmagnet bildet den Stator und erzeugt ein konstantes Magnetfeld. Der um den Korken gewickelte Kupferdraht bildet eine Spule, die drehbar gelagert ist und so den Rotor darstellt. Die Nägel im Korken stellen abwechselnd die Anschlüsse zu den Polen der Batterie her und bilden den Kommutator mit den Drähten der Anschlussleitungen als Schleifkontakte.

Ist die Batterie angeschlossen, so erzeugt der Strom in der Spule ein Magnetfeld. Die Spule dreht sich und richtet sich so im Magnetfeld des Hufeisenmagneten aus. Durch die Trägheit dreht sie etwas weiter. Die Kontakte polen um. Die Spule dreht sich kontinuierlich.

A1 ○ **V1** zeigt das Prinzip eines Elektromotors. Beschreibe schrittweise Möglichkeiten einer technischen Verbesserung.

A2 ◕ Elektromotoren sind Energiewandler. Trotzdem kann nie die gesamte elektrische Energie in mechanische Energie umgewandelt werden. Zeichne für einen Elektromotor ein vollständiges Energiediagramm.

A3 ● Folgende Abbildung zeigt einen Motor mit 2 Rotorspulen. Erläutere die Vorteile dieser Anordnung gegenüber der Verwendung nur einer Rotorspule.

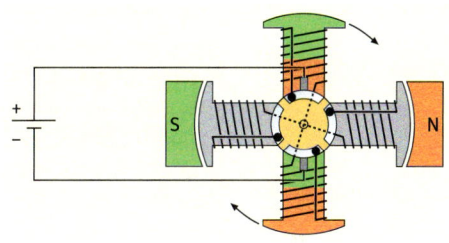

V1 Ein drehbar gelagerter Stabmagnet steht vor der Spule eines Elektromagneten (Bild a). Wird der Schalter geschlossen, so erzeugt der Strom in der Spule ein Magnetfeld. Der Stabmagnet dreht sich bis sich entgegengesetzte Pole gegenüberstehen.

V2 Ein drehbar gelagerter Stabmagnet steht vor der Spule eines Elektromagneten. Mittels eines Umschalters können die Anschlüsse der Spule ständig umgepolt werden (Bild b). Bei richtiger Taktung lässt sich eine ständige Drehung des Stabmagneten erreichen.

V3 Eine drehbar gelagerte Spule im Feld eines Hufeisenmagneten kann über zwei Anschlussringe zum Drehen gebracht werden (Bild c). Zwei isolierte Halbringe auf der Achse des Elektromagneten können über Schleifkontakte das ständige Umschalten übernehmen (Bild d–f).

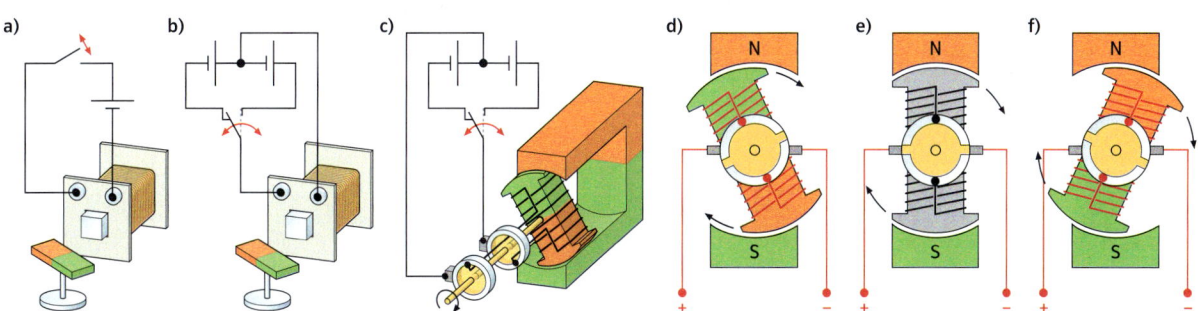

Erzeugung elektrischer Spannung im Generator

Generatoren werden eingesetzt, wenn mechanische Energie in elektrische Energie überführt werden soll. In den letzten Jahren haben Windkraftanlagen eine rasante Entwicklung genommen. Sie decken heute einen merklichen Anteil der benötigten Energie und werden bei zunehmendem Verzicht auf fossile Brennstoffe noch zunehmen. Doch wie wird die Bewegungsenergie der Drehung in elektrische Energie überführt?

B3 Schema eines Windgenerators

B1 Nabendynamo am Fahrrad

Das Prinzip eines Generators Die Anordnung in **B2a** zeigt das Prinzip einer Überführung von mechanischer Energie in elektrische Energie: Ein Magnet wird in einer Spule bewegt und das Messgerät zeigt eine elektrische Spannung an. Dabei hängt die Polung der Spannung von der Bewegungsrichtung des Magneten ab.

B2b zeigt die Erzeugung einer Wechselspannung. Der pendelnde Magnet erzeugt eine Spannung, deren Polung sich ständig in Abhängigkeit von der Bewegungsrichtung des Magneten ändert. Bei der Überführung der mechanischen Energie in elektrische Energie kommt es nur auf die relative Bewegung an. Es ist egal, ob sich die Spule oder der Magnet bewegt (→**B2c**).

Die Wirkung lässt sich durch eine größere Windungszahl der Spule, eine schnellere Bewegung, einen stärkeren Magneten oder einen Eisenkern in der Spule verstärken. Ein einfacher Generator ist der Dynamo an einem Fahrrad (→**B1**). Lichtmaschinen in Autos und Kraftwerksgeneratoren sind andere Beispiele.

Darstellung von Wechselspannung Ein Oszilloskop ist ein Messinstrument, mit dem der zeitliche Verlauf einer Spannung dargestellt werden kann (→**B4**). Es besitzt zwei Eingänge A und B, deren Messbereiche für die vertikale Achse in V pro cm mit den Drehschaltern I und II eingestellt werden. Die zeitliche Ablenkung in horizontaler Richtung wird in s pro cm mit dem Drehschalter III eingestellt.

Die Drehbewegung eines über einer Spule aufgehängten Hufeisenmagneten erzeugt eine Spannung, die mit einem Oszilloskop angezeigt wird. Zu Beginn der Aufzeichnung steht der Magnet über dem Eisenkern, die maximale Spannung wird erreicht, wenn sich die Pole quer zum Eisenkern bewegen. Nach einer halben Drehung ändert sich das Magnetfeld im Eisenkern. Die Spannung wird umgepolt. Insgesamt erzeugt die Drehung des Magneten einen sinusförmigen Verlauf, in dem eine Drehung eine Periode darstellt. Die Drehgeschwindigkeit bestimmt die maximale Spannung (Amplitude) der Wechselspannung.

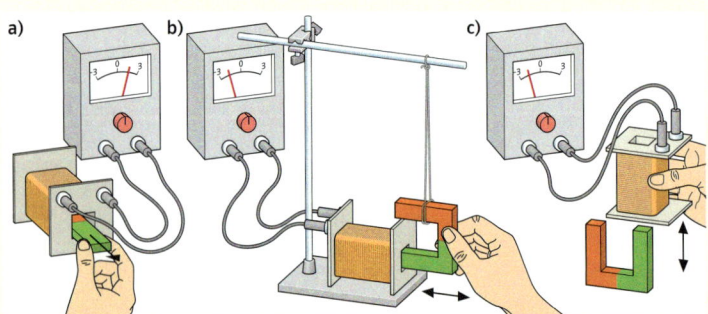

B2 Generatorprinzip (a); Erzeugung von Wechselspannung (b); Die relative Bewegung ist wichtig (c).

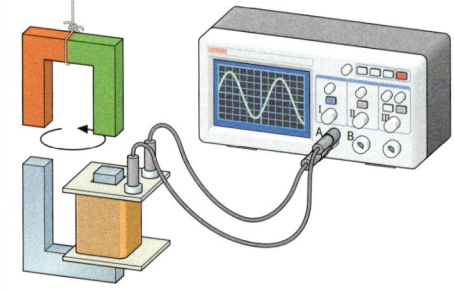

B4 Erzeugung und Darstellung einer Wechselspannung

Batterien und Akkumulatoren

Elektrische Energie ohne Kabel nutzen – das macht sie komfortabel. Für Handys, Klein-computer, Fahrräder und Automobile wer-den in Deutschland jährlich mehr als eine Milliarde Gerätebatterien verkauft, das ent-spricht einer Menge von etwa 40 000 t.

A1 ⊝ Erstelle ein Lernplakat, dass
a) die Batterie in ihrer Bedeutung oder
b) ihre Funktionsweise oder
c) ihre historische Entwicklung darstellt.
Dabei sollten auch folgende Punkte Berück-sichtigung finden:
– Umweltgefährdungen durch Batterien oder Akkus und
– die Gesamtenergiebilanz einer Batterie, wenn man Herstellung, Nutzung und Entsorgung betrachtet.

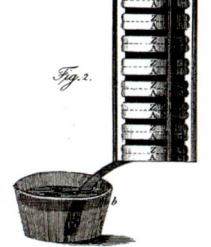

B1 Batterien

Recherchiere sorgfältig und stelle die wesentlichen Aussagen knapp dar.
Wähle einen Hingucker. Dies kann ein Bild, eine auffällige grafische Gestaltung oder eine sprechende Überschrift sein.

> **Gestaltungshinweise für Lernplakate**
> **Ein Plakat soll ...**
> 1. Aufmerksamkeit erregen,
> 2. Inhalt bieten,
> 3. Darstellungen übersichtlich gestalten,
> 4. abschließenden Gesamteindruck erzeugen.

Folgende Texte/Abbildungen können als Bausteine verwendet werden:

Die Entdeckung der Batterie   1780 machte der italienische Arzt **Luigi Galvani** die Ent-deckung, dass Froschbeine zucken, wenn sie in Kontakt mit Kupfer und Eisen kommen. Er sah eine elektrische Wirkung.
Alessandro Volta erfand 1880 das erste funktionierende galvanische Element und damit die erste Batterie (→B2).

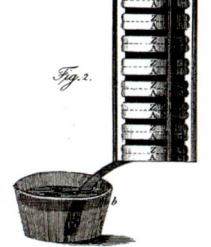

B2 Volta-Säule

Die Zitronenbatterie   Je drei 5-ct-Münzen, kleine Pappscheiben und verzinkte Unter-legscheiben werden abwechselnd aufeinan-dergelegt. Die Pappscheiben werden vorher mit Zitronensaft getränkt. An die äußeren Scheiben (Plus-Pol ist die Münze) wird eine LED angeschlossen. Der Stapel wird durch zwei Magnete zusammengehalten.

Der Lithium-Ionen-Akkumulator   Er wird in Handys, Fahrrädern oder Elektroautos eingesetzt. Die Metall- und Graphit-Struktu-ren der Elektroden sind ortsfest und durch einen Separator getrennt. Nur die Lithium-Ionen (Li^+) wandern zwischen den Elektro-den aus Aluminium und Kupfer und ge-stalten so Lade- und Entladevorgänge.

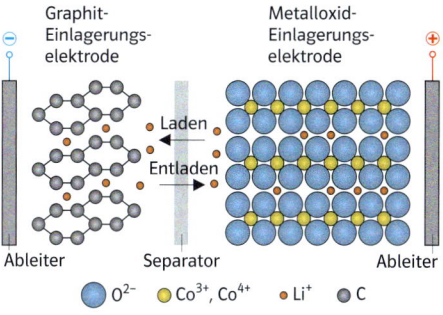

Graphit-Einlagerungs-elektrode   Metalloxid-Einlagerungs-elektrode
Laden
Entladen
Ableiter   Separator   Ableiter
● O^{2-} ● Co^{3+}, Co^{4+} ● Li^+ ● C

Batterien im Alltag   Die Produktion einer Batterie benötigt bis zu 500-mal so viel Ener-gie, wie die Batterie bereitstellt. Batterien und Akkus enthalten schädliche Stoffe und müssen als Sondermüll entsorgt werden. Die Angabe 750 mAh bedeutet: Dieser Akku könnte eine Stunde lang einen Strom der Stärke 750 mA abgeben oder 10 Stunden lang 75 mA.

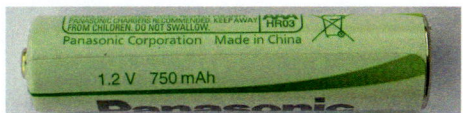

9.3 Der Transformator

Die elektrische Zahnbürste ist heute im alltäglichen Gebrauch. Diese Zahnbürsten werden mit Akkus betrieben.
Eine elektrische Zahnbürste wird nur auf ein Plastikgehäuse gesteckt. Wie kann sich dabei der Akku aufladen?

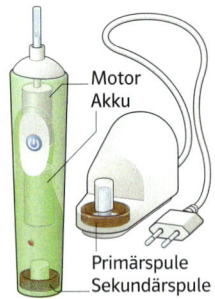

B1 Bei der elektrischen Zahnbürste wird elektrische Energie ohne direkte Verbindung vom Ladegerät auf den Akku in der Zahnbürste übertragen.

Die Funktionsweise eines Transformators

Lampen, Computer, Handys, Radios u.a. werden mit unterschiedlichen Spannungen betrieben. In den jeweils benötigten Netzteilen befinden sich **Transformatoren**. Sie wandeln die Netzspannung in die erforderliche Spannung.

Transformatoren bestehen aus zwei Spulen, die auf einem Eisenkern sitzen können. Ein elektrischer Strom erzeugt in einer Spule ein Magnetfeld (Primärspule), ein sich ändernder Strom erzeugt ein sich änderndes Magnetfeld. Dieses erzeugt in einer zweiten Spule (Sekundärspule) eine Spannung. Wechselstrom in der Primärspule erzeugt in der Sekundärspule eine Wechselspannung. Ein verbindender Eisenkern verstärkt die Wirkung (→**B3**). Primär- und Sekundärspule sind dabei aber elektrisch nicht verbunden. Die Spannung auf der Sekundärseite eines Transformators wird durch die Windungszahlen der Spulen bestimmt. Besteht auf der Sekundärseite kein Strom, so spricht man von einem unbelasteten Transformator.

Das Verhältnis der Windungszahlen ist in diesem Fall gleich dem Verhältnis der Spannungen zwischen Primär- und Sekundärspule. Im Idealfall gilt: $U_s/U_p = N_s/N_p$

Mit einem Transformator lassen sich Spannungen erhöhen oder vermindern. Dies kann auch gefährlich werden (→**B4**). Bei einem Transformator wird elektrische Energie der Primärseite auf der Sekundärseite wieder in elektrische Energie übertragen (→**B1**). Elektrischer Widerstand der Drähte, Erwärmung des Eisenkerns und Verluste im Magnetfeld bewirken, dass die auf der Sekundärseite entnommene Energie kleiner ist als die auf der Primärseite zur Verfügung gestellte Energie (→**B3**). **V3** zeigt einen extrem belasteten Transformator. Im Idealfall gilt für die Stromstärken: $I_s/I_p = N_p/N_s$

Ein Transformator überträgt elektrische Energie.
Ein Wechselstrom in der Primärspule erzeugt eine Wechselspannung in der Sekundärspule.

B2 Schaltzeichen des Transformators

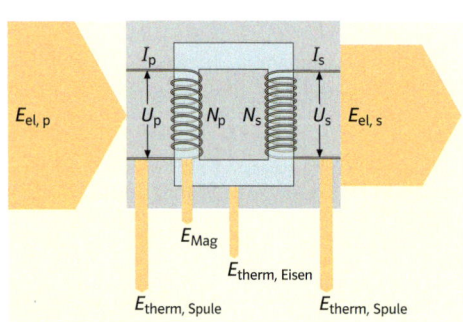

B3 Schemazeichnung eines Transformators und Energieübertragung beim Transformator

B4 Hochspannungsfunken (Tesla-Transformator)

Beispiel In einer Transformatorschaltung ($N_p = 150$, $N_s = 300$) werden im Betrieb $I_p = 0,125\,A$, $I_s = 0,065\,A$, $U_p = 3,3\,V$ und $U_s = 6,3\,V$ gemessen.

Vergleiche diese Ergebnisse mit den Formeln für Spannung, Windungszahlen und Stromstärke im idealen Fall und berechne die Leistungen P_p und P_s für die Primär- und die Sekundärseite.

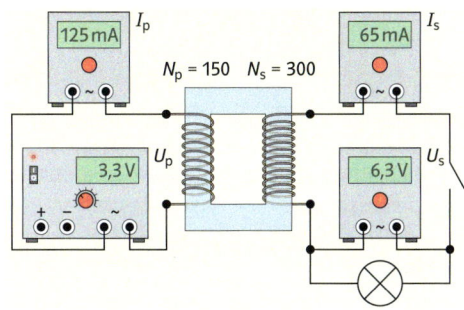 

Lösung Für einen unbelasteten Transformator gilt $U_s/U_p = N_s/N_p$. Damit erhält man $U_s = U_p \cdot N_s/N_p = 3,3\,V \cdot 300/150 = 6,6\,V$. Diese Spannung wird bei dem belasteten Transformator nicht erreicht.

Für die Stromstärke errechnet man $I_s = I_p \cdot N_p/N_s = 0,125\,A \cdot 150/300 = 0,0625\,A$. Dies entspricht in etwa dem gemessenen Wert.

Für die Leistungen gilt
$P_p = I_p \cdot U_p = 0,125\,A \cdot 3,3\,V = 0,413\,W$
$P_s = I_s \cdot U_s = 6,3\,V \cdot 0,065\,A = 0,409\,W$.
Die auf der Sekundärseite erbrachte Leistung ist geringfügig kleiner als die Leistung auf der Primärseite.

A1 ○ In nachfolgender Anordnung wird die Spule mit dem Eisenkern an die blaue Abdeckung geschoben. Dabei beginnt die Lampe zu leuchten. Nenne eine Vermutung dafür, was sich hinter der blauen Pappe befindet und begründe deine Antwort.

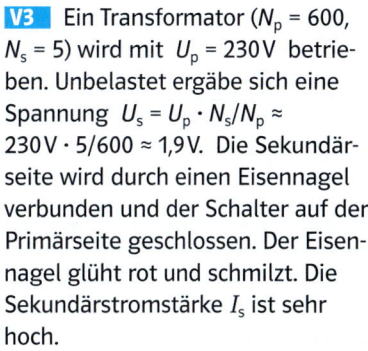

A2 ● Für ein Elektroschweißgerät ($N_p = 200$, $N_s = 10$) wird mit $U_p = 230\,V$ eine maximale Stromstärke $I_s = 60\,A$ angegeben.
a) Schätze die Stromstärke I_p und die Sekundärspannung U_s ab.
b) Berechne damit die Leistungen P_p und P_s. Erläutere das Ergebnis.

V1 Zwei Elektromagnete stehen nebeneinander (Bild a). Der Zweite ist an ein Messgerät angeschlossen. Das Messgerät zeigt eine Spannung (a), solange die Spannung am ersten Magneten verändert wird.
Der zweite Elektromagnet wird um 90° gedreht. Jetzt zeigt das Messgerät keine Spannung mehr an (b).

V2 Zwei Spulen stehen nebeneinander. Eine wird mit einer elektrischen Wechselstromquelle ($U = 4\,V$) und die andere mit einem Glühlämpchen verbunden. Die Lampe leuchtet schwach. Wird ein Eisenkern in die Spulen geschoben, so leuchtet die Lampe hell. Die Stromstärke im Primärkreis steigt deutlich.

V3 Ein Transformator ($N_p = 600$, $N_s = 5$) wird mit $U_p = 230\,V$ betrieben. Unbelastet ergäbe sich eine Spannung $U_s = U_p \cdot N_s/N_p \approx 230\,V \cdot 5/600 \approx 1,9\,V$. Die Sekundärseite wird durch einen Eisennagel verbunden und der Schalter auf der Primärseite geschlossen. Der Eisennagel glüht rot und schmilzt. Die Sekundärstromstärke I_s ist sehr hoch.

a) b)
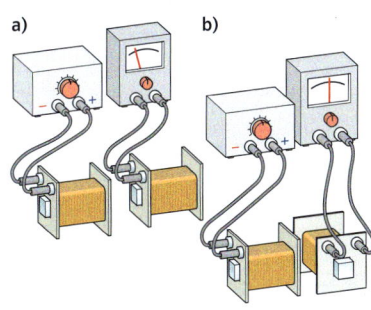

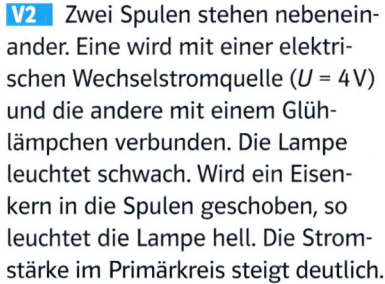

Bereitstellung und Transport elektrischer Energie

B1 Elektrische Energie wird mit Hilfe verschiedener Kraftwerkstypen bereitgestellt.

Bereitstellung elektrischer Energie

In Deutschland werden jährlich rund 600 Mrd. Kilowattstunden elektrische Energie bereitgestellt. Das sind 15 % des Gesamtbedarfs an Energie. Elektrische Energie ist sauber, bequem nutzbar und kann durch Drähte überall hin transportiert werden.

Noch immer wird der größte Teil in Kraftwerken aus fossilen Brennstoffen gewonnen. Diese Kraftwerke stellen trotz aufwendiger Maßnahmen eine Umweltbelastung dar. Sie überführen nur etwa 45 % der aufgewandten Energie in elektrische Energie. Die Kernkraftwerke werden schrittweise außer Betrieb genommen. Dafür gewinnen Windkraftanlagen und Solarenergie an Bedeutung. Die Wasserkraft ist in Deutschland weitgehend ausgeschöpft. Gasturbinen- oder Pumpspeicherwerke arbeiten für den plötzlich hinzutretenden Bedarf, wenn z. B. in einer Großstadt viele Fernsehgeräte gleichzeitig eingeschaltet werden. Solaranlagen auf Hausdächern mit dezentralen Speichern stellen weitere Energie bereit.

Transport elektrischer Energie

Beim Transport elektrischer Energie in Stromkreisen erwärmen sich die Leitungen und überführen einen Teil der am Generator bereitgestellten Energie in thermische Energie. Zum Transport verwendet man daher möglichst kleine Stromstärken. Um das auszugleichen, erhöht man die Spannung für den Transport mittels Transformatoren. Hierzu ist eine Wechselspannung erforderlich. Die Fernleitung elektrischer Energie erfolgt mit Hilfe von Hochspannung.

Die Fernleitung und ihr Modell

Die langen Drähte einer Fernleitung werden durch elektrische Widerstände simuliert. Die eingestellte Spannung reicht so nicht aus, ein Glühlämpchen zum Leuchten zu bringen. Ein Transformator erhöht die Spannung um den Faktor 40. Am Ende der Leitung wird die Spannung wieder reduziert und die Stromstärke entsprechend hochgesetzt. So wird der Leitungsverlust geringer und das Glühlämpchen leuchtet (→B2b).

Bemerkung:
Die in der Zeitdauer Δt transportierte elektrische Energie beträgt
$\Delta E_{el} = U \cdot I \cdot \Delta t$
Will man dieselbe Energie mit einer kleineren Stromstärke transportieren, so muss dies bei einer höheren Spannung geschehen.

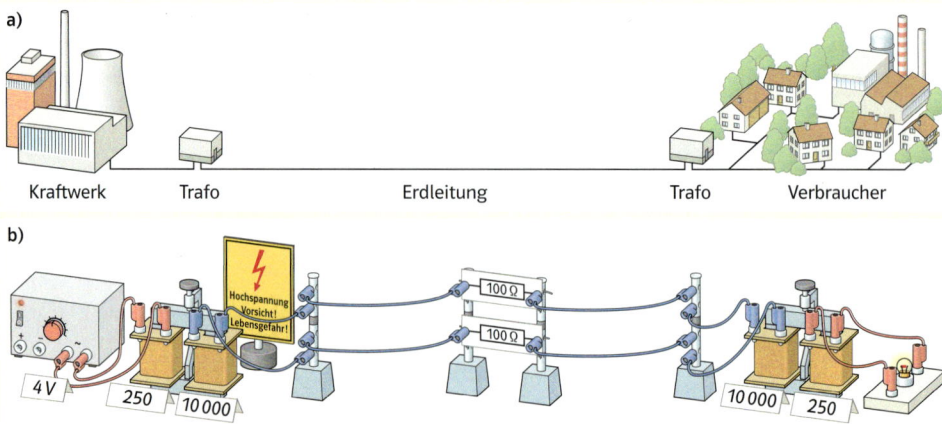

B2 Transport elektrischer Energie (a); Modellversuch zum Transport elektrischer Energie (b)

Verteilung elektrischer Energie

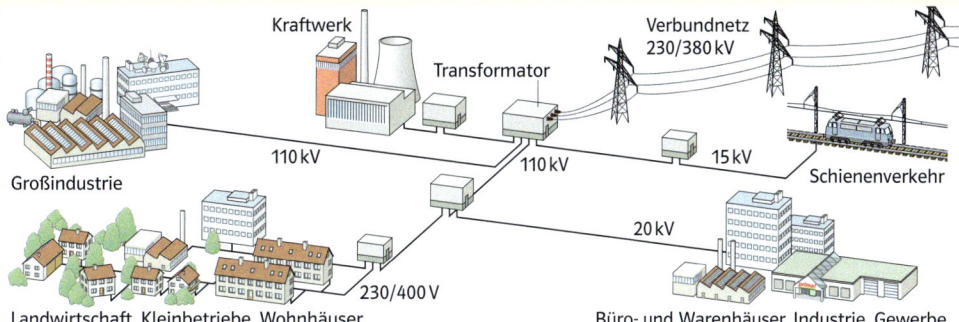

B3 Die Verteilung elektrischer Energie

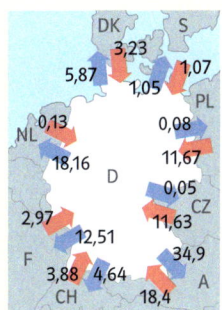

B1 Export und Import elektrischer Energie (Jahr 2013) in TWh (Terawattstunden)

Vom Kraftwerk zum Haus In Wärmekraftwerken, in Kernkraftwerken und in Windkraftwerken wird Energie übertragen, die einen Generator antreibt. **B2** zeigt als Beispiel den Aufbau eines Kohlekraftwerkes. Direkt mit dem Generator ist ein Transformator verbunden, der die Spannung hochsetzt. So können große elektrische Leistungen in die deutschen und europäischen Verbundnetze eingespeist werden (→**B4** und **B5**). Sie übertragen und verteilen die elektrische Energie mit einer Spannung von bis zu 380 000 V und sind eingebunden in ein europäisches Gesamtnetz. Insgesamt verzeichnet Deutschland einen Ausfuhrüberschuss an elektrischer Energie (→**B1**).

In der Nähe großer Städte befinden sich Umspannwerke mit Transformatoren, die die Spannung auf 110 kV, 15 kV für die Eisenbahn und 20 kV für Wohnzentren und Ortschaften herabsetzen. Vor Ort gibt es Transformatoren, um die Spannung auf die in Haushalten üblichen Werte von 230 V oder 400 V zu transformieren (→**B3**). Die entsprechenden Trafogehäuse findet man fast überall in Wohngebieten und Orten.

B4 Verbundnetz (Beispiel Bayern)

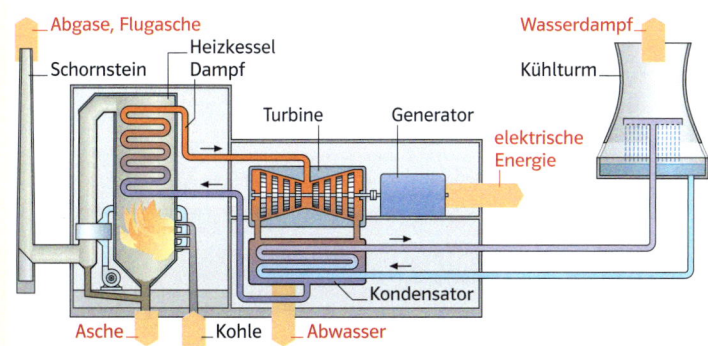

B2 Die Erzeugung elektrischer Energie in einem Kohlekraftwerk

B5 Hochspannungsleitungen

Energieversorgung

Ein **Generator** überführt mechanische Energie in elektrische Energie.

Im **Elektromotor** dreht sich ein Magnet im Magnetfeld eines anderen Magneten. Ein Umschalter (Kommutator) ändert ständig die Stromrichtung und damit die Magnetfeldrichtung.

Ein **Elektromotor** überführt elektrische Energie in mechanische Energie.

Ein **Transformator** überträgt elektrische Energie. Ein Wechselstrom in der Primärspule erzeugt eine Wechselspannung in der Sekundärspule.

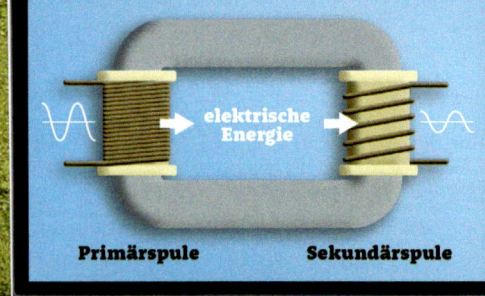

elektrische Energie

Primärspule   Sekundärspule

FACHWISSEN

Im Folgenden findest du Aussagen zum Themengebiet „Elektrische Energieversorgung", die wahr oder falsch sind. Entscheide!

1 Ein Fahrraddynamo kann auch als Motor betrieben werden.

2 Ein Transformator wird mit Gleichspannung betrieben.

3 Ein Generator ohne Kommutator erzeugt eine Wechselspannung.

4 In einem Elektromotor vertauscht ein Kommutator ständig die Pole an der Spule.

5 Ein Transformator erfordert einen Eisenkern, der beide Spulen durchdringt.

6 Elektrische Energie wird mit Hochspannung übertragen, um Energieverluste in den Leitungen zu reduzieren.

7 In einem Generator bewirkt ein stärkeres Magnetfeld eine größere Periodendauer der erzeugten Spannung.

8 Der Bedarf und die Erzeugung elektrischer Energie in Kraftwerken stimmen zeitlich schlecht überein.

ERKENNTNISGEWINNUNG

Induktionsherde funktionieren nach dem Transformatorprinzip. Die Herdplatte ist die Primärspule, der Topfboden ist die Sekundärspule. Sie besitzen gegenüber den herkömmlichen Herden einige Vorteile. Im Folgenden werden einige Aussagen zu Herdplatten gemacht, die entsprechend zuzuordnen sind.

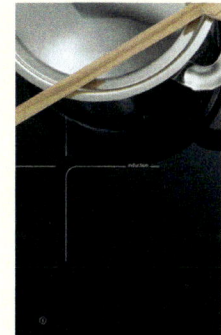

A Herkömmliche Herdplatte
B Induktionsplatte.

1 Die Erwärmung der Töpfe erfolgt durch Wärmeleitung von der Herdplatte zum Topfboden.

2 Das Auflegen der Hand auf eine eingeschaltete Kochplatte ist gefährlich.

3 Kochen erfordert einen speziellen Topfboden, in dem Ringströme entstehen können.

4 Die Stromstärke im Topfboden übersteigt 20 A.

5 Eine gerade benutzte Herdplatte ist in jedem Fall heiß.

KOMMUNIKATION

Übertrage das Rätsel in dein Heft, ergänze passende Begriffe und finde das Lösungswort.

1 Zieht Eisen an.

2 Wird beim Transport elektrischer Energie durch Stromkreise benötigt.

3 Versorgt eine Fahrradlampe mit elektrischer Energie.

4 Speichert elektrische Energie.

5 Bei einem Transformator an der Quelle angeschlossen

6 Wiederaufladbarer Speicher für elektrische Energie

7 Nur durch Schwung oder Trägheit zu überwinden.

8 Bewegt sich im Motor.

9 Ändert elektrische Spannung.

Das Wort im markierten Bereich beschreibt ein für die Energieversorgung wichtiges Gerät. Beachte: Schreibe für Ä = AE.

BEWERTUNG

Eine Leuchte wird mit 12 Lämpchen zu je 12 V betrieben, jedes Lämpchen erfordert 300 mA. Die Netzspannung wird mittels eines Transformators herabgesetzt. Bewerte folgende Aussagen:

1 Die Stromstärke in den Zuleitungen zum Transformator ist größer als 1 A.

2 Die erforderliche Anschlussleistung ist kleiner als 100 W.

3 Die Leitungen vom Transformator zu den Lämpchen könnten warm werden.

4 Der Transformator könnte ein Windungsverhältnis $N_p/N_s = 10$ besitzen.

A1 ⊖ **a)** B1 zeigt zwei schnell bewegte Dioden, die jeweils mit einem Widerstand an eine 6V Wechselspannung angeschlossen sind, allerdings mit entgegengesetzter Polung. Erkläre die Beobachtung und beschreibe die Eigenschaften einer Wechselspannung.
b) Ein Fahrraddynamo erzeugt eine Wechselspannung. Zeichne die Spannung U in Abhängigkeit von der Zeit.
c) Wie ändert sich das Ergebnis, wenn man die Umdrehungsgeschwindigkeit verdoppelt?

A2 ⊖ Beschreibe die Funktionsweise eines Generators.

A3 ● **a)** Eine an eine elektrische Quelle angeschlossene Glühlampe wird in einem bestimmten Takt heller und dunkler. Beschreibe Eigenschaften der Quelle.

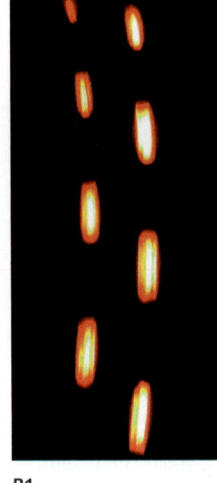

B1

b) Eine an dieselbe Quelle angeschlossene LED leuchtet bei jedem zweiten Takt der Glühlampe auf. Dazwischen bleibt sie dunkel. Vergleiche dies mit deinen Aussagen zu a).

A4 ⊖ B3 zeigt einen Versuch mit einer elektrischen Zahnbürste. Erkläre das Leuchten der Glühlampe.

A5 ● „Feine Sache, so ein Trafo", meint Tim. „Damit kann ich ja Spannung und Stromstärke erhöhen und alle Energieprobleme der Welt lösen!" Nimm Stellung zu dieser Aussage.

A6 ⊖ B2 zeigt verschiedene Kraftwerke. Ergänze die Abbildung um weitere Kraftwerkstypen und gib zu jedem an: Vorteile, Nachteile, Standort, Voraussetzungen. Hinweis: Nutze das Internet für mögliche Recherchen und Informationen.

A7 ⊖ Im Zusammenhang mit Energieversorgung spricht man oft von Energieverlusten. Beschreibe, was damit gemeint ist.

A8 ⊖ Eine Solarzelle überführt die Energie des Sonnenlichtes direkt in elektrische Energie. Dabei werden nur 15% der Sonnenenergie in elektrische Energie überführt. In Mitteleuropa treffen auf einen Quadratmeter im Mittel 110 J Sonnenenergie je Sekunde.
a) Eine Durchschnittsfamilie setzt im Jahr ca. 6 000 kWh elektrische Energie um. Berechne die mit Solarzellen zu bedeckende Fläche, wenn sie alleine die elektrische Energie liefern sollen.
b) Bewerte den Vorschlag, eine Versorgung mit elektrischer Energie alleine mit Hilfe von Solarzellen zu erreichen.

Speicherkraftwerke (Wasser) nutzen die Energie von aufgestautem Wasser z. B. bei Talsperren	Stausee, Druckstollen, Druckleitung, Maschinenhaus, Staumauer
Solarzellen (Sonne): direkte Umwandlung von Licht in elektrische Energie („Fotovoltaik")	+ −
Windkraft: Windrad (Rotor) treibt einen Generator zur Stromerzeugung an	Wind
Geothermiekraftwerke: Nutzung der inneren Energie in tiefen Erdschichten (Heißdampf, Heißwasser) für Heizung oder Stromerzeugung	Geothermiekraftwerk, Kaltwasser, Heißwasser oder Dampf, 200 – 300 °C, innere Energie in tiefen Erdschichten

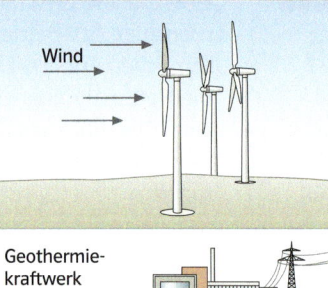

B2 Verschiedene Kraftwerkstypen

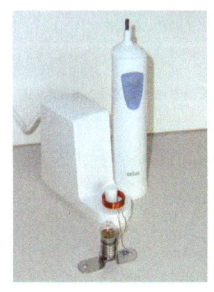
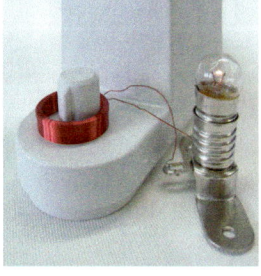

B3

h3a593 Lösungen der Trainingsaufgaben

10 Druck

Wie sieht dieser schlaffe Ballon in großer Höhe aus?

10.1 Druck in Gasen

Wozu dient dieser Apparat?

Druck – eine physikalische Größe

Beim Prüfen an der Tankstelle zeigt ein Messgerät den Druck im Reifen an. Wenn er korrigiert werden muss, wird etwas Luft hineingepumpt oder herausgelassen. Für eine sichere Fahrt schreibt die Betriebsanleitung einen bestimmten Reifendruck vor, z.B. 2,2 bar. Mit Maßzahl und Einheit werden physikalische Größen angegeben. Die Größe Druck wird mit p bezeichnet.

Anstelle des Reifens wird ein Gefäß betrachtet, an dem luftdicht ein Schlauch zum Hineinblasen angeschlossen ist. Über ein Rohr, dessen Ende sich irgendwo im Inneren des Gefäßes befindet, werden außerdem ein u-förmig gebogener Schlauch und ein Druckmessgerät angeschlossen (→B2). Im Schlauch befindet sich Wasser. Diese Anordnung heißt **U-Rohr-Manometer**. Das Wasser steht zunächst in beiden Schenkeln gleich hoch. Bläst man Luft in das Gefäß, steht es nicht mehr gleich hoch und das Druckmessgerät zeigt einen höheren Wert (→B2). Es verwendet für den Druck die Einheit **Pascal**.

a) Rohrende offen

b) Rohrende offen

B1 Überdruck (a); Unterdruck (b)

Auch der Höhenunterschied der beiden Wassersäulen kann als Maß für den Druck verwendet werden. 1 Pa würde nur einen Unterschied von etwa 0,1 mm bei den Wassersäulen bewirken, ist also eine sehr kleine Einheit. Deswegen ist die Einheit 1 Hektopascal (1 hPa) = 100 Pa gebräuchlich. Der Druck in Autoreifen wird in bar angegeben. Es gilt: 1 bar = 100 000 Pa = 1 000 hPa

Überdruck und Unterdruck

In vielen Haushalten gibt es eine Wetterstation. Sie enthält auch ein Barometer, das ständig den Druck in der umgebenden Luft anzeigt. Er schwankt je nach Wetterlage um einen Wert von etwa 1 000 hPa.
Die Wassersäulen in einem beidseitig offenen U-Rohr stehen immer gleich hoch. Das liegt daran, dass beide Enden mit dem gleichen Gasraum, z.B. der umgebenden Luft, verbunden sind. Die U-Rohre in **B1a** und **B1b** sind einerseits mit dem Gas im Kolben, andererseits mit der umgebenden Luft verbunden. In **B1a** ist der Druck im Gefäß größer als der Druck in der Luft, in **B1b** kleiner. Man spricht von Überdruck und Unterdruck. Die Angabe 2,2 bar für den Autoreifen bedeutet: 2,2 bar über dem Druck in der umgebenden Luft. Wenn man zwei Gefäße mit unterschiedlichem Druck verbindet, so erfolgt ein Druckausgleich, d.h., in den verbundenen Gefäßen herrscht der gleiche Druck.

Im Inneren einer in einem Gefäß eingesperrten Gasmenge besteht ein Druck. Der Druck ist an allen Stellen gleich groß. Der Druck ändert sich, wenn man die Gasmenge ändert.

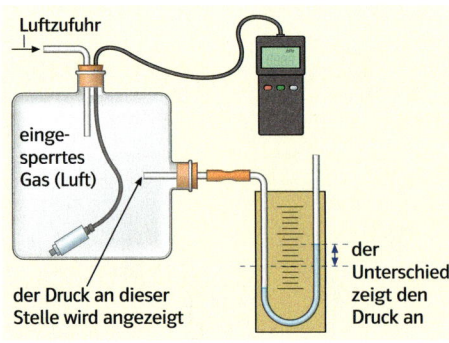

Luftzufuhr

eingesperrtes Gas (Luft)

der Druck an dieser Stelle wird angezeigt

der Unterschied zeigt den Druck an

B2 Der Druck ist an jeder Stelle im Gefäß gleich.

Beispiel Zwei Gefäße A und B sind über einen Schlauch miteinander verbunden. Verschiedene Hähne öffnen oder schließen Verbindungen. An zwei Druckmessgeräten D_A und D_B lässt sich der Druck ablesen. Der Aufbau befindet sich in der Umgebungsluft.
a) H_A und H_B sind geöffnet, H geschlossen. Gib die Anzeige der beiden Druckmessgeräte an.
b) In A bzw. B wird durch Pusten oder Saugen etwas Luft hinzugefügt bzw. entfernt, danach werden H_A und H_B geschlossen, H bleibt geschlossen. Ermittle aufgrund veränderter Druckanzeigen, was wo passiert ist.
c) H wird geöffnet. Danach sind beide Druckwerte gleich. Begründe dies.

B3

Lösung **a)** Beide Geräte geben den am Versuchsort gerade vorhandenen Luftdruck an, z. B. 1000 hPa.
b) D_A und D_B zeigen jetzt den Druck in den beiden Gefäßen an. Bei einem gegenüber a) erhöhten Druck wurde Luft hinzugefügt, bei erniedrigtem entfernt (vgl. Autoreifen).
c) A und B bilden jetzt wegen der geöffneten Verbindung ein einziges Gefäß. Dort ist der Druck überall gleich.

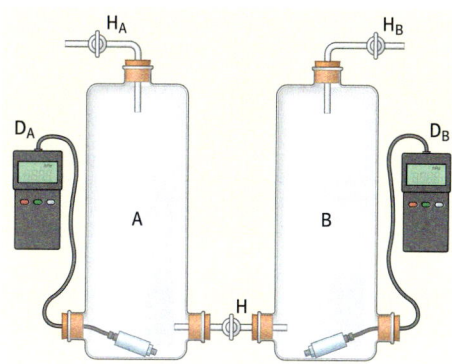

A1 ○ **a)** Für einen Autoreifen sind 2,5 bar vorgeschrieben. Gib den Druck an, der dann im Reifen herrscht.
b) Ermittle Druckwerte für Fahrradreifen.

A2 ○ Mit einer Anordnung wie in **B3** kannst du abschätzen, welchen Druck du durch Pusten erzeugen kannst.
a) Beschreibe eine Vorgehensweise.
b) Ermittle wenn möglich einen Wert.

A3 ◒ **a)** Ermittle aus der Beobachtung in **V3** den Luftdruck in hPa.
b) Der so ermittelte Wert ist der absolute Druck in der Luft. Begründe diese Aussage aufgrund des Messverfahrens.

V1 Verschließe einen Glaskolben mit einem Korken. Durch Bohrungen im Korken werden ein u-förmig gebogener transparenter mit Wasser gefüllter Schlauch und ein Druckmessgerät angeschlossen. Verändere durch Blasen oder Saugen die Luftmenge im Glaskolben. In beiden Fällen ändert sich die Anzeige am Messgerät und die Wassersäule im Schlauch verschiebt sich.

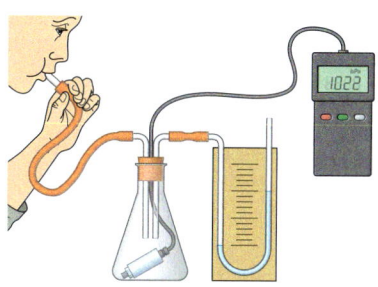

V2 Lege in ein „Vakuumgefäß" ein Druckmessgerät. Notiere die Anzeige bei geöffnetem Deckel. Pumpe jetzt bei geschlossenem Deckel Luft aus dem Gefäß und beobachte die Anzeige. Sie sinkt je nach Qualität der Pumpe auf sehr kleine Werte.

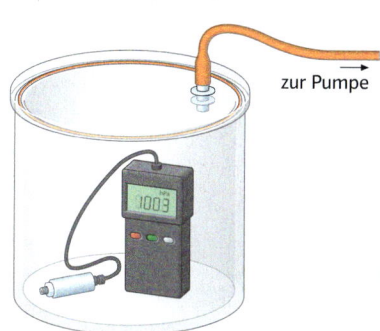
zur Pumpe

V3 Lege einen etwa 15 m langen durchsichtigen Schlauch so in eine Wanne, dass er sich vollständig mit Wasser füllt. Verschließe ein Schlauchende und ziehe es aus dem Wasser in die Höhe. Das andere Ende bleibt unter Wasser. Ab etwa 10 m Höhenunterschied entsteht zwischen dem geschlossenen Ende und dem Wasser oben im Schlauch ein Zwischenraum.

10.2 Druck und Kraft

Mit Hilfe eines Hebekissens lassen sich schwere Lasten heben. So können z. B. eingeklemmte Personen befreit werden.

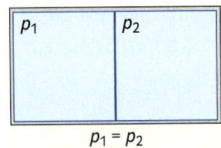

B1 Dosenbarometer

Druck führt zu Kraft

Den Luftdruck misst man mit Barometern verschiedener Bauart. **B1** zeigt ein Dosenbarometer. Eine dünne Membran verschließt eine gasdichte Dose auf einer Seite. Eine Verformung dieser Membran wird auf einen Zeiger übertragen. Er verändert seine Position, wenn sich der Luftdruck außerhalb der Dose ändert. Wetterkarten zeigen, dass Luft aus Bereichen mit hohem Luftdruck zu solchen mit niedrigerem strömt. Die Verformung der Membran und die Beschleunigung der Luft weisen auf Kraft hin. Sie tritt auf, wenn zwei Bereiche mit unterschiedlichem Druck aneinandergrenzen.

Deswegen kann ein Hebekissen schwere Lasten heben. Die Kraft zeigt vom Bereich hohen Drucks zum Bereich mit niedrigem Druck und ist senkrecht zur Trennwand (→**B2**). Ein Barometer kann man drehen und kippen. Es zeigt in jeder Lage denselben Druck an. Das bedeutet, dass der Druck anders als die Kraft keine Richtung hat.

Kraft führt zu Druck

Ein Barometer in einer luftdicht verschlossenen Dose (→**B3**) zeigt einen bestimmten Druck an. Er steigt, wenn die Dose durch Krafteinwirkung verformt wird. Dies zeigt, dass Kraft auf die Wände eines gasgefüllten Gefäßes den Druck im Gas ändern kann.

Eine Gleichung für den Druck

Beim Aufpumpen eines Fahrradschlauches muss man eine Kraft aufwenden. Sie dient dazu, den Druck in der Luft innerhalb der Pumpe zu erhöhen. Erst wenn er größer ist als der Druck im Schlauch, öffnet sich das Ventil. Experimente (→**B4**) zeigen, dass man bei einem weiten Zylinder für den gleichen Druck mehr Kraft benötigt als bei einem engen. Dies wird durch die Gleichung $p = F/A$ erfasst. Sie führt die Größe Druck auf die Größen Kraft und Fläche zurück. Für die Einheit gilt $1\,\text{Pa} = 1\,\text{N}/1\,\text{m}^2$.

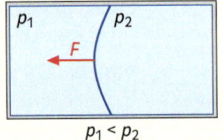
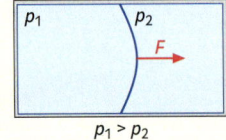

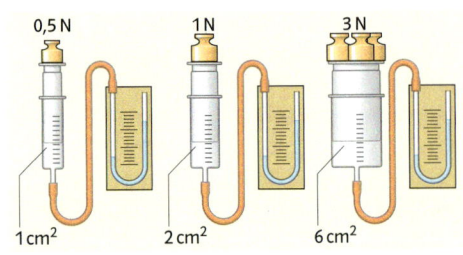

B4 Druck = Kraft geteilt durch Fläche.

B2 Druck führt zu Kraft.

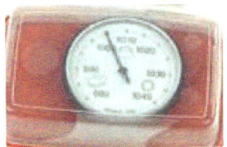

B3 Kraft führt zu Druck.

Ein Unterschied des Drucks auf beiden Seiten einer Wand führt zu einer Kraft senkrecht zur Wand. Zwischen dem Druck p in einem Gas und der Kraft F, die senkrecht auf eine Fläche A wirkt, besteht der Zusammenhang $p = F/A$.

B5

Beispiel Ab und zu muss der Fahrradreifen aufgepumpt werden.

a) Beschreibe genau, was du dabei beobachten kannst.

b) Im Reifen ist der Druck 3 bar, außen besteht Luftdruck von 1 bar. Um das Ventil zu öffnen, muss der Druck in der Pumpe um mindestens 2 bar erhöht werden. Berechne die dazu erforderliche Kraft. Die Fläche des Luftpumpenkolbens ist $A = 0{,}0003\,m^2$.

c) Fritz behauptet: Mit der Pumpe in **B5** geht es schneller, aber man braucht mehr Kraft.

Lösung a) Wenn man den Pumpenkolben hineinschiebt, muss man eine Kraft ausüben. Je weiter man den Kolben hineingeschoben hat, desto größer ist diese Kraft. Kurz vor Ende wird ein größter Wert erreicht, danach nimmt die Kraft mehr oder weniger spürbar wieder ab. Wenn man schnell pumpt, spürt man in der Nähe des Ventils eine Erwärmung der Pumpe.

b) Die Kraft auf den Pumpenkolben ergibt sich aus $F = p \cdot A$ zu

$$F = 200\,000\,\tfrac{N}{m^2} \cdot 0{,}0003\,m^2 = 60\,N$$

c) Die Pumpe hat eine größere Querschnittsfläche. Daher wird mit einem Hub bei glei-

cher Hubstrecke mehr Luft transportiert. Der notwendige Druckunterschied ist der gleiche, die größere Querschnittsfläche führt wegen $F = p \cdot A$ zu einer größeren Kraft.

A1 ○ Fertige eine Druck-Kraft-Tabelle nach folgendem Muster an. Wähle Werte.

Druckunter-schied in bar	Druckunter-schied in hPa	Kraft in N bei $A = 50\,cm^2$
1	1000	…
…	…	…

A2 ◖ Die Tür eines Airbus hat eine Fläche von $1{,}8\,m^2$. Der Druck in der Kabine ist ca. 1000 hPa, der Außendruck bei 12 000 m Flughöhe beträgt etwa 190 hPa. Gib die Richtung der Kraft an, die auf die Tür wirkt und berechne ihren Betrag.

V1 Über die Öffnung eines einseitig offenen Gefäßes wird eine Folie möglichst glatt gespannt. Sie soll das Gefäß luftdicht verschließen. Über eine zusätzliche Öffnung kann Luft eingeblasen oder abgesaugt und gleichzeitig der Druck im Gefäß gemessen werden.
Die Folie wölbt sich, wenn der Druck im Gefäß anders ist als der Druck in der umgebenden Luft.

V2 Der Schlauch zwischen den zwei Gefäßen ist mit etwas Wasser und zusätzlich mit einem Hahn verschlossen. In den beiden eingeschlossenen Gasmengen herrscht unterschiedlicher Druck.
Wenn man jetzt den Hahn öffnet, wird das Wasser beschleunigt.

V3 Das Druckmessgerät in folgender Abbildung zeigt den Druck in der eingeschlossenen Gasmenge. Er steigt, wenn zusätzliche Gewichtsstücke auf den Kolben gelegt werden.
Der Kolben wird durch einen mit kleinerer Querschnittsfläche ausgetauscht. Gleiche Gewichtsstücke führen jetzt zu einer größeren Druckerhöhung.

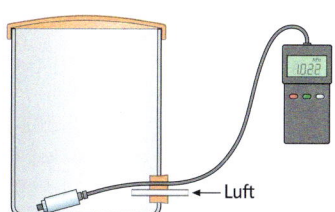

← Luft

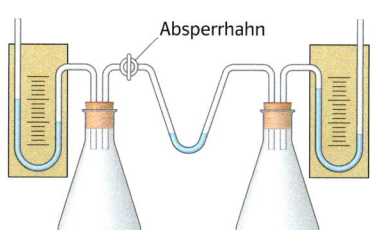

Absperrhahn

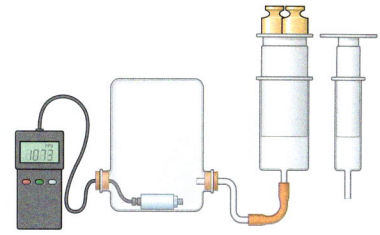

10.3 Zustandsgrößen

Bei einem pneumatischen Feuerzeug wird Luft in einem Zylinder mit einem Kolben schnell zusammengepresst. Sie wird dabei so heiß, dass sie einen Wattebausch entzündet.

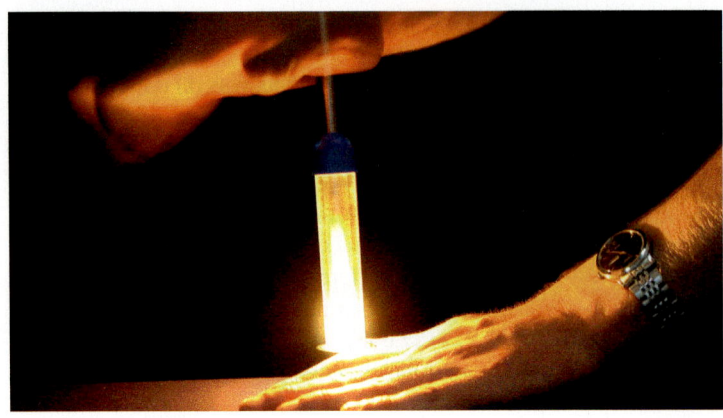

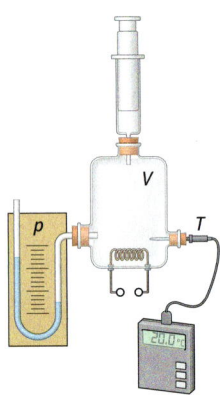

B1 Zustandsgrößen einer Gasmenge

Bemerkung:
1 Liter Luft hat etwa die Masse 1,3 g.

Eigenschaften und Zustände

Mit einer empfindlichen Waage kann man die Masse einer Gasmenge bestimmen. Aus der Sicht der Teilchenvorstellung besteht diese Gasmenge aus einer bestimmten Anzahl von Teilchen. Manche Gase kann man riechen. Dabei zeigt sich, dass Gase jeden verfügbaren Raum ausfüllen. In einem Ball ist das Gas eingesperrt. Anders als einen festen Körper oder eine Flüssigkeit kann man es aber zusammendrücken, d. h., das Volumen V des verfügbaren Raumes verändern. Dabei ändern sich eventuell der Druck p und die Temperatur T, wie man beim Aufpumpen des Fahrradreifens beobachten kann. Die Eigenschaften Geruch, Teilchenzahl und Masse ändern sich dabei nicht. Volumen, Druck und Temperatur nennt man die drei **Zustandsgrößen** der Gasmenge (→**B1**).

Gasgesetze

In der Anordnung nach **B1** kann man durch Bewegung des Kolbens das Volumen und durch Heizen die Temperatur verändern. Beides hat eine Druckänderung zur Folge. Eindeutige Ursachen lassen sich also nur angeben, wenn jeweils eine Größe unverändert bleibt. Wenn man in einem Experiment sicherstellt, dass jeweils eine der drei Zustandsgrößen unverändert bleibt, erhält man einen Zusammenhang zwischen den beiden anderen. Bei Untersuchungen an Gasen liefern die Messwerte jeweils einen Graphen in einem Koordinatensystem, der sich mathematisch beschreiben lässt. **B2** zeigt die Ergebnisse. Beim pneumatischen Feuerzeug ändern sich alle drei Zustandsgrößen gleichzeitig. Das kann in einem zwei-dimensionalen Koordinatensystem nicht dargestellt werden.

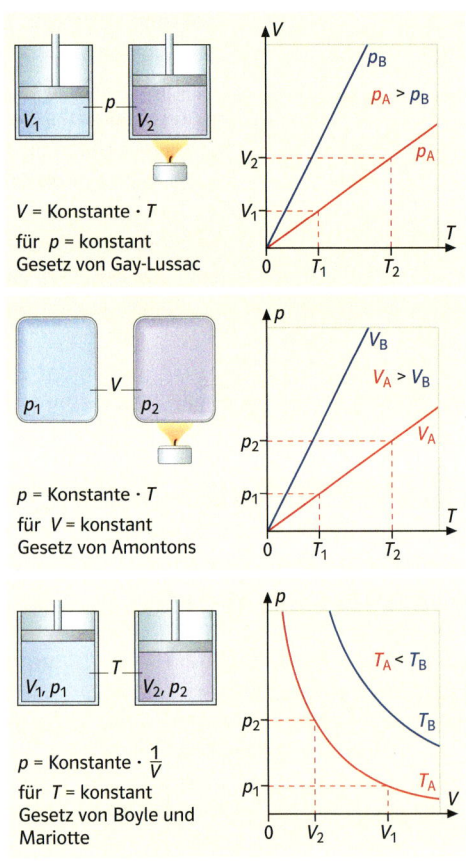

V = Konstante · T
für p = konstant
Gesetz von Gay-Lussac

p = Konstante · T
für V = konstant
Gesetz von Amontons

p = Konstante · $\frac{1}{V}$
für T = konstant
Gesetz von Boyle und Mariotte

B2 Beziehungen zwischen den Zustandsgrößen

Je größer die Temperatur ist, desto größer ist bei konstantem Druck das Volumen.
Je größer die Temperatur ist, desto größer ist bei konstantem Volumen der Druck.
Je größer das Volumen ist, desto kleiner ist bei konstanter Temperatur der Druck.

Beispiel **a)** Bei einer Gasmenge wird bei konstanter Temperatur das Volumen auf ¹⁄₅₀ verkleinert. Gib den neuen Druck an.
b) Bei einer Gasmenge wird bei konstantem Volumen der Druck auf das 50-fache erhöht. Gib die neue Temperatur an.
c) Fritz meint: Die beiden Schritte erklären die Funktion des pneumatischen Feuerzeugs. Bewerte diese Aussage.
d) Wenn man den Kolben ganz langsam eindrückt, funktioniert das Feuerzeug nicht. Entwickle eine Hypothese dafür.

Lösung **a)** Die Voraussetzung „konstante Temperatur" des Gesetzes von Boyle und Mariotte ist erfüllt. Der Druck steigt auf das 50-fache.
b) Die Voraussetzung „konstantes Volumen" des Gesetzes von Amontons ist erfüllt. Die Temperatur steigt auf das 50-fache.
c) Die Bedingungen für die Anwendung der beiden Gasgesetze sind nicht erfüllt.
d) Bei ganz langsamer Kompression könnte das Feuerzeug durch die Umgebungsluft gekühlt werden, sodass eine Temperaturänderung nicht eintritt. Das Gesetz von Boyle und Mariotte wäre anwendbar, eine erhöhte Temperatur würde aber nicht erreicht.

B3 Ein Barometer

A1 ○ Ein Unterrichtsraum hat die Abmessungen 5 m · 8 m · 3 m. Im Laufe der Unterrichtsstunde steigt die Temperatur von 19 °C auf 24 °C. Berechne, wie viel Luft aus dem Raum strömt.

A2 ◐ Das Bild zeigt den Weinautomaten des Heron von Alexandria im Modell. Wenn man links in den Trichter Wasser einfüllt, läuft rechts genauso viel Wein heraus. Erkläre dies.

A3 ● In der Anordnung nach **B3** trennt ein Wassertropfen den Innenraum der Flasche von der umgebenden Luft. Die Anordnung kann Änderungen des Luftdrucks anzeigen. Begründe dies.

V1 In einem dünnen Glasrohr wird eine Luftmenge durch einen Quecksilbertropfen¹⁾ von der umgebenden Luft abgeschlossen. Der Druck im abgetrennten Volumen ist durch den äußeren Luftdruck und die Gewichtskraft des Quecksilbers bestimmt. Er ändert sich im Versuch nicht. Bei zunehmender Temperatur vergrößert sich das Volumen der eingeschlossenen Luft.

T in K	273	293	313	333	353
V in cm³	1,00	1,07	1,15	1,22	1,30

V2 Tauche eine mit Luft gefüllte Metallkugel in siedendes Wasser. Verschließe die Kugel nach einiger Zeit. Ein Manometer misst den Druck im Inneren der Kugel. Mit

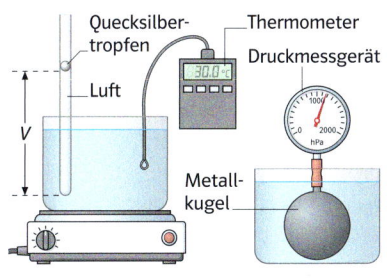

abnehmender Wassertemperatur sinkt der Druck. Das Volumen der eingeschlossenen Luft bleibt konstant.

T in K	368	353	323	313	303
p in hPa	1010	970	915	855	830

V3 Schiebe den Kolben einer Spritze etwa bis zur Hälfte ein.

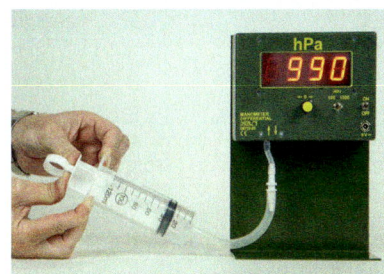

Schließe ein Druckmessgerät an. Es zeigt den Druck in der eingeschlossenen Gasmenge an. Der Kolben wird langsam verschoben, sodass sich die Temperatur nicht ändert. Mit der Änderung des Volumens ändert sich auch der Druck.

V in cm³	60	70	80	50	40
p in hPa	1001	857	749	1195	1500

Wir planen Experimente

Die Planung eines Experimentes beginnt mit einer klaren Vorstellung über die Absicht, die verfolgt wird. Nachdem wir festgestellt haben, dass die Zustandsgrößen einer Gasmenge voneinander abhängen, lautet das Ziel: Gewinne mathematisch formulierbare Zusammenhänge zwischen den Zustandsgrößen.

Die Versuchsanordnung ist damit klar: Eine Gasmenge wird gasdicht eingeschlossen. Druck, Volumen und Temperatur müssen veränderbar und messbar sein. Eine Anordnung wie in **B2** genügt den Anforderungen.

a) ϑ wird erhöht

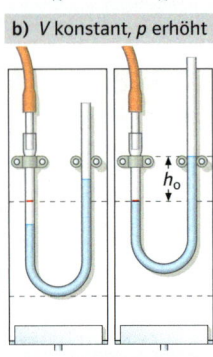

b) V konstant, p erhöht

c) p konstant, V erhöht

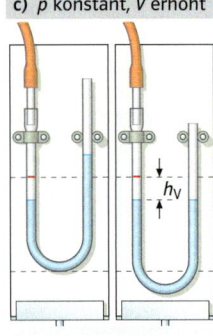

B1

Bemerkung:
Die Größe der Temperatur wird statt mit T mit ϑ bezeichnet, wenn die Angabe in der Einheit 1 °C erfolgt

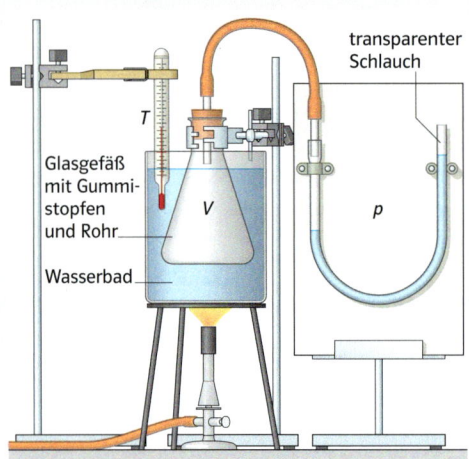

B2 Zustandsgrößen werden gemessen.

transparenter Schlauch

T

Glasgefäß mit Gummistopfen und Rohr

V p

Wasserbad

B1a zeigt die Ausgangssituation: Vor der Erwärmung reicht das Volumen der eingeschlossenen Gasmenge bis zur Markierung. Das Wasser im U-Schlauch steht mit diesem Volumen und der umgebenden Luft in Verbindung. Da es in beiden Schenkeln gleich hoch steht, ist in beiden Bereichen der Druck gleich. Bei der Erwärmung verschiebt sich das Wasser im U-Schlauch und zeigt an: Volumen und Druck der eingeschlossenen Gasmenge sind größer geworden. Durch Heben (→**B1b**) bzw. Senken (→**B1c**) lässt sich das ursprüngliche Volumen bzw. der ursprüngliche Druck wieder einstellen.

Wenn man nur den Zusammenhang zwischen Druck und Volumen untersuchen will, kommt man mit dem Schlauch alleine aus.

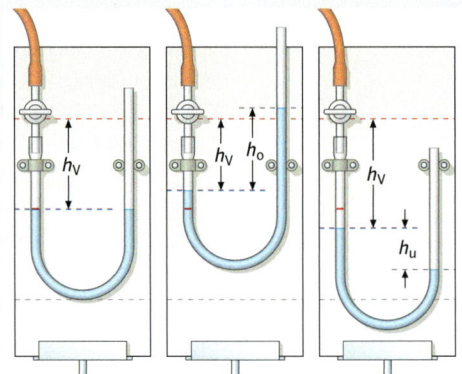

B3 Zusammenhang von Druck und Volumen

Das linke Ende wird dann verschlossen. Durch Heben oder Senken des Schlauchendes lassen sich verschiedene Situationen einstellen (→**B3**).

Untersuchung bei **konstanter Temperatur**: Dann kennzeichnet h_v das Volumen, h_o bzw. h_u den Druck. Messwerte für einen Luftdruck von $p_A = 998,6$ hPa und einen Schlauchdurchmesser von $d = 0,5$ cm:

h_o in cm	30	48	70	102	152	157
h_v in cm	8,6	8,5	8,3	8,1	7,7	7,6

h_u in cm	0	23	57	70	103	138
h_v in cm	8,7	9,0	9,2	9,4	9,7	10,2

Untersuchung bei **konstantem Volumen**: Im Aufbau nach **B1b** wird der Stand der Wassersäule vor Erwärmung markiert. Nach der Erwärmung wird durch Heben oder Senken des rechten Schenkels diese Markierung wieder eingestellt. Dann wird h_o abgelesen. Messwerte:

ϑ in °C	23	24	25	26	27	28
h_o in cm	0	3,1	6,9	10,1	13,4	16,7

Untersuchung bei **konstantem Druck**: Im Aufbau nach **B1c** wird die Wassersäule in beiden Schenkeln auf gleiche Höhe gebracht. Nach der Erwärmung wird dieser Zustand wieder hergestellt, danach h_v abgelesen.

ϑ in °C	24	25	27	29	31	32
h_v in cm	0	1,7	6,3	10,6	14,1	15,8

Auswertung von Experimenten

Aus den Messwerten auf der vorhergehenden Seite soll eine mathematische Aussage über den Zusammenhang zwischen den Zustandsgrößen einer Gasmenge gewonnen werden. Da drei Größen zusammenhängen, kann die Änderung einer Größe nur dann eindeutig auf die einer zweiten zurückgeführt werden, wenn die dritte konstant bleibt.

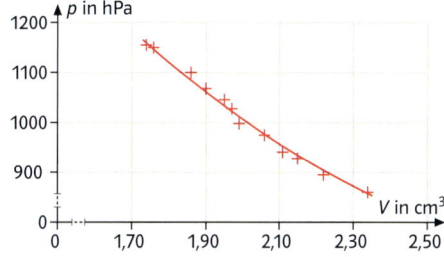

Δp in hPa	3,1	6,9	10,1	13,4	16,7
$\Delta \vartheta$ in °C	1	2	3	4	5
$\Delta p / \Delta \vartheta$	3,1	3,5	3,4	3,4	3,3
Mittelwert $m = 3,3$; Abweichung maximal 6 %					

B3 Linearer Zusammenhang von p und ϑ

Volumen konstant

ϑ in °C	h_o in cm	p in hPa
23	0	998,6
24	3,1	1001,7
25	6,9	1005,5
26	10,1	1008,7
27	13,4	1012,0
28	16,7	1015,3

B1 Messwerte
$\Delta h_o = 1\,\text{cm} \triangleq 1\,\text{hPa}$,
Luftdruck $p_A = 998,6\,\text{hPa}$

Allgemeine Geradengleichung $y = m \cdot x + b$
p für y und ϑ für x führt zu $p = 3,3 \cdot \vartheta + 922,3$

Temperatur konstant

$\Delta V = \pi \cdot \left(\frac{d}{2}\right)^2 \cdot h_v$

$p = p_A + 1\frac{\text{hPa}}{\text{cm}} \cdot h_o$

$p = p_A - 1\frac{\text{hPa}}{\text{cm}} \cdot h_u$

Bemerkung:
Die Größe $V \cdot p$ stellt eine Energie dar. Es gilt:
$1\,\text{m}^3 \cdot 1\,\text{Pa} = 1\,\text{Nm} = 1\,\text{J}$.
D.h., um den Druck einer Gasmenge von $1\,\text{m}^3$ um $1\,\text{Pa}$ zu erhöhen, benötigt man eine Energie von $1\,\text{J}$.

1. V = konstant (→B1)
Aus $p = p_A + 1\frac{\text{hPa}}{\text{cm}} \cdot h_o$ ergibt sich der Druck in der eingesperrten Gasmenge. Das ϑ-p-Diagramm (→B3) zeigt einen linearen Zusammenhang. Die Gerade geht nicht durch den Ursprung des ϑ-p-Koordinatensystems. Die Steigung der Geraden ist
$m = \Delta p / \Delta \vartheta = 3,3$.

Die Gerade schneidet die p-Achse in einem Punkt B $(0|p_o)$. Im ϑ-p-Diagramm wird sie durch die Gleichung $p = 3,3 \cdot \vartheta + p_o$ beschrieben. Hieraus folgt $p_o = p - 3,3 \cdot \vartheta$, einsetzen der Werte ergibt $p_o = 922,8\,\text{hPa}$. Die Geradengleichung lautet damit
$p = 3,3\frac{\text{hPa}}{°C} \cdot \vartheta + 922,8\,\text{hPa}$.

2. ϑ = konstant (→B2)
Man setzt die Messwerte in die drei Gleichungen ein und erhält so die für die Auswertung erforderlichen Größen V und p. Es zeigt sich: Je größer das Volumen ist, desto kleiner ist der Druck. Entsprechend zeigt das V-p-Diagramm einen fallenden Graphen. Die Messwerte erfassen nur einen sehr kleinen Bereich im Diagramm (→B4) sodass die Kurvenform schwer erkennbar ist. Eine Gerade würde zu negativen Werten für p und V führen. Eine gekrümmte Kurve wie sie bei umgekehrter Proportionalität auftritt, würde im positiven Bereich bleiben. Dann müsste das Produkt $V \cdot p$ konstant sein. Die Tabelle B2 bestätigt das gut. Es gilt also: Druck und Volumen einer Gasmenge sind bei kon-

B4 Gekrümmte Kurve oder Gerade?

stanter Temperatur umgekehrt proportional zueinander, $p \cdot V$ ist konstant.

3. p = konstant
Die Messwerte für die Volumenänderungen ΔV ergeben sich aus h_v und d:

$$\Delta V = \pi \cdot \left(\frac{d}{2}\right)^2 \cdot h_v$$

A1 ○ Ermittle aus den Messwerten der vorhergehenden Seite die Werte für ΔV und die zugehörigen Temperaturänderungen $\Delta \vartheta$.

A2 ● Werte die Messungen aus und bestätige das Gesetz von Gay-Lussac: Bei konstantem Druck hängen Temperatur und Volumen linear voneinander ab.

V in cm³	1,69	1,67	1,63	1,59	1,51	1,49	1,71	1,77	1,81	1,84	1,90	2,00
p in hPa	1028,6	1046,6	1068,6	1100,6	1150,6	1155,6	998,6	975,6	941,6	928,6	897,3	860,6
$V \cdot p$ in 10^{-4} J	1736,0	1745,9	1740,6	1749,5	1738,7	1723,6	1705,0	1723,2	1700,1	1713,0	1704,9	1722,7

B2 Werte für ϑ = konstant

Der absolute Nullpunkt

Druck bzw. Volumen einer Gasmenge hängen linear von der Temperatur ab. **B2** zeigt dies für das Volumen. Die Steigung der Geraden hängt vom Anfangsvolumen V_0 bei $\vartheta = 0\,°C$ und vom Druck p ab. Es zeigt sich: Die Ausdehnungsgeraden für eine bestimmte Gasmenge schneiden sich alle in einem Punkt der Temperaturachse. Dieser liegt auf der Celsiusskala unabhängig von der Gasart etwa bei $-273\,°C$. Die Betrachtung von Druck und Temperatur führt zum gleichen Ergebnis. In der Temperaturskala nach Kelvin wählt man diesen Punkt als Ursprung. Die Geraden werden zu Ursprungsgeraden, beschreiben also statt des nur linearen einen proportionalen Zusammenhang. Die Gleichungen der Geraden lauten

im ϑ-$V(\vartheta)$-System $\quad V(\vartheta) = V_0 + \dfrac{V_0}{273\,°C} \cdot \vartheta$

im T-$V(T)$-System $\quad V(T) = \dfrac{V_0}{273\,K} \cdot T$

$^{1}/_{273}\,K$ wird Ausdehnungskoeffizient genannt. (In den entsprechenden Gleichungen für den Druck heißt er Spannungskoeffizient.) Er ist für alle Gase gleich. Bei festen Körpern und Flüssigkeiten sind Ausdehnungskoeffizienten für unterschiedliche Stoffe verschieden.

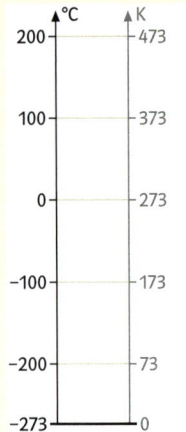

B1 Celsius- und Kelvin-Skala

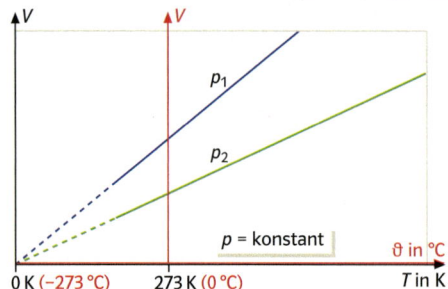

B2

Der Ursprung der Kelvinskala wird **absoluter Nullpunkt** genannt. Er ist zunächst eine mathematische Konstruktion, um Zusammenhänge einfacher zu formulieren. Ein Gas, das den Geraden soweit folgen würde, hätte dann kein Volumen und keinen Druck mehr. Die Gasteilchen würden sich nicht mehr bewegen. Aus anderen Überlegungen folgt, dass dieser Nullpunkt die tiefste Temperatur überhaupt darstellt. Der absolute Nullpunkt ist nicht erreichbar. Man konnte sich ihm aber bis auf 0,5 Milliardstel Kelvin nähern.

A1 ● Schreibe die Argumentation bei Betrachtung des Drucks.

Die allgemeine Gasgleichung

Die drei experimentell gewonnenen Gasgesetze erfassen Vorgänge, bei denen jeweils eine der drei Zustandsgrößen unverändert bleibt. Bei realen Vorgängen sind in der Regel alle drei Größen veränderlich (→**B3**)

B3 Zustandsänderung einer Gasmenge

Die drei Gleichungen lassen sich zu einer zusammenfassen. Dazu denkt man sich einen Zwischenzustand. Diesen erreicht man bei konstanter Temperatur. Von dort gelangt man bei konstantem Volumen zu Zustand 2.

1. Schritt: $\quad p_1 \cdot V_1 = p_z \cdot V_2$

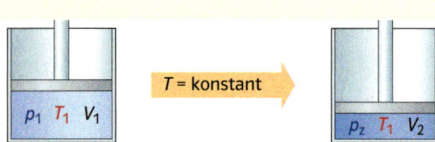

2. Schritt: $\quad \dfrac{p_z}{T_1} = \dfrac{p_2}{T_2} \quad$ bzw. $\quad p_z = p_2 \cdot \dfrac{T_1}{T_2}$

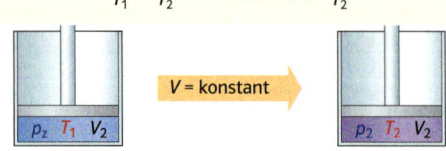

p_z in die erste Gleichung eingesetzt, ergibt

$p_1 \cdot V_1 = \dfrac{p_2 \cdot T_1}{T_2} \cdot V_2 \quad$ und schließlich die

Allgemeine Gasgleichung $\quad \dfrac{p_1 \cdot V_1}{T_1} = \dfrac{p_2 \cdot V_2}{T_2}$

Druck im Teilchenmodell

Die Vorstellung, alle Stoffe seien aus kleinsten Teilchen aufgebaut, hat sich bewährt. Für die Teilchen eines Gases soll gelten:
- Sie sind frei beweglich und beeinflussen sich nur, wenn sie zusammenstoßen.
- Sie bewegen sich ständig, haben also Bewegungsenergie.
- Bei höherer Gastemperatur ist ihre durchschnittliche Bewegungsenergie größer.

Mit dieser Vorstellung lässt sich ein Modell bauen, in dem man die Teilchen sieht (→B3): Viele kleine Kugeln befinden sich in einem Behälter. Durch einen vibrierenden Boden werden sie mehr oder weniger heftig in regellose Bewegung versetzt. Dann zeigt sich:
Viele Stöße auf eine Fläche zeigen gemeinsam die gleiche Wirkung wie eine Kraft auf diese Fläche (→B1). Je größer die Fläche ist, desto mehr Teilchen treffen auf und desto größer ist die Kraft (→B4). Dies entspricht der Gleichung $p = F/A$.

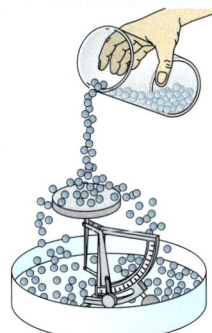

B1 Die Briefwaage zeigt an: Viele unregelmäßig auftreffende Kugeln wirken gemeinsam wie eine Kraft.

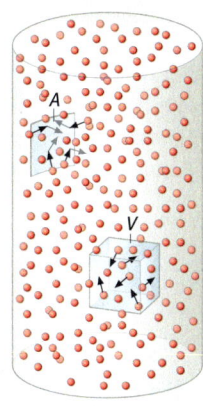

B2 Kraft auf die Wand und Energie im Volumen

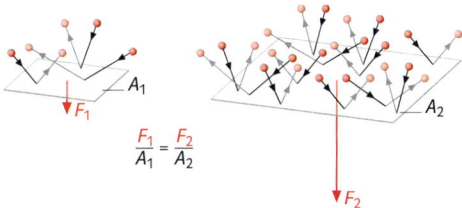

$$\frac{F_1}{A_1} = \frac{F_2}{A_2}$$

B4 Druck im Teilchenmodell

Zur Energie in einem bestimmten Volumen trägt die Bewegungsenergie aller darin enthaltenen Teilchen bei (→B2). Bei Vergrößerung der Teilchenzahl oder der Temperatur nimmt die Energie zu, zugleich beobachtet man, dass der Druck steigt. Dies entspricht der Gleichung $p = \Delta E/\Delta V$.
Man erkennt: Das Teilchenmodell erklärt experimentell gefundene Aussagen.

Das Modell erlaubt Vorhersagen In **B3c** sind die Kugeln nicht gleichmäßig verteilt, unten sind sie dichter als oben. Das ist eine Folge der wirkenden Gewichtskraft. Dann müsste der Druck oben kleiner sein als unten. Tatsächlich halbiert sich der Druck in der Erdatmosphäre etwa alle 5 000 m. Druckunterschiede führen zu Kraft vom Bereich hohen zum Bereich niedrigen Drucks. Es muss sich also eine Kraft F_A entgegengesetzt zur Gewichtskraft ergeben (→B5).

B5 Der Heißluftballon schwebt.

A1 ⬤ Erläutere die Zusammenhänge in **B5** in einem Text. Gib eine Bedingung für das Fliegen des Ballons an.

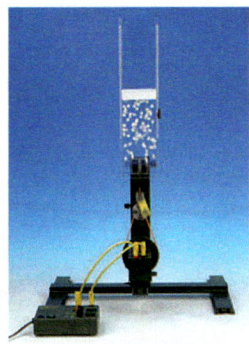

B3 Modell für den Gasdruck

a) Boden in Ruhe: Ausgangssituation

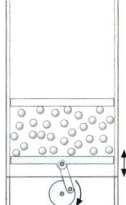

b) Boden schwingt: Kugeln beanspruchen Volumen

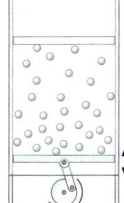

c) Boden schwingt heftiger: Volumen wird größer

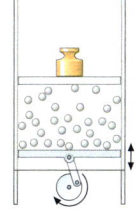

d) Boden schwingt heftig. Das Gewichtsstück drückt auf die Kammer: Volumen wird kleiner

Luftschiffe und U-Boote

Luft trägt Dass Heißluftballons und auch Zeppeline in der Luft schweben, erklärt sich daraus, dass der Luftdruck in der Atmosphäre mit der Höhe abnimmt. Er halbiert sich etwa alle 5 km (→**B4**).

Man denkt sich anstelle des Ballons einen Zylinder Z mit der Grundfläche A_{Zyl} und der Höhe Δh zwischen den Höhen h_u und $h_o = h_u + \Delta h$. Im Bereich der unteren Fläche besteht der Druck p_u und oben p_o. Es ist $p_u > p_o$. Gemäß $F = p \cdot A$ wirken senkrecht auf die Flächen die Kräfte F_u bzw. F_o (→**B2**). Weil F_u größer als F_o ist, gibt es eine resultierende nach oben gerichtete Kraft F_A. Sie wird Auftriebskraft genannt. Es gilt

$$F_A = F_u - F_o = (p_u - p_o) \cdot A_{Zyl} = \Delta p \cdot A_{Zyl}$$

B1 Der Ballon schwebt in der Luft.

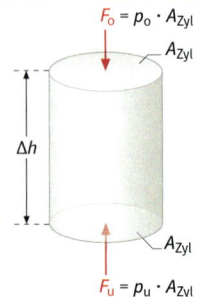

B2 Druck führt zu Kraft.

$F_o = p_o \cdot A_{Zyl}$

A_{Zyl}

Δh

A_{Zyl}

$F_u = p_u \cdot A_{Zyl}$

B4 Die Luftdruckkurve

Luftdruck p in hPa

Höhe h in km

Bemerkung:
Die Dichte ϱ eines Stoffes ist gegeben durch

$$\varrho = \frac{m}{V}$$

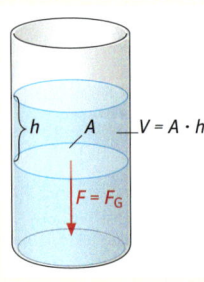

B3 Gewichtskraft führt zu Schweredruck.

h A $V = A \cdot h$

$F = F_G$

Der Zylinder erfährt außerdem die Gewichtskraft F_G. Zusammen mit F_A resultiert eine Gesamtkraft F mit dem Betrag $F = F_A - F_G$. Es gibt nun drei mögliche Fälle:

1. $F_A > F_G$: F zeigt nach oben, Z steigt
2. $F_A = F_G$: $F = 0$, Z schwebt
3. $F_A < F_G$: F zeigt nach unten, Z sinkt

Beim Start des Ballons muss Fall 1 vorliegen. In **B4** erkennt man, dass mit dem Aufstieg das gleiche Δh zu einem kleineren Δp und damit zu einem kleineren F_A führt. In einer gewissen Höhe wird also Fall 2 eintreten. Für den Abstieg zur Landung muss Fall 3 herbeigeführt werden.

Wasser trägt Beim Eintauchen in Wasser spürt man auch dort eine Auftriebskraft. Wie bei der Luft misst man den Druck und stellt fest, dass er mit zunehmender Tiefe wächst (→**B5**). Aber anders als bei Luft wird hier der

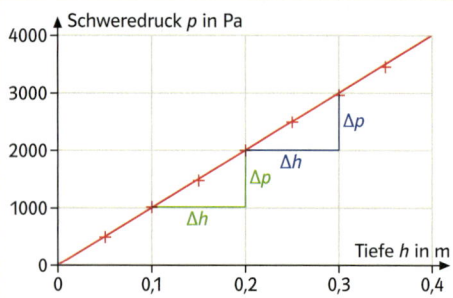

B5 Der Druck hängt linear von der Tiefe ab.

Zusammenhang durch eine Gerade mit der Steigung $k = \Delta p / \Delta h$ beschrieben. Damit ist $\Delta p = k \cdot \Delta h$.

A1 ○ Begründe für einen Zylinder, der sich ganz unter Wasser befindet, die Gleichung:
$$F_A = k \cdot \Delta h \cdot A_{Zyl} = k \cdot V_{Zyl},$$
wobei V_{Zyl} das Volumen des eingetauchten Zylinders ist.

A2 ○ Den Druck in einer Wassertiefe h kann man gemäß $p = F/A$ auf die Gewichtskraft $F_{G,W}$ der Wassersäule oberhalb der Fläche A zurückführen (→**B3**). Leite anhand von **B3** die folgenden Gleichungen her:

$$F_{G,W} = m \cdot g = \varrho_W \cdot V \cdot g = \varrho_W \cdot A \cdot h \cdot g$$
$$p = \frac{F_{G,W}}{A} = \varrho_W \cdot h \cdot g$$

wobei ϱ_W die Dichte von Wasser ist.

A3 ○ Erläutere die Zusammenhänge $k = \varrho_W \cdot g$ und $F_A = \varrho_W \cdot g \cdot V_{Zyl} = F_{G,W}$. Die letzte Gleichung ist die mathematische Kurzfassung des Gesetzes von Archimedes (287 – 212 v. Chr.): Ein vollständig in eine Flüssigkeit eingetauchter Körper erfährt eine Auftriebskraft, die genauso groß ist wie die Gewichtskraft der verdrängten Flüssigkeitsmenge.

A4 ● Die für Wasser formulierten Zusammenhänge gelten in Luft für hinreichend kleines Δh. Begründe diese Aussage.

A5 ● Formuliere die Fallunterscheidungen in der linken Spalte für den Zylinder im Wasser mit Hilfe von Dichten.

Experimente mit Druck

Die nachfolgenden Lernstationen machen Erfahrungen mit dem Luftdruck möglich. Fertige eine Skizze des Versuchsaufbaus an. Notiere jeweils sorgfältig deine Beobachtungen und finde eine Erklärung. Beachte dabei, dass Druck und Kraft zu unterscheiden sind.

STATION I

Die „schwere" Zeitung

Material: kleines Stück Blech, Schnur, Zeitung

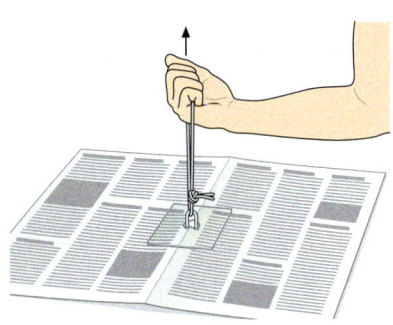

1 Befestige an einem Stück Blech eine Schnur. Falte ein Blatt einer Zeitung ganz auseinander. Lege die Zeitung über das Blech auf den Fußboden, stecke dabei die Schnur durch ein Loch in der Zeitung. Streiche die Zeitung so glatt wie möglich.

2 Ziehe an der Schnur, einmal langsam, einmal ruckartig.

STATION II

Das „leichte" Wasser

Material: Glas mit Wasser, Postkarte

1 Fülle ein Glas randvoll mit Wasser und decke das Glas mit einer Postkarte ab. Halte die Postkarte fest, während du das Glas umdrehst.

2 Lass jetzt die Postkarte los.

STATION III

Die „Saugkraft"

Material: zwei Saughaken, zwei Kraftmesser

1 Presse zwei Saughaken, wie im Bild dargestellt, soweit es geht zusammen.

2 Versuche sie wieder auseinanderzuziehen. Ermittle mit Kraftmessern die dazu erforderliche Kraft.

3 Versuche diese Kraft zu berechnen.

STATION IV

Kraft aus dem Nichts

Material: Kolbenprober aus Kunststoff, starke Schnur, Kraftmesser

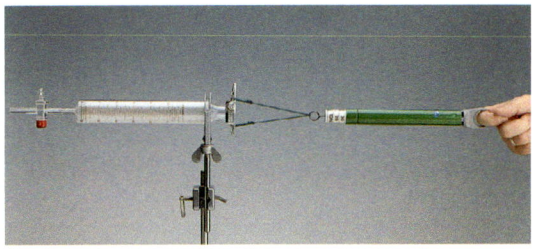

1 Schiebe bei geöffnetem Hahn den Kolben ganz ein und schließe dann den Hahn.

2 Ziehe nun vorsichtig an dem Kolben. Lies am Kraftmesser ab, wie groß die Kraft sein darf, bevor sich der Kolben bewegt.

3 Versuche diese Kraft zu berechnen.

Druck

Im Inneren einer in einem Gefäß eingesperrten **Gasmenge** besteht ein **Druck.** Der Druck ist an allen Stellen gleich groß. Der Druck ändert sich, wenn man die Gasmenge ändert.

Der Unterschied des Drucks auf beiden Seiten einer Wand führt zu einer **Kraft senkrecht** zur Wand.

Zwischen dem Druck p und der Kraft F, die senkrecht auf eine Fläche A wirkt, besteht der Zusammenhang **p = F/A.**

Je **größer** die **Temperatur** ist, desto **größer** ist das **Volumen.**

Je **größer** die **Temperatur** ist, desto **größer** ist der **Druck.**

Je **größer** das **Volumen** ist, desto **kleiner** ist der **Druck.**

FACHWISSEN

Im Folgenden findest du Aussagen zum Themengebiet „Druck", die wahr oder falsch sind. Entscheide!

1 Bei Gasen ist Druck dasselbe wie Kraft bei festen Körpern.

2 Das Verhalten einer Gasmenge kann durch drei Zustandsgrößen beschrieben werden.

3 Der Druck im Inneren einer Gasmenge äußert sich als Kraft auf die Gefäßwände.

4 Wenn man ein Gas komprimiert, sinkt seine Temperatur.

5 Druck und Temperatur in einer Gasmenge lassen sich im Teilchenmodell deuten.

6 Wenn man von den drei Zustandsgrößen eines Gases eine konstant hält, hängen die beiden anderen linear voneinander ab.

7 Das Gesetz von Gay-Lussac führt zur Definition des absoluten Nullpunktes.

ERKENNTNISGEWINNUNG

In der abgebildeten Anordnung lässt sich der Kolben verschieben und es kann geheizt werden. p, V und T lassen sich messen. Man manipuliert unterschiedlich.

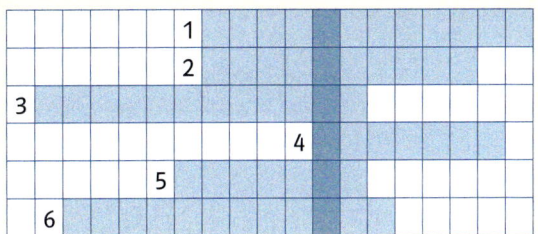

1 Irgendwie einstellen und für jede Einstellung alle Werte ablesen.

2 Kolben festhalten und heizen. Sich ändernde Werte ablesen.

3 Heizung aus, Kolben langsam in verschiedene Positionen bringen. Sich ändernde Werte ablesen.

4 p ablesen, heizen, Kolben so einstellen, das p unverändert bleibt. Sich ändernde Werte ablesen.

Gib zu jeder der folgenden Aussagen an, aus welcher Manipulation sie gewonnen werden kann.

a Druck und Temperatur sind proportional zueinander.

b Die drei Zustandsgrößen eines Gasen sind voneinander abhängig.

c Je kleiner das Volumen ist, desto größer ist der Druck.

d Zwischen Volumen und Temperatur besteht ein linearer Zusammenhang.

e Für eine eingesperrte Gasmenge gilt: $p \cdot \dfrac{V}{T}$ = konstant

KOMMUNIKATION

Übertrage das Rätsel in dein Heft, ergänze passende Begriffe aus dem Bereich „Druck" und finde das Lösungswort.

1 Pascal ist eine …

2 Zustandsgröße eines Gases

3 Kann als Maß für den Druck dienen.

4 Diese Größe ist umgekehrt proportional zum Druck.

5 Celsiustemperatur, wenn es sehr kalt ist.

6 Zusammenhang zwischen Größen

Das Wort im markierten Bereich ist der Name für eine Temperaturskala. Beachte: Schreibe für Ä = AE.

BEWERTUNG

Durch das Glasrohr kann man Luft in den Ballon blasen. Man versucht das

a bei gelockertem Stopfen,

b bei festsitzendem Stopfen,

c beim Blasen ist der Stopfen gelockert, er wird festgedrückt, bevor man aufhört zu blasen.

Entscheide, welche der folgenden Möglichkeiten auftreten können und ordne sie einem der Verfahren zu.

1 Luftballon lässt sich aufblasen.

2 Luftballon lässt sich aufblasen und behält seine Form, wenn man mit Blasen aufhört.

3 Luftballon lässt sich nicht aufblasen.

4 Luftballon lässt sich aufblasen, aber behält seine Form nicht, wenn man mit Blasen aufhört.

A1 ○ In der Pressluftflasche eines Tauchers besteht der Druck 200 bar. Der Luftdruck ist 1 bar. Berechne die Kraft auf das Ventil (Fläche 4 cm²).

A2 ○ Ein Autoreifen wird bei 15 °C bis zum Druck von 190 kPa aufgepumpt. Während der Fahrt erwärmt sich die Luft im Reifen auf 40 °C.
a) Berechne den Druck bei dieser Temperatur.
b) Welcher Bruchteil der Luft muss nun abgelassen werden, wenn wieder der ursprüngliche Druck gelten soll? Warum wird dringend abgeraten, so zu verfahren?

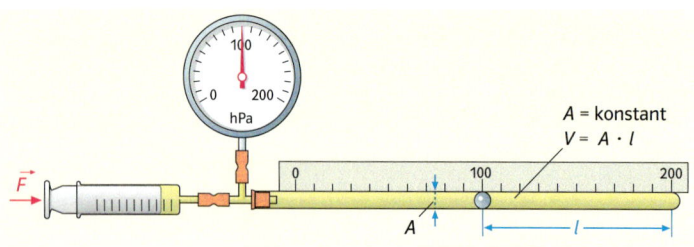

B1 Zu Aufgabe A3

A3 ● Die Kugel im Versuch nach **B1** trennt den linken und rechten Teil des Rohres gasdicht, ist aber leicht verschiebbar. Durch Verschieben des Kolbens kann das Volumen auf der linken Seite verändert werden. Zu Beginn befindet sich die Kugel an einer bestimmten Stelle, das Druckmessgerät zeigt einen bestimmten Druck an.
a) Beschreibe, wie es zu einer solchen Situation kommt. Gehe dabei auf Zusammenhänge zwischen Druck und Kraft ein.
b) Der Kolben wird ein Stück nach rechts bewegt. Die Kugel wird nach rechts beschleunigt und bleibt wieder stehen. Begründe dieses Verhalten. Gib an, welche Anzeige du jetzt am Druckmessgerät erwartest.
c) Mit dieser Anordnung kann das Gesetz von Boyle und Mariotte experimentell gewonnen werden. Plane ein Experiment.

A4 ○ Eine Flasche wurde zunächst in einem Backofen erhitzt und war dann mit heißer Luft gefüllt. Auf die Öffnung wird dann ein weich gekochtes abgepelltes Ei gelegt. Nebenstehende Bildfolge zeigt, was passiert. Beschreibe den Ablauf und erkläre. Das Ei soll wieder aus der Flasche heraus. Mache einen begründeten Vorschlag.

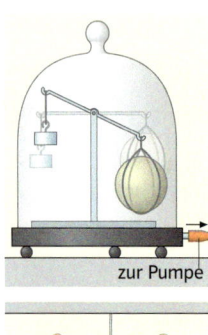

zur Pumpe

B2 Zu Aufgabe A6

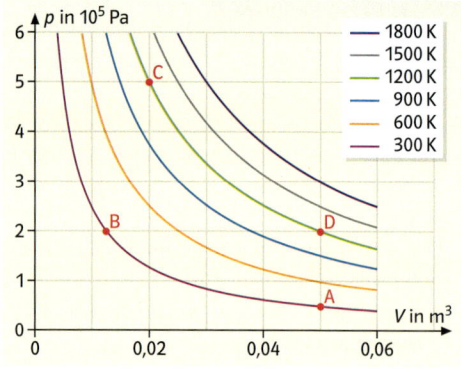

A5 ● Jede der oben dargestellten Kurven wurde für eine bestimmte Gasmenge bei jeweils konstanter Temperatur aufgenommen. Sie werden Isothermen genannt.
a) Deute den Begriff Isotherme.
b) Überprüfe durch jeweils drei Beispiele anhand der Kurven die Gesetze von Boyle und Mariotte, von Gay-Lussac und von Amonton.
c) Die Allgemeine Gasgleichung kann in der Form $p \cdot V / T$ = konstant geschrieben werden. Begründe dies und berechne für mindestens drei Fälle anhand der Kurven die Konstante.
d) Gib Gesetze an, die folgende Zustandsänderungen beschreiben: C ⇒ D; D ⇒ A; D ⇒ B.

A6 ● Zwei Körper befinden sich auf einer Waage im Gleichgewicht unter einer Glasglocke. Saugt man Luft aus der Glocke ab, sinkt der rechte Körper nach unten (→B2a). Zwei gleiche aufgeblasene Luftballons befinden sich an einer Waage im Gleichgewicht. Entweicht die Luft aus dem einen Ballon, sinkt der andere nach unten (→B2b).
a) Erkläre die beiden Abläufe.
b) Jemand behauptet: Die Beobachtungen zeigen, dass Luft ein Gewicht hat. Erstelle eine passende Argumentation.

11 Kreisprozesse

Es gibt Bestrebungen, Pkws mit Verbrennungsmotor abzuschaffen. Warum?

11.1 Druck und Energie

Jetzt muss nur noch der Ballon aufgeblasen werden, dann geht es los.

Gas verrichtet Arbeit

Wenn Luft aus einem aufgeblasenen Ballon ausströmt, bewegt sich der Ballon auf wilden Bahnen. Die ausströmende Luft kann auch ein leichtes Fahrzeug oder ein Windrad in Bewegung setzen. Bewegung weist auf Energie hin. Die Energie muss von dem aufgeblasenen Ballon kommen. Beim Zusammenpressen (Komprimieren) des Gases muss diese Energie auf die Gasmenge übertragen werden; wenn das Gas sich ausdehnt (expandiert), wird die Energie wieder abgegeben. An einem Kolben wirkt dabei eine Kraft, der Kolben verschiebt sich, d.h., es wird Arbeit verrichtet (→B3).

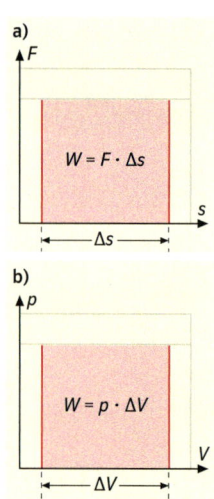

B1 Arbeitsdiagramme

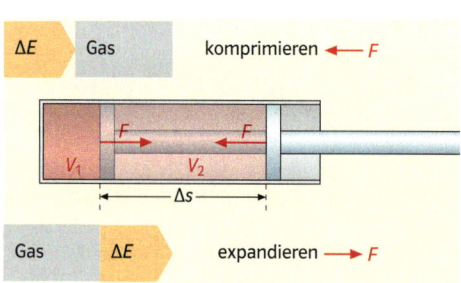

B3 Arbeit an einer Gasmenge

Bei großem Volumen und kleiner Verschiebung Δs kann man näherungsweise konstanten Druck annehmen. Dann muss bei der Kompression eine konstante Kraft F auf den Kolben wirken. Die Arbeit lässt sich berechnen und im Ort-Kraft-Diagramm als Inhalt einer Fläche darstellen: Aus $W = F \cdot \Delta s$ (→B1a) und $F = p \cdot A$ folgt $W = p \cdot A \cdot \Delta s = p \cdot \Delta V$ (B1b). Man erkennt, dass die Arbeit bei der Volumenänderung eines Gases auch in einem

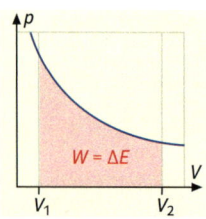

B2 Arbeit bei veränderlichem Druck

V-p-Diagramm durch den Inhalt einer Fläche beschrieben wird. Dies gilt auch bei nicht konstantem Druck (→B2).

Die Möglichkeit, mit komprimierter Luft Fahrzeuge anzutreiben, hat Ideen zur technischen Umsetzung hervorgerufen. Ein solches Fahrzeug benötigt statt eines Benzintanks oder einer Batterie einen Tank mit Druckluft. Dieser enthält dann eine gewisse Energie. Wenn die Arbeit $W = p \cdot \Delta V$ verrichtet wird, ändert sich die Energie um $\Delta E = W = p \cdot \Delta V$. Das ergibt $p = \Delta E / \Delta V$. Der Druck in einer Gasmenge gibt an, wie viel Energie pro Volumeneinheit enthalten ist. Man spricht von Energiedichte.

Thermische Energie wird genutzt

Der Druck in einer Gasmenge kann auf verschiedene Weise vergrößert werden, z.B. durch Heizen. Dabei wird durch Wärme thermische Energie übertragen. Bei der Ausdehnung des Gases wird dann Arbeit verrichtet. Nach diesem Prinzip funktionieren z.B. Motoren in Autos.

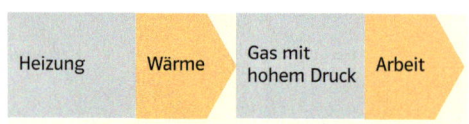

B4 Wärme führt zu Arbeit.

Eine Menge komprimierten Gases enthält Energie.
Bei der Expansion eines Gases wird Arbeit verrichtet.
Mittels der Expansion eines Gases kann thermische Energie in mechanische Energie überführt werden.

Beispiel 4 m³ Luft sollen vom normalen Luftdruck (1000 hPa) auf 0,4 m³ komprimiert werden. Das soll bei konstanter Temperatur passieren.
a) Berechne den Enddruck.
b) Stelle den Vorgang in einem V-p-Diagramm dar.
c) Ermittle aus dem Diagramm die für die Kompression erforderliche Arbeit.

Lösung a) Da die Temperatur konstant ist, gilt das Gesetz von Boyle und Mariotte
4 m³ · 1000 hPa = 0,4 m³ · p_{end} liefert
p_{end} = 10 000 hPa.

b) Aus der Gleichung $p · V$ = 4000 hPa · m³ ergibt sich $p = 4000/V$ (Einheiten weggelassen). Mit Hilfe einer Wertetabelle oder eines Plotprogramms kann der V-p-Graph gezeichnet werden.

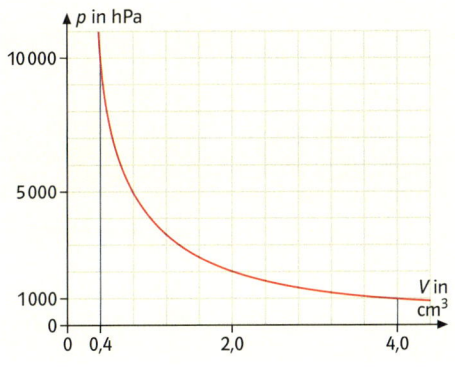

c) Die Arbeit wird im Diagramm durch die Fläche unter der Kurve zwischen $V = 0,4$ und $V = 4$ beschrieben. Sie kann durch Auszählen der Kästchen näherungsweise bestimmt werden. Jedes Kästchen stellt einen bestimmten Arbeitsbetrag dar. In dem gewählten Maßstab (10 Kästchen für 4 m³ bzw. für 10 000 hPa) sind das
1000 hPa · 0,4 m³ = 100 000 Pa · 0,4 m³ =
100 000 N/m² · 0,4 m³ = 40 000 Nm
Ergebnis: ca. 23 Kästchen = 920 000 Nm

A1 ○ Zimmerleute auf dem Bau verwenden heute statt eines Hammers einen Druckluftnagler zum Einschlagen von Nägeln. Erläutere, inwiefern dabei Arbeit verrichtet wird. Nenne weitere Druckluftwerkzeuge.

A2 ◒ Im Internet findet man: Abnehmen mit Ampelfarben. Die Energiedichte eines Lebensmittels besagt, wie gut man damit abnehmen kann.
a) Erläutere den Begriff „Energiedichte".
b) Finde Beispiele für Lebensmittelanzeigen. Begründe dies.

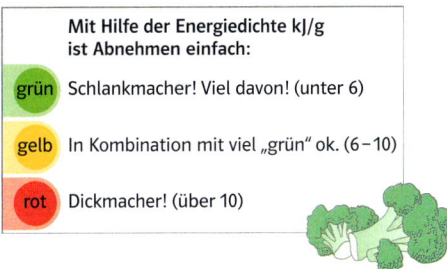

V1 Ein aufgeblasener Ballon wird durch die ausströmende Luft beschleunigt. Durch einen „Leitfaden" kannst du ihn auf eine gerade Bahn zwingen.

V2 Mit Hilfe einer Pumpe lässt sich in dem Gefäß in folgender Abbildung der Druck erhöhen. Öffnet man den Hahn in der Verbindung mit dem Kolben, so bewegt sich der Kolben und kann ein Gewichtsstück heben. Dabei sinkt der Druck der Luft im Gefäß.

V3 Tauche die Kugel mit Spritze in heißes Wasser.
Der Kolben hebt sich.

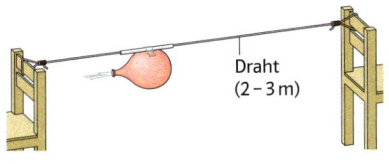

Draht (2 – 3 m)

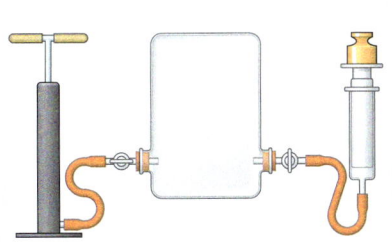

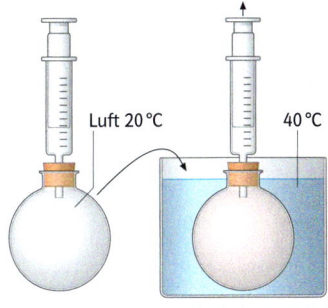

Luft 20 °C   40 °C

11.2 Kreisprozesse

Dieser Motor läuft, wenn man ihn z. B. auf die Hand stellt.

Von der Physik zur Technik

Aus den Gasgesetzen folgt, dass mittels einer Gasmenge thermische Energie in mechanische überführt werden kann (→B1). Die durch die Expansion des Gases bewirkte Kolbenbewegung hört auf, wenn der Zylinder zu Ende ist oder wenn bei der Expansion des Gases der Druck p_i im Inneren unter den äußeren p_a gesunken ist. Nur wenn der Ausgangszustand wieder hergestellt wird, kann erneut thermische Energie genutzt werden. Solche sogenannten Wärmekraftmaschinen müssen also einen **Kreisprozess** durchlaufen.

B2 zeigt das Prinzip für einen solchen Kreisprozess:
1. Die Gasmenge M wird mit einem Bereich hoher Temperatur in Kontakt gebracht. Der Druck steigt, das Gas dehnt sich aus.
2. Das Gas wird mit einem Bereich niedriger Temperatur in Kontakt gebracht, der Druck sinkt, das Gasvolumen wird kleiner.

Dieser Prozess ist nur so lange möglich, wie zwischen den beiden Bereichen ein Temperaturunterschied besteht. Bei dem Prozess wird auch thermische Energie vom heißen in den kalten Bereich überführt. Dieser Teil kann nicht in eine andere Energieform überführt werden.

Ein Heißluftmotor

An einem Modell wird der Kreislauf realisiert. Ein Reagenzglas ist drehbar gelagert. Im Glas befinden sich einige Murmeln. Das Glas ist luftdicht verschlossen und über einen Schlauch mit einem Zylinder verbun-

den. Ein Kolben kann sich darin auf und ab bewegen und das Reagenzglas kippen:
1. Heizen: Die Luft wird im heißen Bereich erhitzt. Sie dehnt sich aus, der Kolben bewegt sich nach oben. Die Murmeln rollen nach links und verdrängen Luft nach rechts.

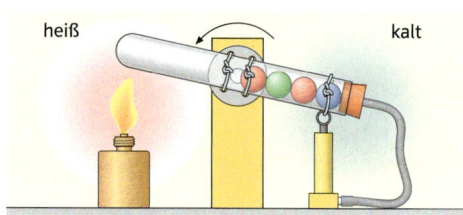

B3 Arbeit wird verrichtet.

2. Kühlen: Die Luft wird im kalten Bereich gekühlt. Sie zieht sich zusammen, der Kolben bewegt sich nach unten. Die Murmeln rollen nach rechts und verdrängen Luft nach links.

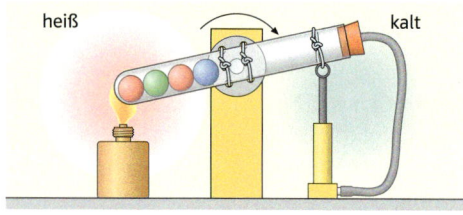

B4 Thermische Energie wird zugeführt.

Wärmekraftmaschinen zur Nutzung thermischer Energie durchlaufen einen Kreisprozess.
Thermische Energie kann nur genutzt werden, wenn ein Temperaturunterschied besteht.
Thermische Energie kann nicht vollständig in andere Energieformen überführt werden.

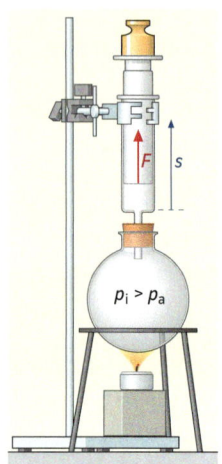

B1 Thermische Energie wird in mechanische überführt.

heizen

T_{hoch}	M	$T_{niedrig}$

T_{hoch}	M	$T_{niedrig}$

kühlen

B2 Wechsel zwischen heiß und kalt

Beispiel Das Foto zeigt eine funktionierende Realisierung des Heißluftmotors.
a) Vergleiche mit der prinzipiellen Darstellung auf der vorangehenden Seite.
b) Der Erbauer des Motors schreibt, dass der Motor meistens nach einer gewissen Laufzeit stehen bleibt. Erkläre das.
c) Der Kolben bewegt sich auf und ab. Oft möchte man eine Drehbewegung. Beschreibe eine Möglichkeit, eine Auf- und Abbewegung in eine Drehbewegung zu überführen.

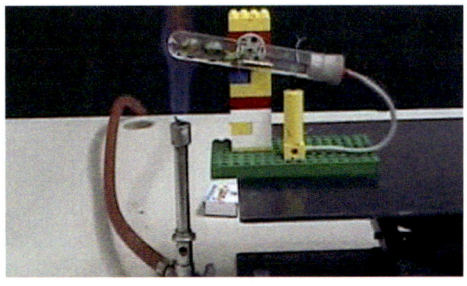

Backofen mit der Temperatur 50 °C stellt, läuft er gar nicht. Begründe beides.

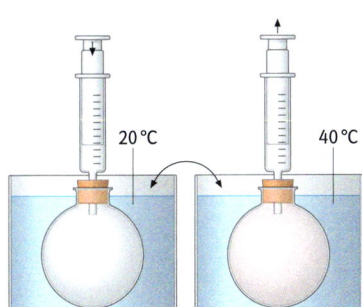

Lösung a) Man erkennt das Reagenzglas mit den Murmeln und den Zylinder mit einem Kolben, der sich auf und ab bewegt und so das Reagenzglas kippt.
b) Die Kühlung erfolgt hier durch die Umgebungsluft. Beim Heizen wird nicht nur die Luft heißer, sondern auch das Glas und mit der Zeit auch die Murmeln. Es gibt dann irgendwann keinen ausreichenden Temperaturunterschied zwischen den Bereichen.
c) Die Stange in **B5** zwischen dem Kolben und dem Rad führt zur Drehbewegung.

B5 Aus auf und ab wird rundherum.

A1 ○ Der Motor im Einstiegsbild auf der vorangehenden Seite bleibt nach längerer Betriebszeit stehen. Wenn man ihn in einen

A2 ◔ Ein Automotor funktioniert nach ähnlichen Prinzipien wie ein Heißluftmotor, insbesondere benötigt er auch eine Kühlung. Nach längerer Fahrt kannst du feststellen, dass die Temperatur der Motorhaube gestiegen ist. Begründe das mit den Funktionsprinzipien.

A3 ◔ Beim Betrieb des Heißluftmotors soll die Kühlung durch Wasser erfolgen. Durch Messungen am Kühlwasser soll ermittelt werden, wie viel thermische Energie vom heißen Bereich ins Kühlwasser überführt wurde. Nenne die notwendigen Messungen und gib einen Weg an, um daraus den gewünschten Wert zu errechnen.

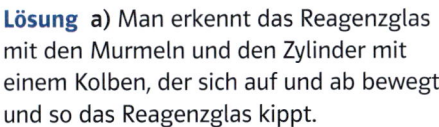

mit einem Magnet auf und ab bewegt werden kann. Die Flasche taucht unten in heißes Wasser. Der Kolben in einer angeschlossenen Spritze hebt sich, wenn das Styroporstück oben ist, er senkt sich, wenn das Styroporstück unten ist.

V3 Ein Peltierelement befindet sich zwischen einer Schale mit heißem Wasser und einer Schale mit Eiswasser. Ein angeschlossener Elektromotor läuft. Die Temperatur des heißen Wassers nimmt ab, die des kalten Wassers steigt. Der Motor bleibt schließlich stehen, wenn kein ausreichender Temperaturunterschied mehr besteht.

V1 Tauche eine Kugel mit Spritze abwechselnd in heißes und kaltes Wasser. Der Kolben bewegt sich im Wechsel auf und ab. Die Temperatur des kalten Wassers steigt.

V2 In einer Plastikflasche ohne Boden befindet sich ein Zylinder aus Styropor, an dem ein Eisenstück befestigt ist, so dass er von außen

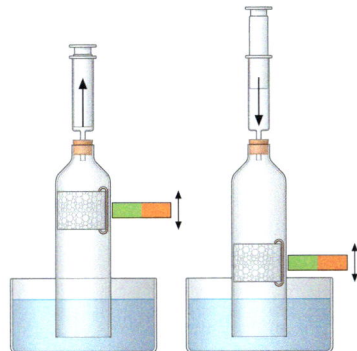

Arbeitsdiagramm und Wirkungsgrad

Es gibt nichts umsonst In einer Wärmekraftmaschine, z. B. einem Heißluftmotor, wird thermische Energie in mechanische, z. B. die Bewegungsenergie eines Autos, überführt. Grundsätzlich funktioniert eine solche Maschine zwischen zwei Bereichen mit unterschiedlicher Temperatur. Ein **Energietransportdiagramm** (→B1) zeigt das Prinzip. Die Energie E_{zu} wird dem Motor zugeführt. Ein Teil davon steht als E_{Nutz} zur Verfügung, ein Teil $E_{Verlust}$ muss aber an den Bereich mit niedriger Temperatur überführt werden. Wegen des Prinzips von der Erhaltung der Energie gilt:

$$E_{zu} = E_{Nutz} + E_{Verlust}$$

E_{Nutz} ist also grundsätzlich kleiner als E_{zu}. Der Quotient aus Nutzenergie und zugeführter Energie gibt den Anteil der genutzten Energie an und heißt Wirkungsgrad η:

$$\eta_{gesamt} = \frac{E_{Nutz}}{E_{zu}}$$

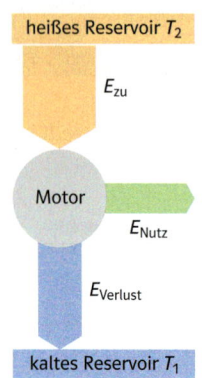

heißes Reservoir T_2

E_{zu}

Motor

E_{Nutz}

$E_{Verlust}$

kaltes Reservoir T_1

B1

Die Theorie zeigt Grenzen auf Im Jahre 1816 meldete der britische Pastor und Ingenieur **Robert Stirling** (1790 – 1878) eine „Heißluftmaschine" zum Patent an. Der Kreisprozess zu diesem Stirling-Motor kann in einem **V-p-Diagramm** dargestellt werden (→B2). Folgende Schritte laufen ab:

Energie Q_1 und Q_2 wird zugeführt.
1. $V = V_1$ konstant, T steigt von T_1 auf T_2. Das Gas verrichtet keine Arbeit.
2. $T = T_2$ konstant. V steigt von V_1 auf V_2. Das Gas verrichtet Arbeit: $|W_2| = Q_2$

Energie Q_3 und Q_4 wird abgegeben.
3. $V = V_2$ konstant, T fällt von T_2 auf T_1. Das Gas verrichtet keine Arbeit.
4. $T = T_1$ konstant, V fällt von V_2 auf V_1. Am Gas wird Arbeit verrichtet: $|W_4| = Q_4$

Der Wirkungsgrad ergibt sich aus einer Energiebilanz: Die nur der Temperaturänderung dienenden Anteile Q_1 und Q_3 sind gleich, weil für beide die Temperaturdifferenzen gleich sind und heben sich in der Gesamtbilanz auf. Es bleibt $E_{zu} = Q_2$, $E_{Verlust} = Q_4$ und $E_{Nutz} = E_{zu} - E_{Verlust} = Q_2 - Q_4$.

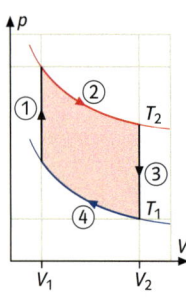

B2 Kreisprozess

Damit ist $\eta = \frac{Q_2 - Q_4}{Q_2}$

Q_2 und Q_4 dienen zur Verrichtung von Arbeit. W_2 und W_4 können im V-p-Diagramm als Fläche dargestellt werden. Die im Diagramm von den Kurven eingeschlossene Fläche stellt die Nutzenergie dar.
Anschaulich ist klar: Je weiter die blaue und die rote Kurve im Diagramm auseinander liegen, desto größer ist die eingeschlossene Fläche (→B2). Die Bedeutung der Temperaturdifferenz wird erkennbar. **Sadi Carnot** hat 1824 durch theoretische Betrachtungen den maximalen Wirkungsgrad für alle Wärmekraftmaschinen gefunden:

$$\eta_{max} = \frac{T_2 - T_1}{T_2}$$

Mathematik Für den Stirlingprozess gilt:
1. Für die Schritte 2 und 4 gilt das Gesetz von Boyle und Mariotte.
2. Die Flächen lassen sich durch Rechtecke abschätzen:

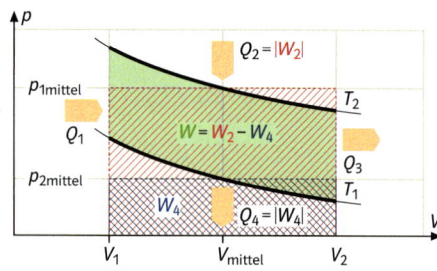

Die Rechnung mit diesen Voraussetzungen führt zum gleichen Ergebnis:

$$W_4 = p_{1,mittel} \cdot (V_2 - V_1); \quad W_2 = p_{2,mittel} \cdot (V_2 - V_1)$$

$$p_{1,mittel} = C \cdot \frac{T_1}{V_{mittel}}; \qquad p_{2,mittel} = C \cdot \frac{T_2}{V_{mittel}}$$

$$W_4 = \frac{C \cdot T_1}{V_{mittel}} \cdot (V_2 - V_1); \quad W_2 = \frac{C \cdot T_2}{V_{mittel}} \cdot (V_2 - V_1)$$

$$W_{Nutz} = W_2 - W_4 = \frac{C \cdot (V_2 - V_1)}{V_{mittel}} \cdot (T_2 - T_1)$$

$$\eta = \frac{W_{Nutz}}{W_2} = \frac{\frac{C \cdot (V_2 - V_1)}{V_{mittel}} \cdot (T_2 - T_1)}{\frac{C \cdot (V_2 - V_1)}{V_{mittel}} \cdot T_2} = \frac{T_2 - T_1}{T_2}$$

Wirkungsgrade

In den nachfolgenden Lernstationen beschäftigst du dich mit dem Wirkungsgrad verschiedener Energiesysteme. Gleichzeitig besteht Gelegenheit, Inhalte aus verschiedenen Gebieten zu wiederholen.

STATION I

Vergleich von Kraftwandlern

E_{nutz}: Höhenenergie des Gewichtsstücks 2

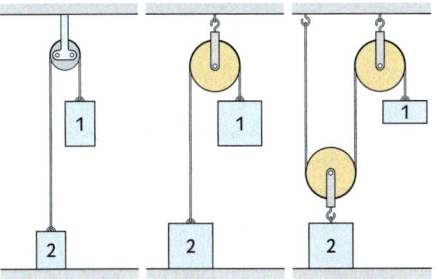

Wähle das Gewichtsstück 1 so, dass es nach leichtem Anstoßen das Stück 2 hochzieht.
Bestimme den Wirkungsgrad. Zeichne für alle drei Fälle ein Energietransportdiagramm. Begründe, warum bei Verwendung gleicher Rollen der Wirkungsgrad mit zwei Rollen kleiner sein muss als mit einer.

STATION II

Der Elektromotor

E_{nutz}: Höhenenergie des Gewichtsstücks

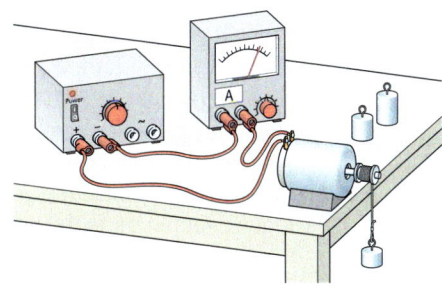

Beobachte die Stromstärke bei unterschiedlichen Gewichtsstücken. Bestimme den Wirkungsgrad. Untersuche mit verschiedenen Gewichtsstücken, ob es für den Motor einen optimalen Betriebszustand gibt. Informiere dich über die Wirkungsgrade von Elektromotoren.

STATION III

Wasser erhitzen

E_{nutz}: Thermische Energie des Wassers

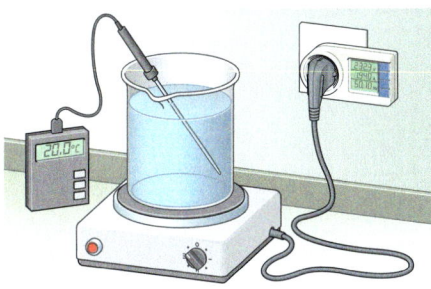

Kläre zunächst, welche Messungen erforderlich sind, um die Zunahme der thermischen Energie des Wassers zu bestimmen. Führe dann mehrere Versuche durch. Lies jeweils die zugeführte elektrische Energie am Energiezähler ab. Bestimme den Wirkungsgrad. Entscheide, ob eine Mittelwertbildung sinnvoll ist. Formuliere Empfehlungen für energiesparendes Kochen.

STATION IV

Der Heißluftmotor

E_{nutz}: Für Arbeit verfügbare Energie

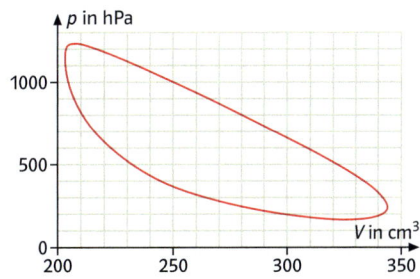

Das V-p-Diagramm wurde mit einer geeigneten Anordnung bei einem Heißluftmotor aufgezeichnet. Kläre zunächst, wie aus einem V-p-Diagramm eine Energie ermittelt werden kann. Gib an, welche Messungen und Rechnungen erforderlich sind, um den maximal möglichen Wirkungsgrad zu bestimmen.

Ordnung und Unordnung

Teilchen überall Viele Beobachtungen (→**B1** bis **B3**) lassen sich mit folgenden Vorstellungen erklären:
1. Alle Materie besteht aus Teilchen.
2. Die Teilchen bewegen sich regellos.
3. Die Heftigkeit der Bewegung zeigt sich in der Temperatur.

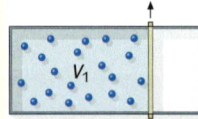

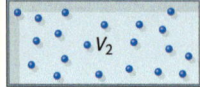

B1 Gas expandiert.

Bei einem Hammer schwingen die Teilchen ungeordnet um feste Plätze. Der Hammer hat eine bestimmte Temperatur. Sie zeigt die thermische Energie an. Lässt man den Hammer fallen, erhält er zusätzlich Bewegungsenergie. Die Teilchen müssen jetzt zusätzlich eine gemeinsame geordnete Bewegung vollführen (→**B4**).

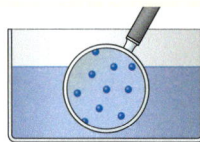

B2 Flüssigkeiten mischen sich.

Innere Energie

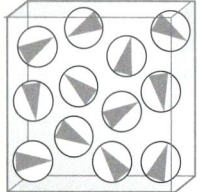

Ungeordnete Bewegung aller Teilchen:
Der Hammer ruht.

Bewegungsenergie

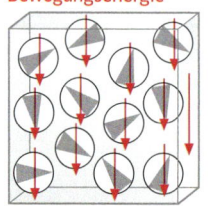

Geordnete Bewegung aller Teilchen:
Der Hammer bewegt sich.

B4 Sichtbare und unsichtbare Bewegung

Trifft nun der Hammer auf ein anderes Metallstück, so werden dessen Teilchen angestoßen. Sie bewegen sich dadurch in alle Richtungen, das heißt, ihre ungeordnete Bewegung wird heftiger, die Temperatur des Metallstücks steigt.
Beim Zusammenstoß werden auch die Teilchen des Hammers angestoßen. Ihre gemeinsame Bewegung beim Fall wird in die entgegengesetzte Richtung umgekehrt. Der Hammer prallt vom Metallstück ab. Die Rückprallbewegung verstärkt auch die ungeordnete Bewegung der Teilchen im Hammer. Seine Temperatur, also auch seine thermische Energie steigt. Wenn der Hammer schließlich liegen bleibt, hat er keine Bewegungsenergie mehr.

B3 Thermische Energie verteilt sich.

Bei der Überführung von Bewegungsenergie in thermische Energie wird aus geordneter Teilchenbewegung ungeordnete.

Wenn umgekehrt thermische Energie in Bewegungsenergie überführt werden soll, müsste ohne äußeren Einfluss aus der ungeordneten eine geordnete Teilchenbewegung entstehen. Die Verringerung der ungeordneten Bewegung wäre mit einer Abnahme der Temperatur verbunden. Für den Hammer würde dies bedeuten, dass er sich abkühlt und gleichzeitig aufsteigt. Dies wurde aber noch nie beobachtet.

Wahrscheinlichkeit Regellose Teilchenbewegung bedeutet, dass die Verteilung zu jedem Zeitpunkt zufällig ist. An einem einfachen Beispiel lassen sich Wahrscheinlichkeiten berechnen: Man teilt ein Volumen wie in **B1** in zwei gleiche Teile und fragt nach der Wahrscheinlichkeit, alle Teilchen in einer der Hälften, z. B. in der linken, anzutreffen.

Bei 1 Teilchen gibt es nur 2 Möglichkeiten: Entweder ist es links oder es ist rechts. Die Wahrscheinlichkeit für links ist $w_1 = 1/2$. Bei 2 Teilchen gibt es 4 Möglichkeiten (beide links, beide rechts und zweimal eins links eins rechts). Nur eine davon ist günstig:

   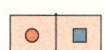

Also ist $w_2 = 1/4 = 1/2 \cdot 1/2 = (1/2)^2$.
Bei 3 Teilchen sind es 8 Möglichkeiten mit $w_3 = (1/2)^3 = 1/8$:

 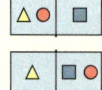 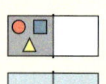 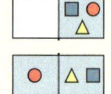

Nach dem gleichen Muster ergibt sich für 4 Teilchen $w_4 = (1/2)^4 = 1/16$ und für 100 Teilchen ist $w_{100} = (1/2)^{100} \approx 10^{-30}$.

Der Zustand der Ordnung, d. h. alle Teilchen in der linken Hälfte, ist also extrem unwahrscheinlich und kommt praktisch nicht vor.

A1 ○ Ermittle (z. B. durch Recherche) die Wahrscheinlichkeit für 6 Richtige im Lotto und vergleiche mit dem Wert für w_{100}.

Perpetuum mobile

Ewige Bewegung   Rückenwind ist ein guter Freund der Radfahrerin (→**B1**). Mühelos rollt sie dahin, ewig könnte es so weitergehen. Immer wieder haben Menschen darüber nachgedacht, dies auch ohne Hilfsmittel möglich zu machen. Nach dem Trägheitsprinzip und dem Prinzip von der Energieerhaltung wäre das physikalisch möglich, die Kugel in **B4** würde sich ewig nach rechts weiter bewegen. Bei den Planeten, die die Sonne umkreisen, ist das der Fall.

B1 Rad fahren

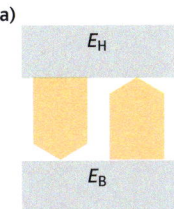

a)

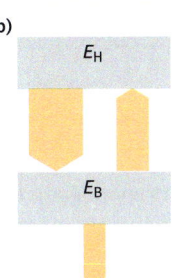

b)

B2

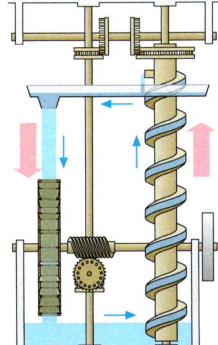

B3a

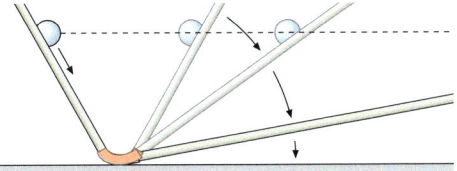

B4 Energieerhaltung und Trägheit

Perpetuum mobile 1. Art   Bei der Maschine in **B3** fällt Wasser aus einem Trog auf ein Wasserrad. Dieses treibt eine archimedische Schraube, die das Wasser wieder nach oben befördert. Energie pendelt dabei zwischen Höhenenergie E_H und Bewegungsenergie E_B hin und her. Bei Reibungsfreiheit wäre $E_H = E_B$ und das Gerät könnte sich nach einmaligem Füllen des Troges ständig bewegen (→**B2a**). Nun soll aber noch ein Schleifstein betrieben werden. Dafür ist Energie erforderlich (→**B2b**), das Gerät würde irgendwann

B3b Idee aus dem Mittelalter

stehen bleiben. Eine Maschine, die ohne Energiezufuhr ständig läuft und Energie abgibt, nennt man Perpetuum mobile 1. Art. Dies ist physikalisch nicht möglich.

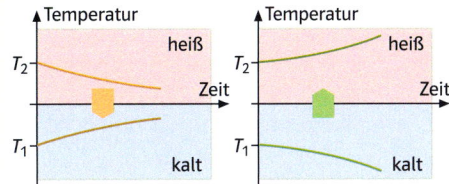

B5 Energetisch ist alles in Ordnung.

Einbahnstraße für Energie   In **B5** grenzen zwei Bereiche mit unterschiedlicher Temperatur aneinander. Der orange dargestellte Vorgang beschreibt das, was man beobachtet. Beim umgekehrten Vorgang (grün), würde der heiße Körper noch heißer und der kalte noch kälter. Das verstößt nicht gegen das Prinzip von der Energieerhaltung, wurde aber noch nie beobachtet.

Perpetuum mobile 2. Art   Zwischen den beiden Bereichen in **B5** kann ein Heißluftmotor betrieben werden und einen Teil der thermischen Energie in mechanische überführen. Der andere Teil wird wie beim orangenen Pfeil dem unteren Bereich zugeführt. Der Motor bleibt stehen, wenn beide Temperaturen gleich sind. Im oberen Bereich stünde aber noch thermische Energie zur Verfügung. Eine Maschine, die thermische Energie vollständig in mechanische überführt, ohne dass noch etwas anderes passiert, heißt Perpetuum mobile 2. Art. Dies ist physikalisch nicht möglich.
Der Heißluftmotor würde wieder anlaufen, wenn man den kalten Bereich durch einen noch kälteren ersetzen würde. Das ließe sich bis zum absoluten Nullpunkt der Temperatur wiederholen. Man hat sich ihm auf Bruchteile von einem Milliardstel Grad genähert, kann ihn aber nicht erreichen.

A1 ○ Erläutere **B4**.

A2 ○ Beschreibe den in **B5** orange dargestellten Vorgang.

11.3 Effiziente Energienutzung

Findige Geschäftsleute versuchten nach dem Glühlampenverbot, diese als „Heatballs", also Heizlampen, zu verkaufen. Wie kamen sie darauf?

Aufwand, Nutzen, Verlust

Seit über 500 000 Jahren nutzen Menschen Energie mittels der Verbrennung (→**B1**). Für unterschiedliche Anwendungen wurden Vorrichtungen erfunden. Für alle gilt das gleiche Prinzip, das durch das Energietransportdiagramm beschrieben wird.

Der Wirkungsgrad beschreibt, wie gut die Vorrichtung dem jeweiligen Zweck dient. Für Beleuchtungszwecke wurde im 19. Jahrhundert das Feuer durch die Glühlampe ersetzt. Glühlampen sind seit 2012 verboten, weil ihr Wirkungsgrad unter 10 % beträgt. Physikalisch betrachtet sind Glühlampen eher kleine Öfen als Leuchtmittel. Sie als „Heatballs" zu verkaufen und so das Verbot zu umgehen, wurde allerdings gerichtlich untersagt. Moderne Regelungsanlagen vermögen allerdings z.B. bei der Raumheizung die Beiträge aller Quellen zu erfassen, z.B. auch die Anwesenheit von Personen.

Kraftwerke überführen weniger als die Hälfte der zugeführten Energie in elektrische Energie (→**B3**).

B1 Frühe Energienutzung

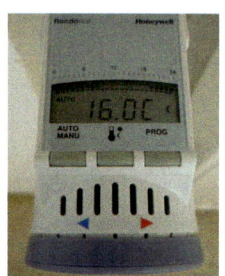

B2 Elektronische Heizungsregelung

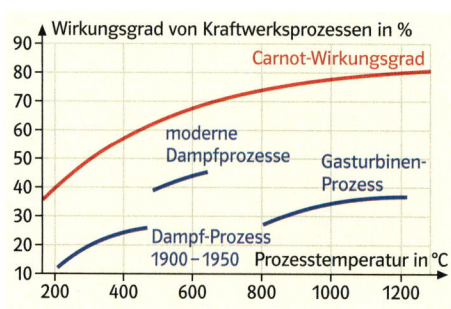

B3 Wirkungsgrade von Kraftwerken

Kraft-Wärme-Kopplung

Die Situation in einem Kraftwerk stellt sich anders dar, wenn die in der Kühlung steckende thermische Energie nicht als Verlust, sondern als Nutzenergie betrachtet werden kann. **B4** zeigt das Prinzip.

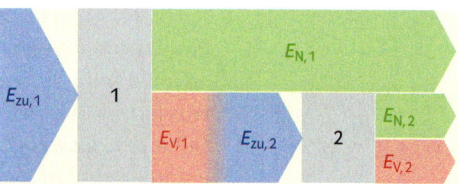

B4 Aus Verlust wird Nutzen

Blockheizkraftwerke oder Kraftwerke mit Kraft-Wärme-Kopplung nutzen dies aus (→**B5**). Mit einem Blockheizkraftwerk für Wohnhäuser aus einem Verbrennungsmotor und einem Generator lässt sich ein Gesamtwirkungsgrad von ca. 90 % erzielen.

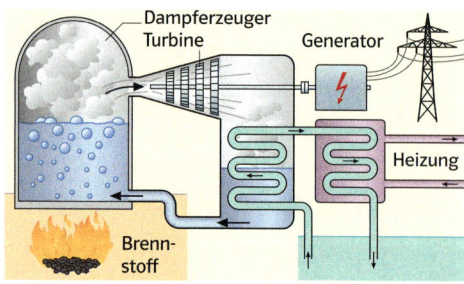

B5 Prinzip der Kraft-Wärme-Kopplung

Intelligente Steuerung hilft, Energie effizient zu nutzen. Der Wirkungsgrad einer Apparatur lässt sich steigern, wenn ein Teil der Verlustenergie als Nutzenergie verwendet werden kann.

Beispiel Die elektrische Lok E 6/8 II, die ab 1919 in der Schweiz gebaut wurde, ist mit einer „Nutzbremse" ausgestattet. In Autorennen der Formel 1 ist seit 2014 ein Energierückgewinnungssystem (ERS) zugelassen.
a) Beschreibe einen Bremsvorgang aus energetischer Sicht.
b) Interpretiere beide Begriffe unter dem Aspekt Energie.

Lösung a) Bei einem Bremsvorgang soll die Geschwindigkeit verringert werden, d.h., die Bewegungsenergie muss abnehmen. Wegen des Prinzips der Energieerhaltung geht das nur durch Überführung in eine andere Energieform. Meistens wird sie in thermische Energie überführt, die letztlich in die Umgebung abgegeben wird.
b) Eine Bremse ist nützlich, weil sie Bewegungsenergie in eine andere Energieform überführt. Das dürfte aber mit dem Wort Nutzbremse nicht gemeint sein. Ein ERS überführt die Energie so in eine andere Form (z. B. elektrische), dass sie wieder genutzt werden kann. In diesem Sinne meint Nutzbremse das gleiche wie ERS.

A1 ○ Jemand behauptet, dass das Lagerfeuer in **B1** auf der vorigen Seite den Wirkungsgrad 1 hat. Beurteile diese Aussage.

A2 ◒ Berechne aus den Messdaten zu **V1** den Wirkungsgrad der Glühlampe.

A3 ◒ Zur Belüftung von Räumen wird manchmal das sogenannte Gegenstromprinzip benutzt (→**B6**). Analysiere das Bild. Beschreibe das Verfahren und gib das Ziel an.

A4 ◒ Zwei Energiewandler (Wirkungsgrade η_1 und η_2) werden zu einem zusammengeschaltet (Wirkungsgrad η).
a) Vergleiche für beide Fälle η mit η_1 und η_2.
b) Entwickle für beide Fälle eine Formel zur Berechnung von η aus η_1 und η_2.

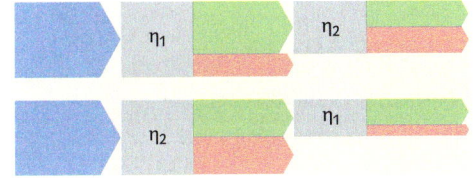

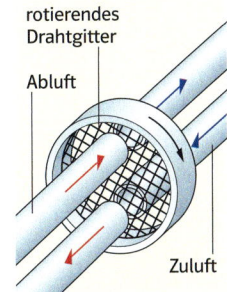

rotierendes Drahtgitter

Abluft

Zuluft

B6 Raumlüftung nach dem Gegenstromprinzip

V1 Tauche eine Glühlampe (12 V, 40 W) so in ein Glas mit 300 g Wasser, dass die Fassung nicht mit dem Wasser in Berührung kommt. Miss Spannung, Stromstärke und alle 30 Sekunden die Temperatur des Wassers.
Es ergibt sich: U = 12 V, I = 3,3 A.

t in s	0	30	60	90	120	150
ϑ in °C	18	18,8	19,5	20,4	21,3	22

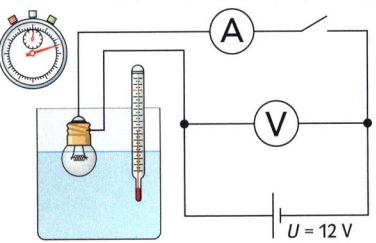

V2 Gib dem Vorderrad eines Fahrrades mit der Hand einen Schwung. Zähle die Umdrehungen bis zum Stillstand. Vergleiche folgende Fälle:
a) Ohne Dynamo.
b) Mit Dynamo, Lampe leuchtet nicht.
c) Mit Dynamo, Lampe leuchtet. Mit einem Nabendynamo ist a) nicht realisierbar. Im Fall c) kommt das Rad am schnellsten zur Ruhe.

V3 Baue aus Styroporplatten eine Box, in die ein Mensch passt. Begib dich mit einem Thermometer für 5 Minuten in die Box und schließe sie, sorge aber für ausreichende Luftzufuhr. Beobachte das Thermometer. Die Temperatur steigt.

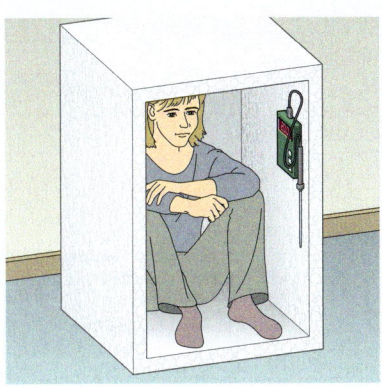

Kreisprozesse

Wärmekraftmaschinen zur Nutzung thermischer Energie durchlaufen einen **Kreisprozess.**

Thermische Energie kann nur genutzt werden, wenn ein **Temperaturunterschied** besteht.

Thermische Energie kann nicht vollständig in andere Energieformen überführt werden.

Eine Menge komprimierten Gases enthält **Energie.**

Bei der **Expansion** eines Gases wird **Arbeit** verrichtet.

Mittels der Expansion eines Gases kann **thermische Energie** in **mechanische Energie** überführt werden.

Verlust

thermische Energie
E_{therm}

elektrische Energie
E_{el}

Intelligente Steuerung hilft Energie effektiv zu nutzen.

Der **Wirkungsgrad** einer Apparatur lässt sich steigern, wenn ein Teil der **Verlustenergie** als **Nutzenergie** verwendet wird.

FACHWISSEN

Im Folgenden findest du Aussagen zum Themengebiet „Kreisprozesse", die wahr oder falsch sind. Entscheide!

1 Wenn man die Temperatur eines Gases erhöht, wird Arbeit verrichtet.

2 Wenn man den Druck in einem Gas erhöht, nimmt seine Energiedichte zu.

3 Bei der Nutzung von thermischer Energie in einem Kreisprozess wird Energie aus einem Bereich hoher Temperatur in einen mit niedriger Temperatur überführt.

4 Mit modernster Technik kann der Wirkungsgrad einer Wärmekraftmaschine auf 1 gesteigert werden.

5 Welche Vorgänge unter energetischem Gesichtspunkt möglich sind, wird alleine vom Prinzip der Energieerhaltung bestimmt.

6 Ewige Bewegung ist nach dem Prinzip von der Energieerhaltung möglich.

7 Die Erwärmung der Motorhaube beim Auto zeigt, dass der Motor die chemische Energie des Benzins gut ausnutzt.

ERKENNTNISGEWINNUNG

Das Bild zeigt 4 Prozesse, die zwischen einem heißen und einem kalten Reservoir ablaufen. Gib an, welche Prozesse zu folgenden Aussagen passen.

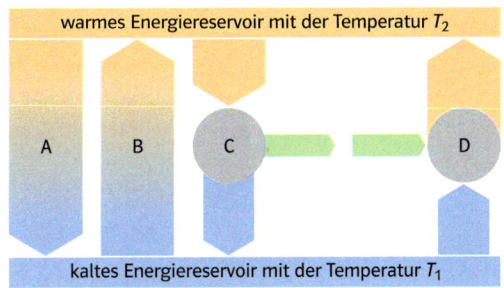

1 Ist nach dem Prinzip der Energieerhaltung möglich.

2 Der Wirkungsgrad wird durch die beiden Temperaturen bestimmt.

3 Würde T_1 absenken und T_2 erhöhen.

4 Wurde noch nie beobachtet.

5 Findet bei einem Kühlschrank statt.

6 Findet zwischen Sonne und Erde statt.

KOMMUNIKATION

Übertrage das Rätsel in dein Heft, ergänze passende Begriffe aus dem Bereich „Kreisprozesse" und finde das Lösungswort.

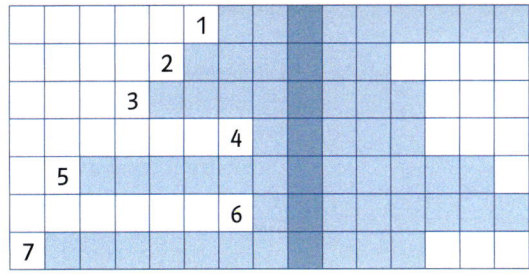

1 Bezeichnung für eine Energieform

2 Berechnet die „Güte" einer Maschine.

3 Durchläuft in einem Kreisprozess Zustandsänderungen.

4 Beschreibt die Energiedichte.

5 Hat maximal den Wert 1.

6 Wichtiges Hilfsmittel zur Darstellung von Arbeit

7 Wenn das passiert, wird Arbeit verrichtet.

Das Wort im markierten Bereich bezeichnet das, worum sich alles dreht.

BEWERTUNG

In Deutschland soll der Antrieb der Pkw von Verbrennungsmotoren auf Elektromotoren umgestellt werden.
Entscheide, ob folgende Argumente eher dafür oder dagegen sprechen.

Einige Daten:
Wirkungsgrade: Kraftwerk 0,45; Verbrennungsmotor 0,3; Elektromotor 0,9.
Energiedichten: Benzin 43 MJ/kg; Li-Ionen-Akku 0,55 MJ/kg.

1 Der Wirkungsgrad des Elektromotors ist höher.

2 Die Energiedichte von Benzin ist wesentlich höher.

3 Der Wirkungsgrad des Elektroantriebs kann höchstens so hoch sein wie der Wirkungsgrad der Kraftwerke.

4 Verbrennungsmotoren produzieren schädliche Abgase.

5 Beim Elektroantrieb müssen schwere Akkus mitgeführt werden.

A1 ⊖ Eine Wärmekraftmaschine arbeitet zwischen den Temperaturen 650 °C und 90 °C.
a) Berechne den maximal möglichen Wirkungsgrad.
b) Vergleiche die Auswirkungen folgender Maßnahmen:
– Die niedrige Temperatur senken.
– Die hohe Temperatur erhöhen.
– Die Temperaturdifferenz beibehalten, aber die untere Temperatur senken.
– Die Temperaturdifferenz beibehalten, aber die obere Temperatur steigern.
c) Erläutere die in den Wirkungsgrad eingehenden Größen anhand eines Energietransportdiagramms.

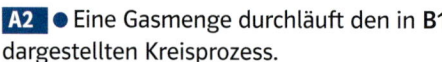

A2 ● Eine Gasmenge durchläuft den in **B1** dargestellten Kreisprozess.
a) Gib an, in welchen Takten dem Gas Energie zugeführt bzw. von ihm abgeführt wird.
b) Deute den Inhalt der umrandeten Fläche.
c) Bestimme den Wirkungsgrad.

B1 Ein Kreisprozess

A3 ● Bei einem Kraftwerk müssen mit dem Kühlwasser pro Sekunde 600 MJ thermische Energie abgeführt werden. Das einem Fluss entnommene Wasser darf sich dabei um maximal 4 °C erwärmen. Berechne den erforderlichen Kühlwasserstrom.

A4 ⊖ Nachfolgende Abbildung zeigt das Energietransportdiagramm für ein Blockheizkraftwerk.
a) Überprüfe das Diagramm unter dem Gesichtspunkt der Energieerhaltung.

b) Dies Kraftwerk versorgt einen Wohnblock vollständig mit Energie. Erörtere die Überlegung des Vermieters, einen beheizten Pool anzulegen.

A5 ⊖ Die Dampftemperatur beim Eintritt in die Turbine eines Kraftwerkes ist 580 °C, im Kondensator wird der Dampf etwa auf Umgebungstemperatur abgekühlt.
a) Berechne den maximalen Wirkungsgrad.
b) Bei einem Kraftwerk mit Kraft-Wärme-Kopplung wird der Dampf im elektrischen Teil der Anlage nur auf 100 °C abgekühlt. Berechne jetzt den maximal möglichen Wirkungsgrad. Erkläre, warum man diese Verschlechterung in Kauf nimmt.

A6 ○ Der Wirkungsgrad eines Kohlekraftwerkes ist 0,45. Der eines Elektromotors ist 0,9. Schätze den Wirkungsgrad eines Elektroautos ab.

A7 ○ Ein Kraftwerk hat die Leistung 320 MW. Der Wirkungsgrad ist 36 %. Berechne die Brennstoffmenge für die nachfolgend genannten Energieträger, die pro Stunde benötigt wird.

Brennstoff	Heizwert
Braunkohle	21 MJ/kg
Öl	41 MJ/kg
Erdgas	38 MJ/kg

A8 ⊖ **a)** Nenne mit Bezug auf das nachfolgende Foto Aspekte, die mit der Energienutzung verbunden sind.
b) Diskutiere die Überlegung, für den Individualverkehr langfristig nur noch Elektrofahrzeuge zuzulassen.

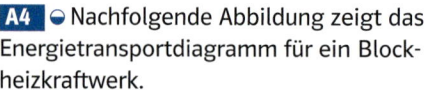

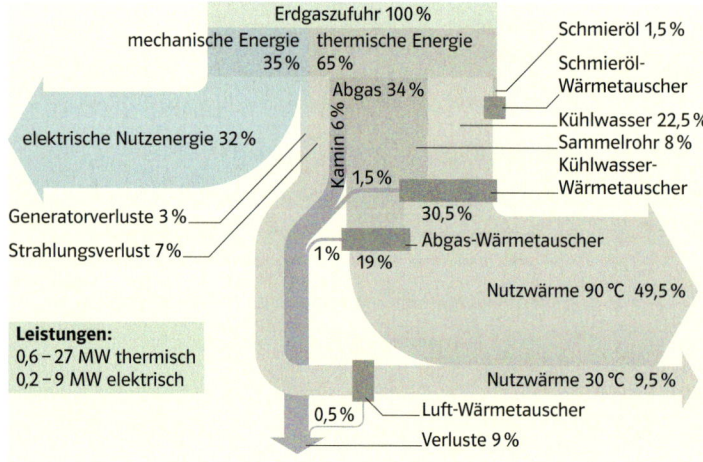

Erdgaszufuhr 100 %
mechanische Energie 35 %   thermische Energie 65 %
Abgas 34 %
Schmieröl 1,5 %
Schmieröl-Wärmetauscher
elektrische Nutzenergie 32 %
Kamin 6 %
Kühlwasser 22,5 %
Sammelrohr 8 %
Kühlwasser-Wärmetauscher
1,5 %
Generatorverluste 3 %
Strahlungsverlust 7 %
30,5 %
Abgas-Wärmetauscher
1 %   19 %
Nutzwärme 90 °C 49,5 %

Leistungen:
0,6 – 27 MW thermisch
0,2 – 9 MW elektrisch

Nutzwärme 30 °C 9,5 %
0,5 %   Luft-Wärmetauscher
Verluste 9 %

⊕ **45c59q** Lösungen der Trainingsaufgaben

12 Radioaktivität

Wozu dient diese Apparatur?

12.1 Atome

So wie man Holz immer kleiner hacken kann, kann man auch alle anderen Stoffe immer weiter zerkleinern. Was bleibt am Ende übrig, wenn man immer weiter zerteilt?

B1 Ernest Rutherford

Aufbau der Atome

Schon der griechische Philosoph **Demokrit** (4. Jh. v. Chr.) stellte sich die Frage, wieweit man Stoffe zerteilen kann. Dabei entwickelte er die Vorstellung, dass alle Stoffe aus kleinsten, unteilbaren Teilchen bestehen, den sogenannten **Atomen** (altgr. atomos: unteilbar). Erst zweieinhalb tausend Jahre später ließen sich Atome experimentell untersuchen.

Im Jahr 1917 lenkte **Ernest Rutherford** (1871–1937) positiv geladene Heliumteilchen auf eine Goldfolie. Er beobachtete, dass die meisten Heliumteilchen die Folie ohne größere Richtungsänderung durchdrangen (→**B2**). Wenige wurden stark abgelenkt, sehr wenige prallten zurück. Daraus schloss er:
- Die Heliumteilchen können die Folie nur durchdringen, wenn die Atome durchdringbar sind.
- Da einige wenige Heliumteilchen abgelenkt oder zurückgeworfen werden, muss es im Atom einen undurchdringbaren Bereich, einen Kern, geben.

- Dieser **Atomkern** muss sehr klein und wegen der Abstoßung der positiven Heliumteilchen positiv geladen sein.

Den durchdringbaren Bereich um den Kern nennt man **Atomhülle**. Da Atome nach außen elektrisch neutral sind und der Kern positiv geladen ist, muss die Atomhülle negative Ladung enthalten, die die positive Kernladung ausgleicht. Diese negative Ladung stammt von den Elektronen.

Größe von Kern und Hülle

Aus Rutherfords Messungen ließen sich auch die Größenverhältnisse zwischen Atom und Kern bestimmen. Folgendes Beispiel veranschaulicht sie: Um eine Kette von 1 mm Länge zu erhalten, müsste man 10 Millionen Atome oder 1 Billion Atomkerne hintereinander anordnen. Der Atomkern ist also noch 100 000-mal kleiner als ein Atom.

Ionen

In der Regel tragen Atome so viele negative Elektronen in der Hülle, wie es positive Ladung im Kern gibt. Damit sind sie nach außen hin elektrisch neutral. Im Gegensatz zu Demokrits Vorstellung, die von einer Unteilbarkeit der Atome ausgeht, können der Hülle Elektronen hinzugefügt oder daraus entfernt werden. Gibt es mehr oder weniger Elektronen in der Hülle als positive Ladung im Atomkern, so spricht man von einem **Ion**.

Ein Atom besteht aus einem positiv geladenen Kern und einer negativ geladenen Atomhülle.

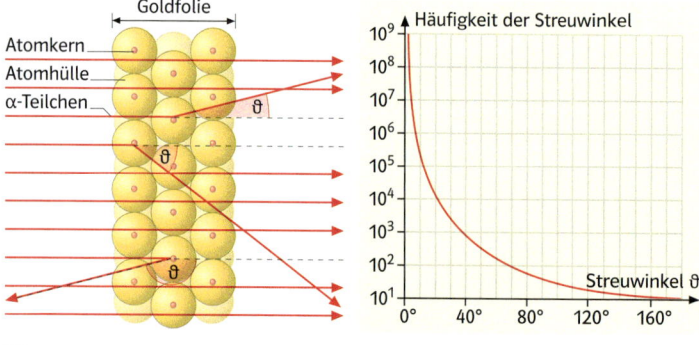

B2

Beispiel Das Modell eines Atomkerns hat einen Durchmesser von einem Millimeter. Schätze ab, wie groß in diesem Modell die Atomhülle sein müsste. Finde einen passenden Vergleich aus dem Alltag.

Lösung Der Durchmesser eines Atomkerns soll 1 mm entsprechen. Die Hülle ist im Verhältnis 100 000-mal so groß, das entspricht also 100 000 mm = 100 m. Als Modell für den Kern kann ein Streichholzkopf dienen, dessen Durchmesser im Millimeter-Bereich liegt. Der Durchmesser der Atomhülle würde dann z. B. der Länge eines Fußballfeldes von etwa 100 m entsprechen.

A1 ○ Ein Heißluftballon hat einen Durchmesser von 20 m. Wir stellen uns diesen als die Hülle eines Atoms vor. Gib an, wie groß in diesem Modell der Atomkern sein müsste. Benenne einen alltäglichen Gegenstand in dieser Größenordnung.

A2 ◔ Atome kann man sich nicht als massive Kugeln vorstellen. Begründe diese Aussage mit Hilfe der Vorstellungen zum Aufbau eines Atoms, die sich aus dem Rutherford'schen Streuexperiment ergibt.

A3 ◔ Ionen bewegen sich zwischen zwei unterschiedlich geladenen Metallplatten. Die nachfolgende Abbildung zeigt schematisch ihre Bahn.
a) Gib an, welche Ladung das Ion trägt.
b) Beschreibe, wie sich die Bahn durch eine weitere Ionisation bzw. durch eine Vergrößerung der Masse des Ions verändert.

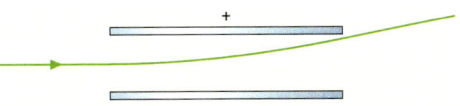

V1 Ein einfaches Gedankenexperiment erläutert das Prinzip des Rutherford'schen Streuversuchs: Ein mit Styroporkugeln gefüllter Sack enthält einige Steine. Um etwas über den Inhalt des Sacks herauszufinden, schießt man zunächst Bälle gegen den Sack. Diese prallen, ebenso wie kleinere Murmeln, bereits an der Hülle ab. Schießt man hingegen mit schmalen Pfeilen oder gar Pistolenkugeln auf den Sack, so können diese den Sack durchdringen, sofern ihnen nichts anderes als Styropor im Wege ist. Treffen Sie auf einen Stein, werden sie daran abprallen und abgelenkt werden. Die Art der Ablenkung wird dann zusätzlich von der Form, der Größe und der Anzahl der Steine pro Volumen abhängen.

V2 Ein Radiumpräparat in einem Vakuumgefäß wird so ausgerichtet, dass die von ihm ausgesandten Heliumkerne senkrecht auf eine sehr dünne Goldfolie treffen. Auf einem Fluoreszenzschirm kann man die Heliumkerne als Lichtblitze nachweisen. Hinter dem Schirm befindet sich ein Mikroskop, mit dem man den genauen Auftreffort bestimmen kann.
Im Experiment durchdringt der größte Teil der Heliumkerne die Folie ohne Ablenkung, allerdings wird ein Bruchteil auch abgelenkt und sogar zurückgestreut.

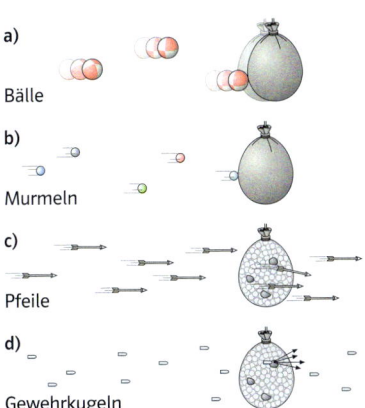

a)
Bälle

b)
Murmeln

c)
Pfeile

d)
Gewehrkugeln

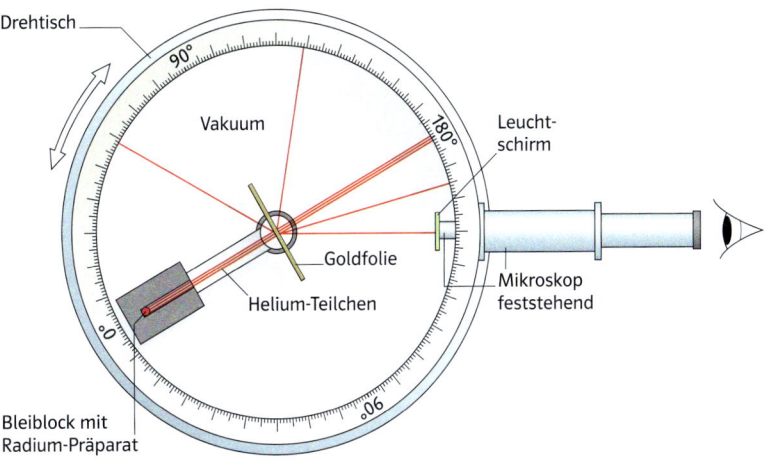

12.2 Atome und ihre Kerne

Der ATLAS-Teilchendetektor am CERN hat eine Höhe von etwa 25 m und wiegt etwa 15-mal so viel wie ein vollgetankter Airbus A380, das derzeit größte Verkehrsflugzeug der Welt.

Der Aufbau des Atomkerns

Bereits Rutherford vermutete, dass auch die Atomkerne eine innere Struktur haben. Spätere Forschungen ergaben: Der Kern eines Atoms selbst besteht aus weiteren Teilchen, den positiv geladenen **Protonen** und den elektrisch neutralen **Neutronen** (→B1). Die Ladung eines Protons hat genau den gleichen Betrag wie das Elektron, nur das Vorzeichen ist positiv.

Protonen und Neutronen haben etwa die gleiche Masse. Diese ist fast 2 000-mal größer ist als die Masse eines Elektrons.

Kräfte im Kern

Protonen stoßen sich wegen gleicher elektrischer Ladung ab – was hält den Kern dann zusammen? Protonen und Neutronen werden im Kern aufgrund einer Kraft zusammengehalten, die als **Starke Kraft** oder **Kernkraft** bezeichnet wird. Diese ist nur bei sehr geringen Abständen wirksam. Im Kern übertrifft die Wirkung der anziehenden Kernkraft die abstoßende elektrische Kraft um ein Vielfaches.

Elemente und Isotope

Alle Stoffe setzen sich aus Atomen zusammen. Eisen hat andere Stoffeigenschaften als Kohle, weil beide aus unterschiedlichen Atomsorten bestehen. Stoffe, die sich aus einer einzigen Atomsorte zusammensetzen, nennt man **elementare Stoffe**. Die Atomsorte heißt **chemisches Element**, im Beispiel Eisen (Fe) und Kohlenstoff (C).

Atomkerne eines bestimmten chemischen Elements bestehen immer aus der gleichen Anzahl an Protonen. Allerdings können sich

diese Kerne durch die Anzahl ihrer Neutronen unterscheiden. So besitzt Kohlenstoff 6 Protonen, die Neutronenzahl kann aber 6 oder 8 betragen. Solche Kerne mit gleicher Kernladungszahl (also Protonenzahl), aber unterschiedlicher Neutronenzahl heißen **Isotope**. Isotope haben unterschiedliche Massen, dies wird durch die Massenzahl gekennzeichnet.

Man verwendet folgende Schreibweise: $_{Z}^{A}X$

Dabei bedeutet:
A ist die Massenzahl
X steht für das Elementsymbol
Z ist die Kernladungs- oder Ordnungszahl

Beispiel: $_{6}^{14}C$ ist ein Kohlenstoffkern aus 14 Teilchen (6 Protonen und 14 − 6 = 8 Neutronen).

Heute lassen sich die Bestandteile des Atomkerns in einem Teilchenbeschleuniger untersuchen. Dazu schießt man Atomkerne mit hohen Geschwindigkeiten aufeinander. Die Produkte dieser Kollisionen werden mit Teilchendetektoren untersucht. Man hat festgestellt: Protonen und Neutronen sind selbst aus noch kleineren Bausteinen, den sogenannten Quarks, aufgebaut.

Der Atomkern besteht aus Protonen und Neutronen. Er vereinigt fast die gesamte Masse des Atoms. Isotope eines Elementes haben gleich viele Protonen, aber unterschiedlich viele Neutronen.
Protonen und Neutronen werden durch nur im Kern wirksame Kräfte zusammengehalten.

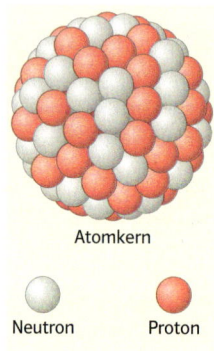

Atomkern

Neutron   **Proton**

B1 Aufbau eines Atomkerns

Bemerkung: Anstelle der Normschreibweise, z. B. $_{6}^{12}C$ oder $_{6}^{14}C$, schreibt man abkürzend oft C-12 bzw. C-14, weil die Information zur Kernladungszahl (hier 6) bereits in der Angabe des Elementsymbols enthalten ist.

Beispiel Gib die Ordnungs-, die Protonen- und die Elektronenzahl der folgenden neutralen Atome an: Helium und Stickstoff.

Lösung Aus dem Periodensystem der Elemente entnimmt man die folgenden Informationen:
Helium: Ordnungszahl 2, d.h. 2 Protonen und damit auch 2 Elektronen
Stickstoff: Ordnungszahl 7, d.h. 7 Protonen und damit auch 7 Elektronen

A1 ○ Vom Element Wasserstoff liegen drei Isotope vor: $_1^1$H (Wasserstoff), $_1^2$H (Deuterium) und $_1^3$H (Tritium). Erkläre anhand dieses Beispiels, was ein Isotop ist und erläutere die Schreibweise $_Z^A$X.

A2 ◔ Ein unbetankter Airbus A380 hat eine Masse von etwa 280 t, die beiden Piloten zusammen haben etwa eine Masse von 140 kg. Dies stellt etwa das Massenverhältnis von Proton zu Elektron dar. Finde weitere Beispiele, die dieses Massenverhältnis verdeutlichen.

A3 ● Erstelle eine Tabelle, die den folgenden neutralen Atomen die Anzahl an Protonen, Elektronen und Neutronen zuweist: $_{26}^{53}$Fe, $_{29}^{64}$Cu, $_{82}^{207}$Pb, $_{92}^{238}$U, $_{92}^{235}$U

Hauptgruppen

	I	II	III	IV	V	VI	VII	VIII
1	$_1$H							$_2$He
2	$_3$Li	$_4$Be	$_5$B	$_6$C	$_7$N	$_8$O	$_9$F	$_{10}$Ne
3	$_{11}$Na	$_{12}$Mg	$_{13}$Al	$_{14}$Si	$_{15}$P	$_{16}$S	$_{17}$Cl	$_{18}$Ar

Perioden

V1 Modellversuch zum Aufbau des Atomkerns: Besorge dir zwei Stabmagnete und einen gleich großen Quader aus Aluminium. Zwei Magnete stoßen sich ab, wenn sich gleichnamige Pole, z.B. zwei Nordpole, gegenüberstehen. Aluminium wird von Magneten nicht angezogen.
Klebe Klettband auf die Pole der Magnete. Die Magnete werden nun zusammengehalten, selbst wenn sich gleichnamige Pole berühren. Auch der Aluquader hält mit Klettband nun an den Polen der Magnete.

V2 Massenspektrometrie ist ein Verfahren zur Bestimmung von Atommassen. Die Atome werden zunächst ionisiert (positiv geladen) und auf die gleiche Geschwindigkeit beschleunigt. Ein magnetisches Feld lenkt sie seitlich ab. Aus dem Betrag der Ablenkung kann auf die Masse des Ions geschlossen werden. So können z.B. Isotope eines Elements unterschieden werden. Der folgende Modellversuch veranschaulicht das Prinzip: Kugeln unterschiedlicher Masse rollen über eine schiefe Ebene und werden durch den Luftstrom eines Gebläses seitlich abgelenkt. Je geringer die Masse einer Kugel ist, desto stärker wird sie abgelenkt. Kugeln gleicher Masse rollen in denselben Behälter.

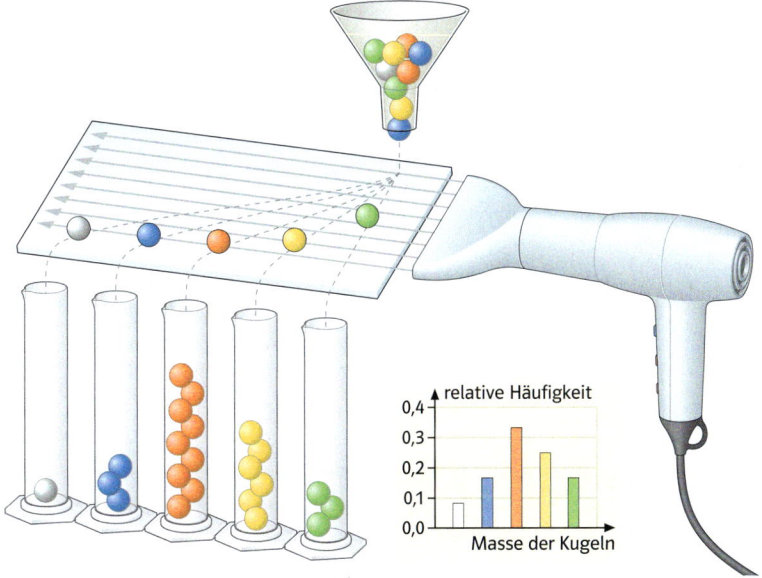

12.3 Strahlung radioaktiver Stoffe

Steine hinterließen auf einem lichtdicht verpackten Film diesen Fleck. Was ist bemerkenswert daran?

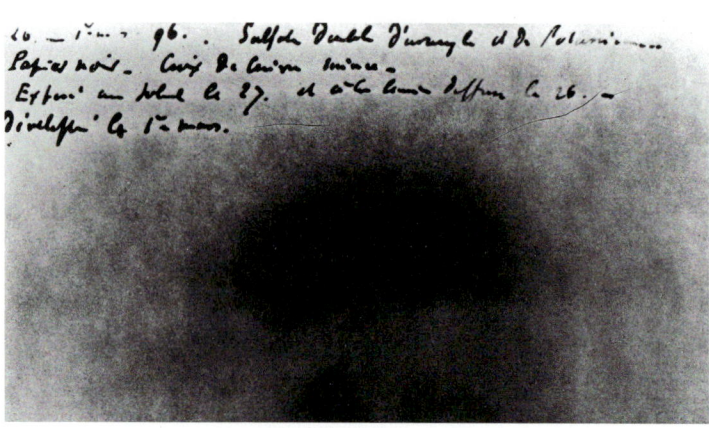

Die Entdeckung einer Strahlung

Im Jahr 1896 entdeckte **Henri Becquerel** zufällig, dass ein uranhaltiger Stein lichtdicht verpackte Fotoplatten schwärzt. Zusammen mit **Marie** und **Pierre Curie** fand er, dass nicht nur Uran, sondern auch das damals entdeckte Radium ständig für das Auge unsichtbare Strahlung aussendet, die die Verpackung durchdringt. Marie Curie gab ihr den Namen **radioaktive Strahlung** (radius: Strahl; activus: tätig).

Bringt man ein radioaktives Präparat in die Nähe zweier Metallspitzen, an denen eine Hochspannung anliegt, tritt Funkenentladung auf (→B1). Man stellt sich vor, dass die Strahlung auf die Atome bzw. Moleküle in der Luft Energie überträgt und diese ionisiert. Die Luft wird dann ein elektrischer Leiter. Läuft ein solcher Ionisationsprozess im menschlichen Körper ab, so kann dabei der Organismus geschädigt werden. Beim Umgang mit Radioaktivität bestehen deshalb strenge Sicherheitsvorschriften (→B2).

Nachweis radioaktiver Strahlung

Menschen besitzen kein Sinnesorgan, mit dem sie radioaktive Strahlung wahrnehmen könnten. Zu ihrem Nachweis sind daher technische Hilfsmittel notwendig. Es gibt unterschiedliche Nachweismöglichkeiten, die meisten beruhen auf der ionisierenden Wirkung radioaktiver Strahlung.

Beim **Geiger-Müller-Zählrohr** (→B3) löst die eintretende Strahlung durch Ionisationsprozesse einen elektrischen Impuls aus. Dieser kann über einen Lautsprecher in ein hörbares Signal umgewandelt oder von einem Zählgerät registriert werden.

Die Impulse treten ohne äußeren Einfluss und in unregelmäßiger zeitlicher Folge auf. Es lässt sich also nach einem Impuls nicht vorhersagen, wann der nächste auftritt. Einen solchen Vorgang nennt man stochastisch. Misst man mehrmals die Anzahl der Impulse n in gleichen Zeitdauern Δt, so kann man einen Durchschnittswert pro Zeiteinheit angeben. Diese Größe bezeichnet man als **Zählrate** z. Es ist $z = n/\Delta t$.

Strahlung überall

Auf der Erde gibt es keinen Ort, an dem keine radioaktive Strahlung vorhanden ist. Natürliche ionisierende Strahlung aus dem Weltall und der Erde sind Ursachen dieses **Nulleffekts**, ebenso die von Menschen künstlich hervorgerufene Radioaktivität, die z. B. bei Kernwaffentests oder Kernreaktorunfällen entstanden ist.

Bei der Messung der Zählrate eines radioaktiven Präparates muss der Nulleffekt berücksichtigt werden, z. B.:

Messung mit Präparat: $z_1 = 141\,\text{Imp/min}$
Nulleffekt: $z_0 = 14\,\text{Imp/min}$
Nur Präparat: $z = z_1 - z_0 = 127\,\text{Imp/min}$

Radioaktive Strahlung überträgt Energie. Dabei kann sie Atome oder Moleküle ionisieren.
Der Mensch hat kein Sinnesorgan zur Wahrnehmung radioaktiver Strahlung. Sie muss mit technischen Hilfsmitteln nachgewiesen werden.

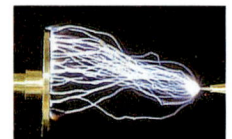

B1 Funkenentladung in Anwesenheit von Radium

B2 Radioaktive Strahlung ist gefährlich.

B3 Geiger-Müller-Zähler

Beispiel Ein Zählrohr mit Lautsprecher wird ohne radioaktives Präparat aufgestellt. Zu Beginn der Messung wird eine Uhr gestartet. Jedes Knacken im Lautsprecher wird in ein Protokoll eingetragen. Man erhält z. B.:

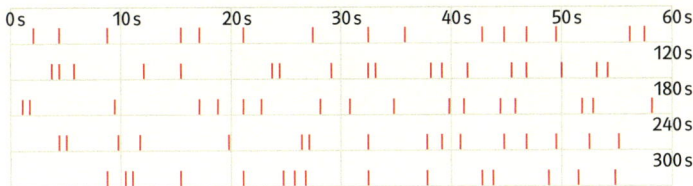

a) Erläutere den Begriff „stochastisch".
b) Bestimme den Nulleffekt.

Lösung a) Stochastisch heißt, dass Einzelereignisse auftreten und dass man nach einem Ereignis nicht vorhersagen kann, wann das nächste auftritt.
b) In jeweils 60 s wurden 15, 18, 17, 16 und 15 Impulse gemessen. Der Mittelwert ist 16 Impulse. Der Nulleffekt beträgt also $z_0 = 16\,\text{Imp/min} = 0{,}27\,\text{Imp/s}$.

A1 ● In einem Klassenraum wird an einem Tag ein Nulleffekt von 20 Impulsen pro Minute gemessen, an einem anderen Tag stellt man an einer anderen Schule mit demselben Messgerät einen Nulleffekt von 18 Impulsen pro Minute fest.
a) Erkläre den Begriff Nulleffekt.
b) Überlege, welche Gründe die unterschiedlichen Nulleffekte haben könnten.

A2 ◑ Ein radioaktives Präparat hat eine Zählrate von 150 Impulsen pro Minute.
a) Berechne die Anzahl der Impulse in 30 Minuten.
b) Im Versuch weicht die tatsächliche Anzahl der Impulse vom berechneten Wert ab. Erkläre die Ursache der Abweichung.

A3 ● Je kleiner die Entfernung zwischen einem radioaktiven Präparat und einem Zählrohr ist, desto größer ist die gemessene Zählrate. Entwickle eine Hypothese zur Erklärung.
Tipp: Beachte die Abbildung bei **V5**.

V1 ☢ Zwei Metallplatten stehen sich gegenüber. Jede ist mit dem Pol einer geeigneten Hochspannungsquelle verbunden. Zwischen den Platten ist Luft. Wird zwischen die Platten ein radioaktives Präparat gebracht, weist ein Messverstärker einen Strom nach.

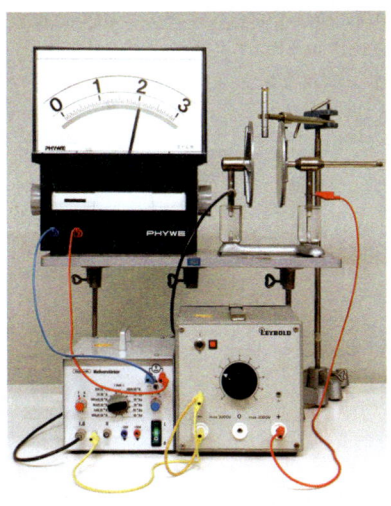

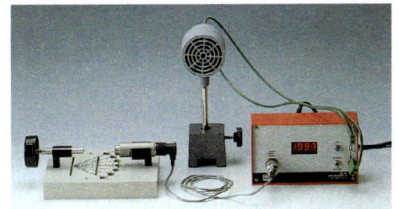

V2 ☢ Ein Zählrohr ist über einen Verstärker an einen Lautsprecher angeschlossen. Dem Zählrohr wird ein radioaktives Präparat genähert. Man hört unregelmäßiges Knacken, das bei Annäherung häufiger wird.

V3 Vor das Zählrohr werden nacheinander Sand, Kohlestücke, alte Leuchtzifferuhren, … gelegt. Bei fast allen Stoffen knackt es im Lautsprecher, jedoch mit unterschiedlicher Häufigkeit.

V4 Der Lautsprecher aus **V2** wird durch einen Zähler ersetzt. Er zählt die elektrischen Impulse, die im Lautsprecher das Knacken auslösen. Auch ohne radioaktives Präparat werden Impulse angezeigt. Miss die Impulse eine Minute lang. Man erhält z. B.:

Messung Nr.	1	2	3	4	5	∅
Zahl der Impulse	15	18	17	16	15	16

V5 ☢ Setze ein radioaktives Präparat in eine sogenannte Nebelkammer. Diese enthält mit Wasserdampf oder Alkohol gesättigte Luft. Wird das Volumen der Kammer plötzlich vergrößert, so werden in der Kammer Nebelspuren sichtbar, die vom Präparat ausgehen.

Nachweis radioaktiver Strahlung

Das Zählrohr Dieses Gerät, auch Geiger-Müller-Zähler oder kurz Geigerzähler genannt, wurde 1928 von den Physikern **Hans Geiger** und **Walter Müller** entwickelt. Es besteht aus einem mit Edelgas gefüllten Metallrohr (→B5). Am vorderen Ende ist das Rohr durch eine dünne Folie verschlossen, sodass die Strahlung von vorn fast ungehindert eindringen kann. Längs im Rohr ist ein dünner Metalldraht gespannt, der über einen Widerstand mit dem positiven Pol einer Hochspannungsquelle verbunden ist. Der negative Pol ist mit dem Metallgehäuse verbunden. Zunächst ist kein elektrischer Strom festzustellen, da das Gas im Zählrohr nicht leitet. Dringt jedoch radioaktive Strahlung durch das Fenster in das Zählrohr ein, so werden einige Gasatome ionisiert. Die dabei frei gewordenen Elektronen werden zum positiv geladenen Draht hin beschleunigt und die Ionen zur Rohrwand. Durch Zusammenstöße mit Gasatomen entstehen neue Elektronen und Ionen. Der Prozess wächst lawinenartig an. Diese Ladungsträgerlawine erzeugt kurzfristig einen Strom, der als elektrischer Impuls registriert werden kann. Das Zählrohr kann sehr schnell aufeinanderfolgende Impulse nicht alle registrieren. Deswegen ist die Zahl der tatsächlichen Impulse größer als die der nachgewiesenen. Die Zeitdauer zwischen zwei nachweisbaren Impulsen nennt man Totzeit. Sie beträgt etwa 10^{-4} s.

Die Nebelkammer Radioaktive Strahlung erzeugt in der Nebelkammer Spuren, die den Weg der Strahlung wiedergeben (→B2). In der Kammer befindet sich Luft, die bis zur Grenze ihrer Aufnahmefähigkeit Alkoholdampf enthält. Wird der Druck plötzlich verringert, so kühlt sich die Luft ab und kann nicht mehr so viel Alkoholdampf aufnehmen. Bevorzugt an sogenannten Kondensationskeimen bilden sich Alkoholtröpfchen, die man sehen kann. Die durch die Strahlung erzeugten Ionen sind solche Kondensationskeime (→B3). Bis zu 300 000 Ionen entstehen auf einer 1 cm langen Strecke und zeigen die Spur der Strahlung. Endet die Spur in der Kammer, so ist ihre

Länge ein Maß für die Energie der Strahlung. Die Spuren können verschieden lang und kräftig sein. Dies ist ein Hinweis darauf, dass die Strahlung nicht einheitlich zusammengesetzt ist.

Der Fotofilm Becquerel entdeckte die Strahlung, weil sie eine Fotoplatte schwärzte. Die Schwärzung der lichtempfindlichen Schicht nimmt mit der Stärke der Strahlung zu. Dies wird in Dosimeterplaketten (→B4) genutzt. Mit ihnen wird registriert, wie stark z. B. Beschäftigte in Kernkraftwerken und in der Nuklearmedizin radioaktiver Strahlung ausgesetzt waren.

Halbleiter-Detektoren Halbleiterdioden sind als Nachweisgeräte für radioaktive Strahlung gut geeignet, wenn ihre p-n-Grenzschicht, in der bewegliche Ladungsträger fehlen, besonders breit ist (→B6). Ionisierende Strahlung erzeugt in der Grenzschicht Elektron-Elektronfehlstellen-Paare. Es kommt zu einem Stromstoß. Die Stromstärke ist ein Maß für die Energie der Strahlung. Auch hier lassen sich Unterschiede erkennen.

B1 Geiger-Müller-Zähler

B2 Spuren in der Nebelkammer

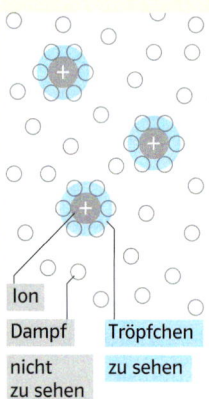

Ion

Dampf	Tröpfchen
nicht zu sehen	zu sehen

B3 An Ionen bilden sich Tröpfchen.

B4 Dosimeterplakette

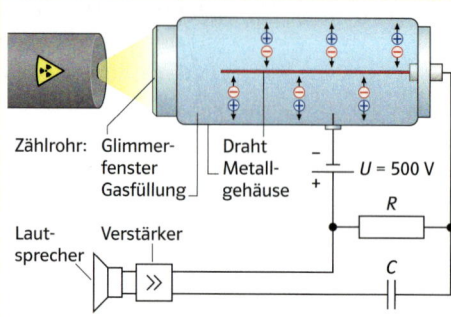

B5 Prinzip des Geiger-Müller-Zählrohrs

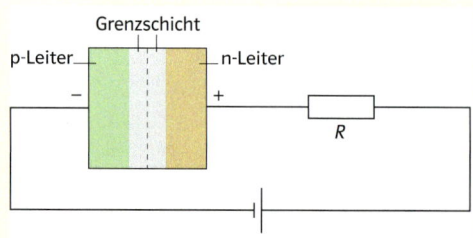

B6 Halbleiter-Detektor

Radioaktivität wird gemessen

In folgenden Versuchen wird Radioaktivität gemessen. Lass dich vom Lehrer in die Handhabung des Messgerätes und zu beachtende Sicherheitsregeln einführen. Verwende nur Präparate, die der Lehrer zur Verfügung stellt. Manipuliere nicht an den Präparaten.

STATION I

Radioaktivität überall

Stelle das Messgerät im Physikraum auf. Achte darauf, dass keine radioaktiven Präparate in der Nähe sind. Miss eine Minute lang die Impulse. Wiederhole die Messung mindestens 5-mal. Berechne den Mittelwert. Das Ergebnis nennt man den **Nulleffekt**. Informiere dich über den Nulleffekt in verschiedenen Gegenden der Welt.

STATION II

Proben unterscheiden sich

Stelle das Messgerät im Physikraum auf. Bringe verschiedene Stoffe in einer geeigneten Verpackung nach Vorschrift an. Bestimme jeweils die Anzahl der Impulse pro Minute. Beschreibe eventuelle Unterschiede. Informiere dich über die Bedeutung des Begriffes **Aktivität**.
Ermittle die Aktivität verschiedener Baustoffe.

STATION III

Radioaktive Strahlung und Materie

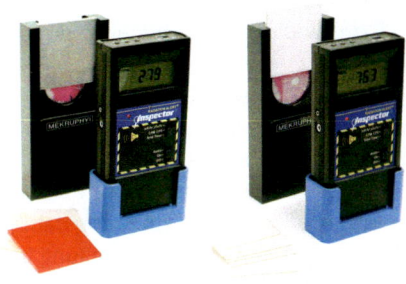

Stelle das Messgerät im Physikraum auf. Bringe ein Präparat in einer geeigneten Verpackung nach Vorschrift an. Bringe ein oder mehrere Blatt Papier oder Platten aus Aluminium bzw. Blei zwischen Präparat und Messgerät an. Fasse deine Beobachtungen zusammen. Unterscheide dabei Stoffart und Dicke der Schicht. Überlege, was mit Halbwertsdicke gemeint sein könnte.

STATION IV

Radioaktive Strahlung breitet sich aus

Stelle das Messgerät im Physikraum auf. Bringe ein geeignetes Präparat an. Miss den Abstand zwischen Präparat und Messgerät sowie die Anzahl der Impulse pro Minute. Wiederhole dies für verschiedene Abstände und trage die so erhaltenen Werte in ein Diagramm ein (beachte den Nulleffekt). Formuliere ein Ergebnis in der Form: Wenn der Abstand doppelt so groß ist, dann ...

A1 ◐ Du weißt, dass radioaktive Strahlung schädlich sein kann. Formuliere aufgrund der Versuchsergebnisse Hinweise, wie man sich vor Strahlung schützen kann.

A2 ◐ Es gibt gesetzlich festgelegte Grenzwerte für die Belastung mit radioaktiver Strahlung. Trage Werte für verschiedene Personengruppen zusammen.

12.4 Strahlungsarten

Radioaktive Präparate müssen sicher aufbewahrt werden. Was sollen die Farbmarkierungen anzeigen?

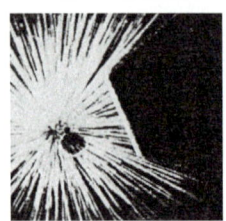

B1 Papier stoppt die Strahlung.

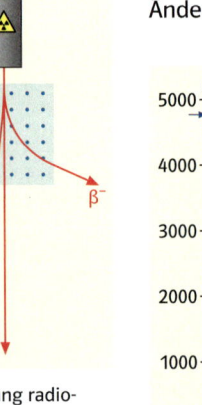

Magnetfeld

B2 Ablenkung radioaktiver Strahlung in einem Magnetfeld (Feldrichtung aus der Zeichenebene heraus)

Strahlung durchdringt Materie

Becquerel entdeckte die radioaktive Strahlung aufgrund einer unerwarteten Beobachtung: Eine mit Papier lichtdicht verpackte Fotoplatte wurde belichtet. In **B1** sieht man Spuren einer radioaktiven Strahlung in einer Nebelkammer. Sie hingegen vermag ein Stück Papier nicht zu durchdringen, im Gegensatz zu der von Becquerel entdeckten Strahlung. Dies legt den Schluss nahe, dass es mehrere Arten radioaktiver Strahlung geben muss.

Mit einem Zählrohr kann man genauer untersuchen, welchen Einfluss ein Absorber (Papierblätter, Metallplatten usw.) zwischen Quelle und Zählrohr auf die Zählrate hat. **B3** zeigt ein Ergebnis für ein Radiumpräparat:

1. Grundsätzlich schwächt ein Absorber die Strahlung; je dicker er ist, desto mehr.
2. Es sind drei Bereiche (mit α, β, γ bezeichnet) zu erkennen, in denen jeweils ein anderes Absorbermaterial zu einer deutlichen Änderung der Zählrate z führt. Dies lässt

folgende Deutung zu: Radioaktive Strahlung enthält drei Komponenten: α-Strahlung, β-Strahlung und γ-Strahlung (→**B4**).

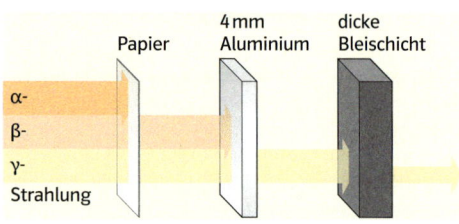

B4 Es gibt drei Arten radioaktiver Strahlung.

γ-Strahlung durchdringt alle Absorber und wird nur durch Bleiplatten geschwächt. β-Strahlung durchdringt Papier, wird bei zunehmender Dicke der Papierschicht schwächer und durch 4 mm Aluminium gestoppt. α-Strahlung durchdringt Luft, wird aber bereits durch ein Blatt Papier gestoppt.

Die Strahlungsarten unterscheiden sich aber nicht nur durch ihre Durchdringungsfähigkeit. Die Spuren radioaktiver Strahlung in einer Nebelkammer können durch einen Magneten gekrümmt werden. Wechselwirkung mit einem Magnetfeld weist auf elektrische Ladung hin: α-Strahlung trägt positive elektrische Ladung, β-Strahlung negative, γ-Strahlung keine (→**B2**). Weitere Untersuchungen zeigen:

Es gibt drei verschiedene Arten von Strahlung. α-Strahlung besteht aus Heliumkernen, β-Strahlung aus Elektronen und γ-Strahlung besitzt nur Energie.

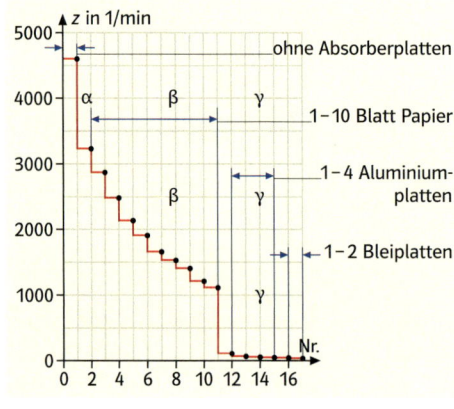

B3 Wechselwirkung von Strahlung und Materie

Beispiel Entwickle aus den Beobachtungen in **V3** die Argumentation, dass das verwendete Präparat drei Arten von radioaktiver Strahlung aussendet.

Lösung **Beobachtung 1:** Das Strahlenbündel verläuft geradlinig, weil es nur Zählrohr A erreicht. (Der Nulleffekt wurde offenbar vernachlässigt.)

Beobachtung 2: Durch Papier wird die Strahlung geschwächt. Das könnte auf geringe Energie oder eine 1. Sorte hinweisen.

Beobachtung 3: Die nach dem Durchgang durch Papier übrig gebliebene Strahlung ist z.T. durch den Magneten ablenkbar, deswegen Anzeige in B, z.T. nicht, deswegen immer noch Anzeige in A. Das wäre erklärbar durch 2 weitere Sorten oder unterschiedliche Energien. Die mit geringer Energie, würden abgelenkt, die mit höherer nicht.

Beobachtung 4: Der abgelenkte Teil wird durch Aluminium gestoppt, der nicht abgelenkte nicht. Dies wäre mit beiden Alternativen aus Beobachtung 3 verträglich.

Beobachtung 5: Der durch Papier gestoppte Anteil hätte einerseits die geringste Energie, aber zugleich die höchste, weil er nicht abgelenkt wird. Das ist ein Widerspruch.

A1 ● Marie Curie hat zweimal den Nobelpreis erhalten. Recherchiere wofür und fasse ihre Bedeutung für die Erkenntnisse über Radioaktivität zusammen.

A2 ● Von Leuchtstofflampen weißt du, dass Gas in der Lampe zu einem typischen Licht führt. Der Glasballon in **B5** ist evakuiert und z.T. mit Quecksilber gefüllt. Darin befindet sich ein Behälter aus hauchdünnem Glas, der mit dem Gas Radon gefüllt ist. Nach etwa einer Woche hat sich in dem oberen Bereich des Glasballons ein Gas angesammelt. Es wird mit Hilfe des Quecksilbers in das obere dünne Rohr gedrückt. Mit der Gasfüllung wirkt das dann wie eine Neonröhre. Das ausgesandte Licht ist typisch für Helium. Erkläre diese Beobachtung, die Rutherford 1909 machte.

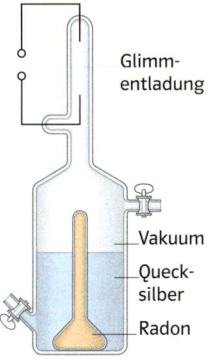

Glimmentladung
Vakuum
Quecksilber
Radon

B5 Nachweis von Helium

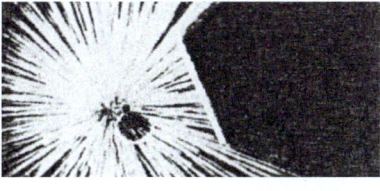

V1 ⚠ Ein Radiumpräparat wird in einer Nebelkammer platziert und ein Stück Papier in den Bereich der Strahlung gebracht. Die voranstehende Abbildung zeigt das Ergebnis.

V2 ⚠ Ein Zähler mit Zählrohr ermittelt die Zählrate z der von einem

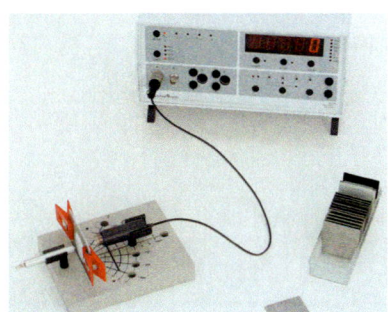

Radiumpräparat ausgehenden Strahlung. Zwischen Präparat und Zählrohr wird Materie eingebracht: 1: nur Luft; 2–11: dazu 1–10 Blatt Papier; 12–15: dazu 4 Aluminiumplatten; 16–17: dazu 2 Bleiplatten. Die Tabelle enthält einige Messwerte. Das vollständige Ergebnis zeigt **B3** auf der vorhergehenden Seite.

Nr.	Absorber	z in 1/min
1	Nur Luft	4600
2	1 Blatt Papier	3230
11	10 Blatt Papier	1112
12	1 Aluminiumplatte	110
15	4 Aluminiumplatten	45
16	1 Bleiplatte	41
17	2 Bleiplatten	32

V3 ⚠ Zwei Zählrohre, ein Radiumpräparat und ein Elektromagnet sind wie in nachfolgender Abbildung angeordnet. Eine Bleiplatte mit Loch sorgt dafür, dass nur ein schmales Bündel Strahlung Zählrohr A erreicht.

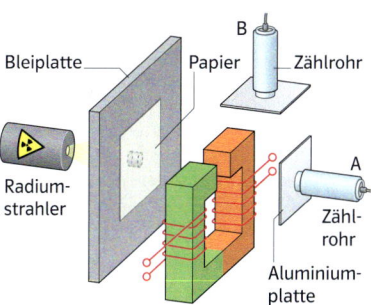

Bleiplatte
Papier
Zählrohr
B
Radiumstrahler
A
Zählrohr
Aluminiumplatte

Man beobachtet:
1. Magnet aus: Strahlung nur bei A.
2. Magnet aus, Papier vor dem Präparat: Schwächung bei A, keine Anzeige bei B.
3. Magnet an, Papier wie in 2: Schwächung bei A, Anzeige in B.
4. Magnet an, Papier wie in 2, zusätzlich Aluminiumblech vor A bzw. B.: Bei A Schwächung, bei B keine Anzeige mehr.
5. Magnet an, kein Papier, kein Aluminiumblech: Stärkere Anzeige in A, Anzeige in B wie in 3.

Einheiten der radioaktiven Strahlung

Strahlenschäden hängen von drei Faktoren ab: Art und Energie der Strahlung, Dauer der Strahleneinwirkung, Empfindlichkeit des Gewebes.

Schützen kann man sich durch: Strahlung möglichst vollständig abschirmen, großen Abstand zur Strahlungsquelle halten, nur kurze Zeit mit Strahlern arbeiten.

Quelleneigenschaft Aktivität	Wechselwirkung mit Materie Energiedosis	Biologische Bewertung Äquivalentdosis
Nach dem Reaktorunfall in Tschernobyl am 26. April 1986 stieg die Radioaktivität bei uns stark an. So nahm die Aktivität bei Milch – gemessen am radioaktiven Iod-131 – von normalerweise weniger als 20 Becquerel pro Liter auf 750 Becquerel pro Liter zu. Was heißt das? Wenn ein Stoff radioaktive Strahlung aussendet, so finden darin Kernumwandlungen statt, deren Anzahl wir z. B. mit dem Zählrohr messen können. Man definiert:	Radioaktive Strahlung ionisiert Atome. Für jeden einzelnen Ionisierungsvorgang ist eine im Mittel konstante Energie nötig. Die Energie, die 1 kg eines Stoffes durch die Strahlung aufnimmt, ist also ein Maß für ihre ionisierende Wirkung. Man spricht von der Energiedosis durch die Strahlung.	Die biologische Wirkung radioaktiver Strahlung hängt nicht nur von der Energiedosis ab, sondern auch von der Strahlungsart. In der biologischen Wirkung ist 1 Gy einer α-Strahlung mit 20 Gy einer β- oder einer γ-Strahlung gleichzusetzen, man sagt äquivalent. Um die biologische Wirkung unterschiedlicher radioaktiver Strahlungen zu vergleichen, verwendet man eine Äquivalentdosis. Sie beschreibt die Strahlenbelastung unabhängig von der Strahlungsart. Dazu muss die Energiedosis mit einem **Qualitätsfaktor Q** bewertet werden.
Die Aktivität A eines Körpers ist der Quotient aus der Anzahl ΔN der Kernzerfälle und der Zeit Δt. $A = \frac{\Delta N}{\Delta t}$	**Die Energiedosis D ist der Quotient aus der von der radioaktiven Strahlung abgegebenen Energie ΔE und der Masse m des Körpers, der die Energie aufnimmt.** $D = \frac{\Delta E}{m}$	**Die Äquivalentdosis D_q einer Strahlung ist das Produkt aus der Energiedosis D mit einem Qualitätsfaktor Q.** $D_q = D \cdot Q$
Die Einheit der Aktivität ist 1 Bq (1 Becquerel). Es gilt: $1\,Bq = \frac{1\ \text{Kernumwandlung}}{1\ \text{Sekunde}}$	Die Einheit der Energiedosis ist 1 Gy (1 Gray). Es gilt: $1\,Gy = 1\,\frac{J}{kg}$	Die Einheit der Äquivalentdosis ist 1 Sv (1 Sievert). Es gilt: $1\,Sv = 1\,\frac{J}{kg}$
Je kürzer die Halbwertszeit eines radioaktiven Isotopes ist, umso größer ist die Aktivität des Strahlers. Bis 1985 wurde für die Aktivität die Einheit **Curie** (Ci) verwendet. Es gilt: $1\,Ci = 37\,000\,000\,000\,Bq = 3,7 \cdot 10^{10}\,Bq$ Dieser Wert entspricht etwa der Anzahl der Zerfälle von 1 g Ra in 1 s. **Beispiel:** An einer radioaktiven Quelle werden 1200 Kernumwandlungen in 60 Sekunden festgestellt. Die Aktivität der Quelle beträgt $A = \frac{1200}{60\,s} = 20\,Bq$	Je größer die Aktivität einer Strahlungsquelle ist, desto größer wird auch die Anzahl der durch sie in einem Stoff bewirkten Ionisierungsvorgänge. Die Energiedosis nimmt daher mit der Aktivität zu. In Wasser oder in tierischem Gewebe bewirkt die Energiedosis 1 Gy eine Änderung der Temperatur um knapp 0,001 K. Diese Temperaturerhöhung stellt nicht die eigentliche Gefahr der radioaktiven Strahlung dar. Sie besteht vielmehr in der Zerstörung von Atomen und Molekülen. Eine den ganzen Körper des Menschen treffende Strahlung mit 6 Gy führt fast sicher zum Tode.	Der Qualitätsfaktor Q ist ein Erfahrungswert. Man hat festgelegt: für α-Strahlung: $Q_a = 20$ für β-Strahlung: $Q_b = 1$ für γ-Strahlung: $Q_c = 1$ für langsame Neutronen: $Q_n = 2,3$ für schnelle Neutronen: $Q_n = 10$ Die Bewertung für sehr kleine, aber über einen langen Zeitraum einwirkende Energiedosen ist noch umstritten.
Aktivität A = 100 Bq Strahlenquelle	Energiedosis $\Delta E = 10^{-5}\,J$ α-Strahlung — 1 g $D = \frac{10^{-5}\,J}{10^{-3}\,kg} = 0,01\,\frac{J}{kg} = 0,01\,Gy$	Äquivalentdosis $\Delta E = 10^{-5}\,J$ γ-Strahlung / β⁻-Strahlung — 1 g $D_q = 0,01\,Gy \cdot 1 = 0,01\,\frac{J}{kg} = 0,01\,Sv$

Biologische Strahlenwirkung

Radioaktive Strahlung trifft aus verschiedenen Quellen von außen auf den menschlichen Körper. Sie kann auch von Stoffen ausgehen, die mit der Nahrung in den Körper gelangen (→B3). Trifft radioaktive Strahlung auf lebendes Gewebe, kann sie unterschiedliche Folgen haben (→B3). Diese beruhen darauf, dass Energie auf die Biomoleküle übertragen wird.

Somatische Schäden betreffen die bestrahlte Person. Nach kurzer Bestrahlung mit hoher Dosis radioaktiver Strahlung treten **Frühschäden** auf. Ihr Ausmaß hängt von der Bestrahlungsdosis ab (→B1, B3). Auch bei niedrigen Dosen können oft erst nach Jahrzehnten bei einigen der Bestrahlten **Spätschäden** auftreten, hauptsächlich Krebserkrankungen. Dies gilt auch für eine andauernde niedrige Bestrahlungsdosis, wie die der natürlichen.

Zum Glück besitzen die Zellen Möglichkeiten zur Reparatur von Strahlungsschäden an Biomolekülen, sonst wären die Auswirkungen der natürlichen und künstlichen Strahlenbelastung viel gravierender.

B1

B2

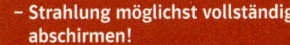
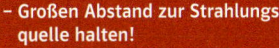
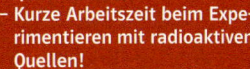
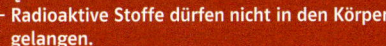

– Strahlung möglichst vollständig abschirmen!
– Großen Abstand zur Strahlungsquelle halten!
– Kurze Arbeitszeit beim Experimentieren mit radioaktiven Quellen!
– Radioaktive Stoffe dürfen nicht in den Körper gelangen.
– Beim Umgang mit ihnen sind Essen, Trinken und Rauchen verboten!

B4

Genetische Schäden: Treten Schäden, die das Erbgut verändern, in Keimzellen auf, werden sie an die nächste Generation weitergegeben. Totgeburten, Missbildungen und Erbkrankheiten können die Folgen sein (→B2).

Aus den Eigenschaften radioaktiver Strahlung und ihrer biologischen Wirkung ergeben sich Regeln für den Strahlenschutz (→B4).

A1 ● α-Strahlung durchdringt die Haut nicht, gilt dennoch als sehr gefährlich. Begründe!

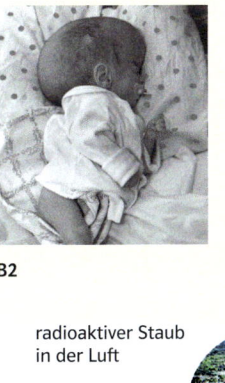

kurze Belastung (bez. auf jährl. Belastung)	Strahlenschäden
125- bis 250-fach	verändertes Blutbild, Schäden an Embryos
500-fach	Übelkeit, Erbrechen, Haarausfall
1000-fach	Hautschäden
1500-fach	Blutungen, schwere Veränderungen im Blutbild
2000-fach	schwere Entzündungen, 50 % Todesfälle
ab 2500-fach	mehr als 90 % Todesfälle

(seitlich: Strahlenkrankheit)

radioaktiver Staub in der Luft

kosmische Strahlung

Nahrung

terrestrische Strahlung

Baustoffe

technische Geräte

geschädigte Körperzelle → Zellstoffwechsel außer Kontrolle → unkontrollierte Zellteilungen → Krebs

geschädigte Keimzelle → Befruchtung → Zellteilung → Kind mit geschädigten Körperzellen

B3

12.5 Schutz vor radioaktiver Strahlung

Bei Arbeiten im Bereich radioaktiver Strahlung muss Schutzkleidung getragen werden.

Reichweite und Abschirmung

Radioaktive Strahlung unterscheidet sich nicht nur durch die ausgesandten Teilchen, sondern auch durch die abgegebene Energiemenge. Deshalb haben die Strahlungsarten in Luft unterschiedliche Reichweiten. Bei allen Strahlungen gilt: Je größer der Abstand zum Strahler, desto geringer ist die messbare Strahlung. Dafür gibt es zwei Gründe:

1. Die mit der Strahlung ausgesandten Teilchen wechselwirken mit den Teilchen der Luft, geben Energie ab und werden so abgebremst. Das ist der Hauptgrund für die Schwächung von α- und β-Strahlung.

2. Die Strahlung verteilt sich von einem Zentrum ausgehend in alle Raumrichtungen. Nur ein Anteil gelangt in ein Zählrohr (→B1).

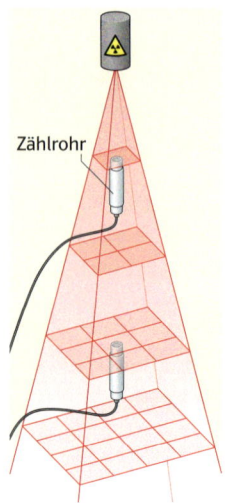

B1 Strahlung verteilt sich.

Die Reichweite radioaktiver Strahler kann durch Stoffe zwischen dem Strahler und dem Messgerät verringert werden. Zum Schutz vor radioaktiver Strahlung strebt man an, die Zählrate auf null zu senken.

Wie groß die Zählrate einer Strahlung nach Durchdringen eines Stoffes noch ist, hängt von der anfänglichen Zählrate und der Energie der Strahlung sowie von der Massenzahl der Atome und der Dicke des Stoffes ab. Es kann umso mehr Strahlung durch einen Stoff treten
– je größer die Energie der Strahlung ist,
– je dünner die Stoffschicht ist,
– je kleiner die Massenzahl des Stoffes ist.

Strahlung	Reichweite in Luft	Abschirmung
α	4–6 cm	Papier, Alufolie
β	mehrere Meter	Aluminiumplatte (Dicke 4 mm), Bleiplatte (Dicke 3 mm)
γ	unendlich	nicht vollständig möglich

Aus diesen Erkenntnissen ergeben sich einfache Regeln (→B2).

Schutzanzüge bei Arbeit unter Einfluss von Radioaktivität sollen zum einen radioaktive Strahlung abschirmen. Sie sollen aber auch verhindern, dass Stoffe, die Strahlung aussenden, beim Atmen oder Essen und Trinken aufgenommen werden. Sie sollen auch verhindern, dass diese sich auf der Körperoberfläche absetzen.

α-Strahlung kann durch Papier abgeschirmt werden, für die Abschirmung von β- und γ-Strahlung werden Metallwände benötigt. Eine vollständige Abschirmung von γ-Strahlung ist nicht möglich. Die Aufnahme von radioaktiv strahlenden Stoffen in den Körper muss vermieden werden.

abschirmen Aufenthaltszeit beschränken Abstand einhalten

B2 Schutz vor radioaktiver Strahlung

Beispiel Durch einen Reaktorunfall wurde im Jahr 2011 die Umgebung von Fukushima in Japan radioaktiv verseucht. Die Person im Bild „reinigt" (dekontaminiert) einen Baum. Begründe das Tragen von Schutzkleidung und beurteile die Maßnahme „mit Wasser abspritzen".

Lösung Vermutlich befinden sich im Boden und auf den Zweigen radioaktiv strahlende Stoffe. Die Schutzkleidung soll eine gewisse abschirmende Wirkung haben. Er soll verhindern, dass radioaktive Stoffe sich auf der Haut ablagern oder mit der Atemluft aufgenommen werden. Sie würden als Strahlungsquellen wirken. Das Abspritzen des Baumes mit Wasser ist einerseits sinnvoll, weil es radioaktiv strahlende Stoffe vom

Baum entfernen kann. Anderseits gelangen sie nun ins Wasser und in den Boden. Beides müsste entsorgt werden. Eine Verpackung müsste die Substanz sicher umschließen und Strahlung abschirmen. Bei γ-Strahlung ist das kaum möglich.

A1 ◖ Benenne einige wichtige Strahlenschutzmaßnahmen und begründe sie.

A2 ◖ a) Ein Zählrohr wird von einem Strahler immer weiter entfernt. Beschreibe, wie sich die Zählrate entwickelt.
b) Du entfernst dich von einer brennenden Kerze. Beschreibe die Helligkeit.
c) Vergleiche beide Beobachtungen und erkläre sie.

A3 ◖ Jemand behauptet: Wenn ich die Dicke einer Absorberschicht verdopple, hat das unabhängig vom Material immer den gleichen Effekt. Überprüfe das anhand des Materials zu **V1**.

A4 ● Nebenstehende Diagramme zeigen die Ergebnisse von **V2** und **V3**. Die Kurven beschreiben Abklingvorgänge. Du kennst solche Kurven aus der Mathematik.
a) Gib Namen der Funktionen und Funktionsgleichungen an.
b) Vergleiche die beiden Kurven.
c) Ordne ihnen, wenn möglich, dir bekannte Kurven zu.

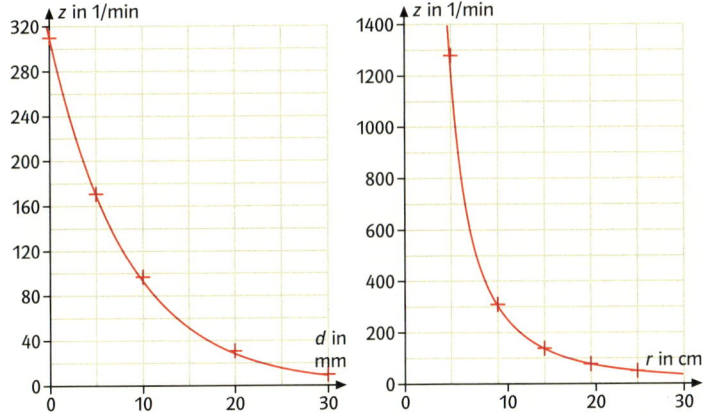

V1 ☢ Platten unterschiedlicher Dicke d aus Aluminium bzw. Kunststoff werden wie nebenstehend zwischen ein Strontiumpräparat und ein Zählrohr gehalten. Bestimme jeweils die Zählrate z. Das Diagramm zeigt ein mögliches Ergebnis.

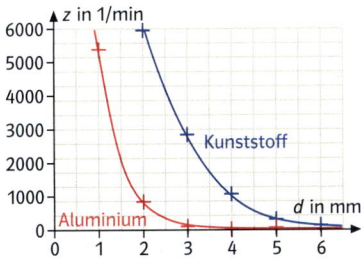

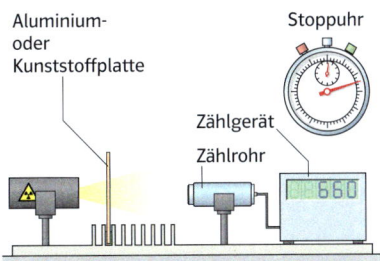

V2 ☢ Vor ein Caesium-Präparat wird eine dünne Aluminiumplatte gestellt, es wird die Zählrate gemessen. Ohne das Aluminiumblech zu entfernen werden Bleiplatten mit unterschiedlicher Dicke d vor das Zählrohr gestellt. Es wird jedes Mal

die Zählrate z gemessen. Mögliches Messergebnis:

d in mm	0	5	10	20	30
z in 1/min	310	171	97	31	10

V3 ☢ In der Anordnung aus **V2** mit Präparat und Aluminiumblech werden die Bleiplatten entfernt. Das Zählrohr wird vom Präparat entfernt und bei verschiedenen Abständen r die Zählrate gemessen. Mögliches Messergebnis:

r in cm	5	10	15	20	25
z in 1/min	1280	310	139	78	51

Strahlung und Materie

γ-Strahlung durchdringt Materie und wird dabei je nach Stoffart unterschiedlich geschwächt. Gleiches gilt für Licht. Man kann deswegen statt mit der gefährlichen γ-Strahlung mit Licht experimentieren, wenn man untersuchen will, nach welchen Gesetzen die Abschwächung erfolgt (→B4).

Beschreibung Zwischen eine LED (1) und eine Fotodiode (2) als Lichtempfänger werden nacheinander Graufolien gleicher Dicke gebracht. Die elektrische Spannung an der Fotodiode ist ein Maß für die Helligkeit J.

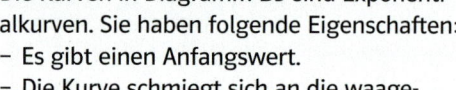

B4 Experiment zur Absorption von Licht

Messwerte

Anzahl der Folien	0	1	2	3	4	5
Spannung in V	3,364	1,604	0,806	0,437	0,245	0,158

Auswertung Jeder Messwert ist etwa halb so groß wie der vorhergehende. Das bedeutet: Schichten einer bestimmten Dicke $d_{1/2}$ aus gleichem Material absorbieren die Hälfte der auftreffenden Strahlung.

Diese Dicke heißt **Halbwertsdicke** (→B2). Die Kurven in Abbildung B3 zeigen den Zusammenhang zwischen der Dicke der durchstrahlten Schicht und der Helligkeit J. Man kann das Abklingen der Helligkeit rechnerisch verfolgen. Mit J_1 soll z. B. die Helligkeit nach der 1. Schicht, mit J_2 die nach der zweiten, mit J_n die nach der n-ten bezeichnet werden. Dann gilt: $J_1 = \frac{1}{2} \cdot J_0$, $J_2 = \frac{1}{2} \cdot J_1 = \frac{1}{2} \cdot \frac{1}{2} \cdot J_0$, usw. (→B1).
Es ergibt sich das Absorptionsgesetz: Die Intensität einer Strahlung klingt vom Anfangswert J_0 nach n Halbwertsdicken auf $J_n = J_0 \cdot (\frac{1}{2})^n$ ab.

B1 Mehrere Schichten

Nr.	
0	J_0
1	$J_1 = \frac{1}{2} \cdot J_0$
2	$J_2 = \frac{1}{2} \cdot J_1 = \frac{1}{4} \cdot J_0$
3	$J_3 = \frac{1}{2} \cdot J_2 = \frac{1}{8} \cdot J_0$
4	$J_4 = \frac{1}{2} \cdot J_3 = \frac{1}{16} \cdot J_0$
...	...
n	$J_n = (\frac{1}{2})^n \cdot J_0$

Halbwertsdicken verschiedener Stoffe (bezogen auf 2 MeV-γ-Strahlung)	
Blei	1,4 cm
Eisen	2,1 cm
Aluminium	5,9 cm
Beton	9,0 cm
Wasser (entspricht etwa lebendem Gewebe)	14 cm
Luft	120 m

B2 Halbwertsdicken

Die Kurven in Diagramm **B3** sind Exponentialkurven. Sie haben folgende Eigenschaften:
– Es gibt einen Anfangswert.
– Die Kurve schmiegt sich an die waagerechte Achse, erreicht sie aber nicht.
– Für jede Kurve gibt es eine **Halbwertsdicke** $d_{1/2}$.
– Der Quotient benachbarter Werte ist konstant.

Die Halbwertsdicke hängt von der Strahlungsart und der Art der durchstrahlten Materie ab. Abbildung B5 veranschaulicht dies für die verschiedenen Anteile des Sonnenlichts und die Haut. Bei einer Gesamtdicke s und der Halbwertsdicke $d_{1/2}$ ist $n = s/d_{1/2}$ und das **Absorptionsgesetz** lautet:

$$J_s = J_0 \cdot \left(\frac{1}{2}\right)^n = J_0 \cdot \left(\frac{1}{2}\right)^{s/d_{1/2}}$$

A1 ⬤ Informiere dich über die Wirkung von Sonnenlicht auf die Haut (Bräunung, Sonnenbrand, Hautkrebs).

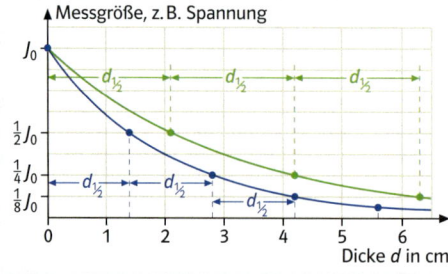

B3 Exponentialkurven

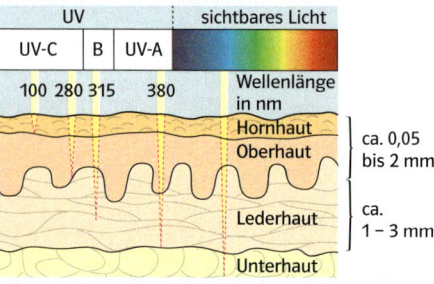

B5 Sonnenlicht trifft auf die Haut.

Das Abstandsgesetz

Phase I: Die Lerngruppe wird in zwei Gruppen A und B eingeteilt. Gruppe A bearbeitet Text und Aufgaben zur deduktiven Methode, Gruppe B zur induktiven.

Phase II: Die Mitglieder der Gruppe A bilden einen Innenkreis, die der Gruppe B ordnen sich außen dazu an und erläutern ihren Partnern ihre Bearbeitung.

Phase III: Die Mitglieder der Gruppe B rücken im Uhrzeigersinn zwei Plätze weiter und hören den Vortrag der neuen Partner von A zur deduktiven Methode.

Phase IV: Die Mitglieder der Gruppe B rücken erneut zwei Plätze weiter. Sie bearbeiten mit den neuen Partnern die gemeinsamen Arbeitsaufträge **A4** und **A5**.

Lernmethode „Kugellager"

Deduktive Methode Aus bekannten oder ersichtlichen Zusammenhängen werden durch logische Schlussfolgerungen auch unter Verwendung von Mathematik neue Zusammenhänge abgeleitet.
B1 zeigt, wie sich Gammastrahlung von einer kleinen Quelle geradlinig ausbreitet und von einem Zählrohr in verschiedenen Entfernungen gemessen wird.

Die induktive Methode Vermutete Zusammenhänge werden experimentell untersucht. Die Messdaten werden in einen gesetzmäßigen Zusammenhang gebracht, meistens in Form einer Gleichung zwischen physikalische Größen.
Bei einer Quelle für γ-Strahlung wird die Zählrate z in Abhängigkeit von der Entfernung r gemessen (→**B2**). Die Tabelle zeigt die Messwerte.

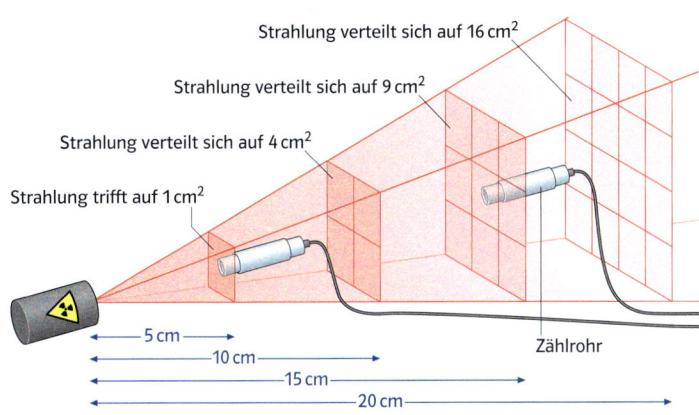

Strahlung verteilt sich auf 16 cm²
Strahlung verteilt sich auf 9 cm²
Strahlung verteilt sich auf 4 cm²
Strahlung trifft auf 1 cm²
5 cm
10 cm
15 cm
20 cm
Zählrohr

B1 Das Abstandsgesetz

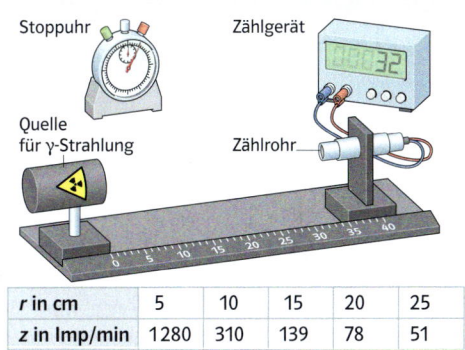

Stoppuhr   Zählgerät
Quelle für γ-Strahlung   Zählrohr

r in cm	5	10	15	20	25
z in Imp/min	1280	310	139	78	51

B2 Versuchsaufbau und Messergebnis

A1 ⊜ Formuliere Aussagen in der Form: „Wenn der Abstand verdoppelt, verdreifacht, ... wird, dann verringert sich der Anteil, der auf das Zählrohr fallenden Strahlung auf den ... Teil."

A2 ○ Stelle die Messwerte in einem r-z-Diagramm dar.

A3 ⊜ Beschreibe den Verlauf der Kurve. Beschreibe dabei das Verhalten der Werte von z, wenn sich r verdoppelt, verdreifacht, ...

A4 ⊜ Ergänzt die folgende Tabelle und formuliere allgemein einen Zusammenhang zwischen r und z.

$1 \cdot r$	$2 \cdot r$	$3 \cdot r$	$4 \cdot r$		$n \cdot r$
$1 \cdot z$	$\frac{z}{4}$			$\frac{z}{25}$	

A5 ⊜ Eine Regel des Strahlenschutzes heißt:

„Abstand halten!"

Begründet dies physikalisch.

Entstehung radioaktiver Strahlung

Stabile Zustände Im Kern eines Atoms konkurrieren zwei Kräfte: die abstoßende zwischen den positiv geladenen Protonen und die von der elektrischen Ladung unabhängige anziehende Kernkraft zwischen allen Bausteinen. Dies ist vergleichbar mit der Situation in **B1**. Das Zusammenspiel der nach unten wirkenden Gewichtskraft und der magnetischen Abstoßung nach oben führt zu einer stabilen Gleichgewichtslage, in die der obere Magnet nach einer Störung von selbst zurückkehrt.

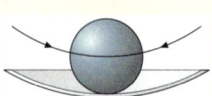

B1

Wenn sich die Kugel in **B2** aus ihrer Lage entfernt, ändert sich ihre Höhenenergie: Sie steigt. Zur stabilen Lage gehört die kleinste Energie. Das Beispiel zeigt: Jedes physikalische System strebt einen Zustand geringster Energie an. Das gilt auch für die Atomkerne. Einen solchen Zustand bezeichnet man als stabil. Kerne instabiler Isotope wandeln sich spontan unter Abgabe von Energie und Materie in einen stabilen Kern um. Man spricht dann auch von Kernzerfall statt von Strahlung.

B2

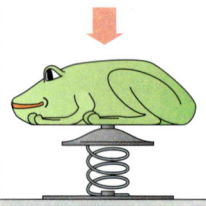

Die Umwandlungsprozesse α-Strahlung besteht aus Heliumkernen. Dieses Teilchen kann nur aus dem Kern des Atoms kommen. Dort schließen sich zwei Protonen und zwei Neutronen zusammen. Sie sind dann so energiereich, dass sie gemeinsam den Kern als α-Strahlung verlassen können (→**B4**).

B3 Sobald sich der Saugnapf löst, wird Energie frei.

Wandelt sich im Atomkern ein Neutron zu einem Proton um, so verlässt ein energiereiches Elektron den Kern (β-Strahlung) (→**B5**).

Bei diesen Umwandlungsprozessen geht der Atomkern in einen Zustand geringerer Energie über, gleichzeitig ändern sich Masse und Ladung des Kerns, d.h., neue Stoffe entstehen. Die Tabelle zeigt die Änderungen:

	α-Zerfall		β-Zerfall	
Kern	alt	neu	alt	neu
Massenzahl	A	$A-4$	A	A
Kernladungszahl	Z	$Z-2$	Z	$Z+1$

B3 veranschaulicht eine Situation mit zwei verschiedenen Zuständen. Beide sind mehr oder weniger stabil, unterscheiden sich aber durch ihre Energie. Beim Übergang von höherer Energie, man spricht vom angeregten Zustand, zur niedrigeren wird Energie frei. Aussenden von γ-Strahlung erfolgt auf diese Weise (→**B6**). Da sich die Anzahl der Protonen und Neutronen im Kern in diesem Fall nicht ändert, bleibt das Isotop erhalten.

Der Übergang von einem instabilen zu einem stabilen Isotop geschieht meist in mehreren Umwandlungsprozessen. Man spricht von Zerfallsreihen (→**B7**). Die verschiedenen Zerfallsprozesse verlaufen dabei unterschiedlich schnell, sodass sich im Lauf der Zeit unterschiedliche Mengenverhältnisse für die beteiligten Stoffe ausbilden können.

A1 ○ Setze die folgende Zerfallsgleichung

$$^{238}_{92}U \longrightarrow {}^{234}_{90}Th \longrightarrow {}^{234}_{91}Pa \longrightarrow {}^{234}_{92}U$$

mit Hilfe von **B7** bis zum Blei fort und gib bei jedem Zerfall die Strahlung an.

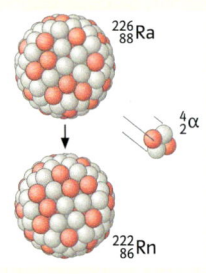

$$^A_Z X \longrightarrow {}^{A-4}_{Z-2}Y + {}^4_2He$$

B4 Der α-Zerfall

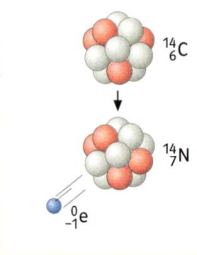

$$^A_Z X \longrightarrow {}^A_{Z+1}Y + {}^0_{-1}e$$

B5 Der β⁻-Zerfall

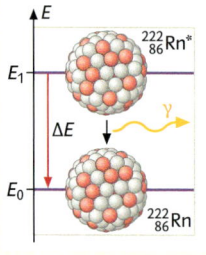

$$^A_Z X \longrightarrow {}^A_Z X + \gamma$$

B6 Der γ-Zerfall

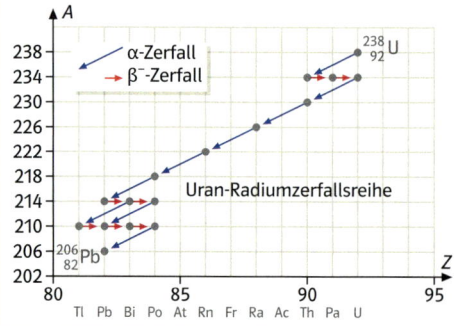

B7 Uran-Radium-Zerfallsreihe

Strahlenbelastung des Menschen

Kosmische Strahlung, Höhenstrahlung

Aus dem Weltraum trifft sehr energiereiche Strahlung auf die Erde. Sie stammt vor allem von der Sonne. Normalerweise wird diese in 100 – 400 km Höhe abgebremst und aufgehalten. Dabei entsteht die Höhenstrahlung, die auf dem Weg zur Erdoberfläche durch die dichter werdende Lufthülle abgeschwächt wird. Im Hochgebirge ist sie daher intensiver als auf Meereshöhe (→B2).

Luft und damit auch in allen Lebewesen. Insbesondere das radioaktive Edelgas Radon gelangt aus Boden und Baustoffen in unsere Raumluft.

In unbelüfteten Räumen, vor allem im Keller, kann es gesundheitsschädliche Konzentrationen erreichen. Außerdem entstehen durch die kosmische Strahlung in der Atmosphäre laufend neue radioaktive Isotope wie C-14 und H-3, die, durch Luft und Wasser verbreitet, zur terrestrischen Strahlung beitragen.

Eigenstrahlung
Mit dem Stoffwechsel kommen ständig radioaktive Substanzen in den menschlichen Körper. Das Trinkwasser, die pflanzliche und tierische Nahrung sowie die Luft enthalten radioaktive Atomkerne wie C-14, K-40 oder Rn-222. Als Körpersubstanz können sie lange Zeit als Strahlungsquellen wirken.

Künstliche Strahlung
Bei Röntgenaufnahmen und bei der medizinischen Behandlung mit radioaktiven Präparaten setzen wir uns zusätzlich einer Strahlenbelastung aus. Eine Lungendurchleuchtung führt z. B. zu einer Belastung von 0,3 mSv. Für Menschen, die beruflich Strahlung ausgesetzt sind, gilt zurzeit ein Grenzwert von 20 mSv pro Jahr. Ihre Strahlenbelastung wird durch Dosimeter laufend kontrolliert (→B1).

B1 Dosimeter zur Registrierung der Strahlenbelastung

B2 Belastung durch kosmische Strahlung

Terrestrische Strahlung
Als unsere Erde vor etwa 4,5 Milliarden Jahren aus dem Staub explodierter Sterne entstand, gab es sehr viele radioaktive Isotope. Heute sind davon nur die mit sehr langen Halbwertszeiten übrig, wie z. B. U-238, K-40 und U-235. Sie und ihre radioaktiven Zerfallsprodukte finden sich in Gesteinen, Boden, Wasser und

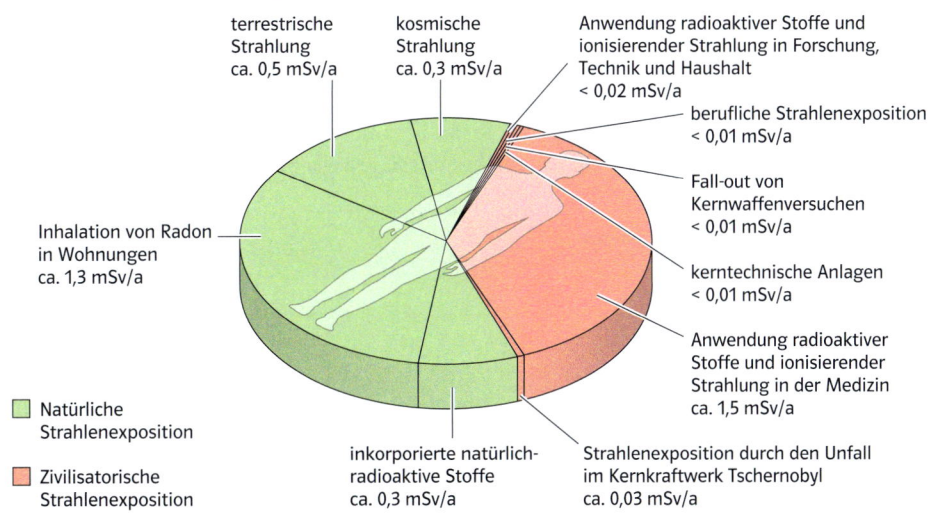

terrestrische Strahlung ca. 0,5 mSv/a

kosmische Strahlung ca. 0,3 mSv/a

Anwendung radioaktiver Stoffe und ionisierender Strahlung in Forschung, Technik und Haushalt < 0,02 mSv/a

berufliche Strahlenexposition < 0,01 mSv/a

Fall-out von Kernwaffenversuchen < 0,01 mSv/a

kerntechnische Anlagen < 0,01 mSv/a

Anwendung radioaktiver Stoffe und ionisierender Strahlung in der Medizin ca. 1,5 mSv/a

Inhalation von Radon in Wohnungen ca. 1,3 mSv/a

Natürliche Strahlenexposition

Zivilisatorische Strahlenexposition

inkorporierte natürlich-radioaktive Stoffe ca. 0,3 mSv/a

Strahlenexposition durch den Unfall im Kernkraftwerk Tschernobyl ca. 0,03 mSv/a

12.6 Zerfallsgesetz

Im Permafrostboden Sibiriens werden immer wieder Überreste von Tieren gefunden, die während der letzten Eiszeit starben. Besonders beeindruckend sind die Stoßzähne von Mammuts. Archäologen haben deren Alter auf 12 000 Jahre bestimmt.

Archäologische Funde

Eine Aufgabe der Archäologie besteht darin, das Alter eines Fundes festzustellen. Dafür kann man die sogenannte C-14-Methode verwenden. $^{14}_{6}C$ ist ein Isotop des Kohlenstoffs und ein β-Strahler. In einem lebenden Organismus sind $1{,}25 \cdot 10^{-9}\,g$ $^{14}_{6}C$ pro Kilogramm Kohlenstoff vorhanden. Dieser Anteil bleibt konstant, erst nach dem Tod baut sich das Kohlenstoff-Isotop ab. Damit kann aus dem noch vorhandenen Anteil auf den Todeszeitpunkt geschlossen werden.

Die Zerfallskurve

In einem Versuch wird der Zerfall von Radon-220 untersucht (→V1). Rn-220 ist ein α-Strahler. Befindet sich das Radon in einer Kammer, bei der wie bei einem Zählrohr eine Spannung zwischen Außenwand und einer inneren Elektrode besteht, so misst man einen elektrischen Strom. Die Stromstärke ist ein Maß für die Zahl der Kerne, die zerfallen. Im Diagramm **B1** kann man erkennen, dass die Stromstärke mit der Zeit abnimmt, es also immer weniger radioaktive Radon-Kerne gibt. Man stellt außerdem fest, dass sich die Stromstärke nach jeweils 55 s

halbiert, ganz gleich von welcher Zählrate man als Anfangswert ausgeht.

Die Halbwertszeit

Die wichtigste Kenngröße für die Zerfallsgeschwindigkeit ist die Zeitspanne, in der die Hälfte der ursprünglichen Kerne zerfallen ist. Diese nennt man **Halbwertszeit**. Die Halbwertszeit des Radons beträgt 55 s, die von $^{14}_{6}C$ ca. 5730 Jahre. Ergibt z. B. eine Messung an einem Mammut-Stoßzahn, dass noch ein Sechzehntel der ursprünglichen Menge an $^{14}_{6}C$ im Zahn vorhanden ist, so lässt sich ein Alter von ungefähr 4 · 5730 Jahren = 22 920 Jahren berechnen.

Wichtig: Bei der Halbwertszeit handelt es sich um den statistischen Mittelwert des Zerfalls vieler Kerne. Es kann nicht vorhergesagt werden, wann ein einzelner instabiler Kern zerfällt.

Das Zerfallsgesetz

Der Zerfall lässt sich mathematisch mit dem exponentiellen Zerfallsgesetz beschreiben:

$$N(t) = N_0 \cdot a^t$$

Dabei ist N_0 die Anzahl der ursprünglich vorhandenen radioaktiven Kerne und $N(t)$ die zum Zeitpunkt t noch vorhandenen radioaktiven Kerne. a ist eine für den jeweiligen Zerfall charakteristische Konstante.

Ein radioaktiver Stoff zerfällt exponentiell. Die Zeitspanne, nach der noch die Hälfte der ursprünglichen Kerne vorhanden ist, nennt man Halbwertszeit.

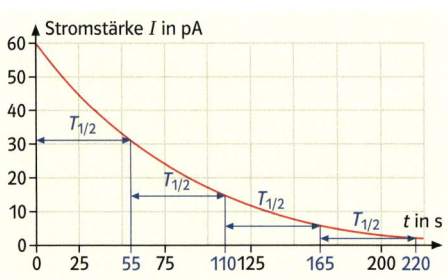

B1 Radioaktiver Zerfall des Radons

Beispiel In einem lebenden Organismus ist in einem Gramm Kohlenstoff ein Anteil von $1{,}2 \cdot 10^{-12}$ g an C-14 enthalten. Beim Tod des Organismus nimmt der Anteil von C-14 ab. In einem archäologischen Fund sind 50 g Kohlenstoff enthalten, davon ist der C-14-Anteil $14{,}6 \cdot 10^{-12}$ g.

a) Berechne, wie viel C-14 von dem ursprünglich vorhandenen C-14 in Prozent in diesem Fund noch vorhanden ist.

b) Bestimme aus a) das ungefähre Alter des Fundes.

Lösung

a) $\dfrac{14{,}6 \cdot 10^{-12}\,\mathrm{g}}{50 \cdot 1{,}2 \cdot 10^{-12}\,\mathrm{g}} = 0{,}2433 = 24{,}33\,\%$

b) Es gilt das Zerfallsgesetz $N(t) = N_0 \cdot a^t$. Zunächst wird die Konstante a für den Zerfall von C-14 aus den bekannten Werten berechnet: Es gilt: $N(5730\,\text{Jahren}) = \frac{1}{2} \cdot N_0$

$\Rightarrow \quad 0{,}5 = a^{5730} \qquad | \sqrt[5730]{\ }$

$\Leftrightarrow \quad a = 0{,}999\,879$

Einsetzen in die Zerfallsgleichung liefert:

$\dfrac{N(t)}{N_0} = 0{,}2433 = 0{,}999\,879^t \quad | \lg$

$\Rightarrow \quad t = \dfrac{\lg 0{,}2433}{\lg 0{,}999\,879} = 11\,680\,\text{Jahre}$

A1 ○ Caesium 137 hat eine Halbwertszeit von ungefähr 30 Jahren. Erkläre die Bedeutung dieser Angabe.

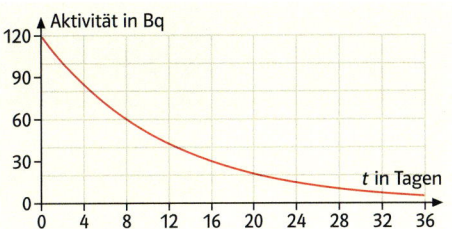

A2 ◕ Bei einem Versuch wurde voranstehende Zerfallskurve eines radioaktiven Nuklids aufgenommen.

a) Bestimme die Halbwertszeit des Nuklids.

b) Berechne die Zeitdauer, bis nur noch $\frac{1}{16}$ des radioaktiven Nuklids vorhanden ist.

A3 ● Die gesundheitsschädigende Wirkung des Rauchens ist weitläufig bekannt. Weniger bekannt ist, dass etwa 50 % der vom Rauchen verursachten Lungenerkrankungen auf die Strahlenbelastung durch den Zigarettenrauch zurückzuführen ist. Recherchiere, wie groß die Strahlenbelastung ist und wie sie zustande kommt.

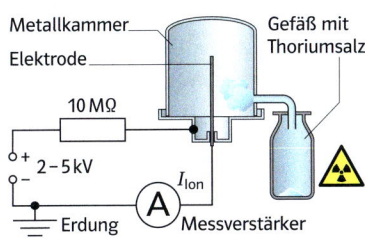

...gabe von α-Strahlung, so dass in der Ionisationskammer ein elektrischer Strom messbar wird, der mit der Zeit geringer wird:

t in s	0	25	50	75	100	125	150
I in pA	62	45	33	24	17	13	8

V1 In einem Plexiglaszylinder befindet sich eine kleine Menge festes, radioaktives Thoriumsalz (Th-232). Das Thoriumsalz zerfällt bis zum gasförmigen radioaktiven Radon Rn-220, welches leicht vom Thoriumsalz getrennt und in eine Ionisationskammer geleitet werden kann. Die Kammer wird verschlossen und es wird eine Spannung zwischen Kammerwand und einem Stab in der Mitte der Kammer angelegt. Das Radon zerfällt unter Ab-

V2 Dir steht eine größere Anzahl (mindestens 50) von Würfeln zur Verfügung. Jeder Würfel soll einen Atomkern symbolisieren. Zähle zuerst die Würfel. Trage unter Schritt 0 die Anzahl Würfel in eine Tabelle ein.

Wähle eine bestimmte Augenzahl aus (zum Beispiel die 6). Wirf alle Würfel. Entferne nun die Würfel, die die gewählte Augenzahl anzeigen und zähle diese. Diese Würfel symbolisieren die zerfallenen Atome

(Tochterkerne). Trage die Anzahl der übrig gebliebenen Würfel in die Tabelle ein. Wirf die verbliebenen Würfel und verfahre wie vorher, bis keine Würfel mehr übrig sind. Übertrage die Werte aus der Tabelle in ein Diagramm. Man erhält z. B.:

Schritt	6er	Rest	Schritt	6er	Rest
0	0	100	11	3	14
1	17	83	12	2	12
2	14	69	13	2	10
3	11	58	14	2	8
4	9	49	15	1	7
5	8	41	16	1	6
6	6	35	17	0	6
7	6	29	18	0	6
8	4	25	19	2	4
9	4	21	20	1	3
10	4	17	21	1	2

Energie aus Kernreaktionen

Kernphysiker benutzen für Energie die Einheit Elektronenvolt (eV). Es gilt:

$$1\,eV = 1{,}602 \cdot 10^{-19}\,J$$

bzw.

$$1\,J = 6{,}24 \cdot 10^{18}\,eV$$
$$\quad = 6{,}24 \cdot 10^{12}\,MeV$$

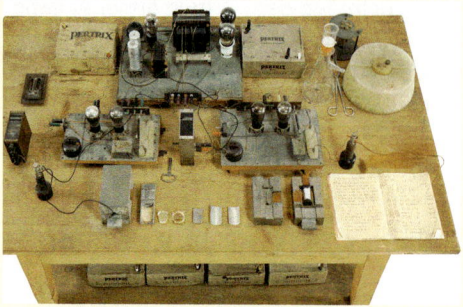

B3 Originalversuch im Deutschen Museum

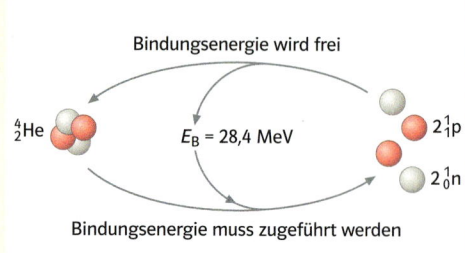

B4 Bindungsenergie des Heliumkerns

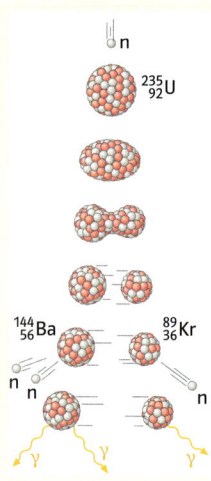

B1 Kernspaltung von Uran

Kernspaltung
Otto Hahn und **Fritz Straßmann** bestrahlten in den 1930er-Jahren Uran mit Neutronen, um schwerere Elemente zu erzeugen (→**B3**). Dabei machten sie 1938 eine folgenreiche Entdeckung: Entgegen der Erwartung werden die Kerne des natürlichen Uranisotopes U-235 (kurz für: $^{235}_{92}U$) gespalten. Es entstehen leichtere Elemente aus der Mitte des Periodensystems, wie Barium und Krypton (→**B1**). Dabei wird Energie frei.

Energie im Atomkern
Die Protonen und Neutronen eines Atomkerns werden durch Kernkräfte zusammengehalten. Um einen Kern in seine einzelnen Nukleonen zu zerlegen, ist viel Energie nötig. Man nennt sie die Bindungsenergie E_B des Kerns. Wegen des Prinzips der Energieerhaltung muss genau diese Energie bei der Bildung eines Kerns aus seinen Bausteinen frei werden. Für den Heliumkern ist $E_B = 28{,}4\,MeV$ (→**B4**).

Zum Vergleich von Kernen bildet man E_B/A und erhält so die Bindungsenergie pro Nukleon. **B2** zeigt: E_B hat für mittelschwere Kerne um die Massenzahl $A = 60$ den größten Betrag, für sehr leichte ist er deutlich, für schwerere Kerne etwas kleiner.
Lise Meitner und **Otto Frisch** erkannten damit: Bei der Bildung eines Urankerns wird pro Nukleon eine kleinere Energie freigesetzt als bei der Bildung eines Barium- oder Kryptonkerns, die Kernspaltung erzeugt also energieärmere Reaktionsprodukte.

Bei der Kernspaltung wird der Unterschied ΔE der Bindungsenergien pro Nukleon freigesetzt. Die Bindungsenergie pro Nukleon für Uran beträgt $-7{,}6\,MeV$, die für die Spaltprodukte Barium und Krypton $-8{,}4\,MeV$ und $-8{,}7\,MeV$. Bei Energieerhaltung gilt:

$$E_B\left(^{235}_{92}U\right) + \Delta E_B = E_B\left(^{144}_{56}Ba\right) + E_B\left(^{89}_{36}Kr\right)!$$

$$\Delta E_B = 144 \cdot (-8{,}4\,MeV) + 89 \cdot (-8{,}7\,MeV) - 235 \cdot (-7{,}6\,MeV) = -198\,MeV$$

Bei der Spaltung eines Urankerns in Barium und Krypton wird also ein Energiebetrag von knapp 200 MeV frei, für 1 kg Uran ergibt dies somit 23 Millionen kWh, die gesamte jährliche Heizenergie von ca. 1000 Einfamilienhäusern! Diese freigesetzte **Kernenergie** kann in **Kernkraftwerken** teilweise in elektrische Energie überführt werden.

A1 ⊖ Auch bei der Verschmelzung zweier Kerne mit kleiner Massenzahl zu einem schweren wird Energie freigesetzt. Begründe dies anhand des Diagramms.

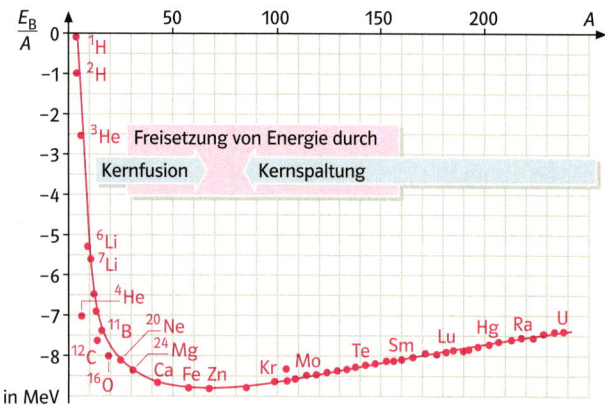

B2 Mittlere Bindungsenergie pro Nukleon E_B/A

Die Sonne – Energie aus der Kernfusion

Natürliche Fusion in der Sonne

Unsere Sonne ist ein 1,4 Millionen km dicker Feuerball mit einer Oberflächentemperatur von 5 800 K. Ihre Strahlungsleistung beträgt rund $4 \cdot 10^{26}$ W, davon treffen pro Sekunde $1,7 \cdot 10^{17}$ J unsere Erde – und das 10 Milliarden Jahre lang! Die von der gesamten Menschheit in einem Jahr benötigte Energiemenge liefert uns die Sonne in einer guten Stunde. Die Quelle dieser unvorstellbaren Energiemenge sind Kernfusionsprozesse im Sonnenzentrum. Dort ist der Wasserstoff, aus dem die Sonne zu 90 % besteht, durch die Massenanziehungskräfte so stark komprimiert, dass Temperaturen von 10 Millionen Kelvin auftreten. Bei so hohen Temperaturen gibt es keine Atome mehr, sondern nur noch nackte Kerne und Elementarteilchen, man spricht von einem **Plasma**, dem vierten Aggregatzustand der Materie.

Die Bewegungsenergie der Protonen in diesem heißen Plasma ist so groß, dass sie sich trotz der elektrischen Abstoßungskraft so nahe kommen können, dass sie in den Wirkungsbereich der starken anziehenden Kernkraft gelangen. In diesem **Fusionsplasma** verschmelzen vier Protonen zu Heliumkernen, wobei zwei davon im Kern zu Neutronen umgewandelt werden. Es werden pro gebildetem $^4_2$He etwa 25 MeV Bindungsenergie. Etwa eine Million Jahre dauert es dann, bis diese Energie durch viele Absorptions- und Emissionsprozesse in der Strahlungszone schließlich die Sonnenoberfläche erreicht und hauptsächlich in Form von Licht abgestrahlt wird (→B2).

Die Zukunft unserer Sonne und ihr Ende

Lange bevor der Wasserstoff aufgebraucht ist, verschiebt sich die Fusionszone weiter nach außen, weil sich das gebildete Helium im Kern der Sonne ansammelt. Dort steigt die Temperatur auf über 100 Millionen Kelvin an und durch Fusionen von Heliumkernen entstehen Kerne mit höheren Massenzahlen. In etwa 3,5 Milliarden Jahren wird sich unsere Sonne durch die Vergrößerung der Fusionszone gewaltig aufblähen und sich in einen roten Riesenstern verwandeln (→B3). Mit 550 Millionen km Durchmesser, wird sie die inneren Planeten Merkur, Venus, Erde und Mars „verschlucken"!

Schließlich wird die rote Riesensonne explodieren. Verbleibende Reste werden zum weißen Zwergstern mit einem Radius von 10 000 km und extrem großer Dichte zusammenfallen und langsam erkalten (→B1).

A1 ● Sternexplosionen sind die Voraussetzung für das Entstehen neuer Sterne und Planeten. Erläutere dies.

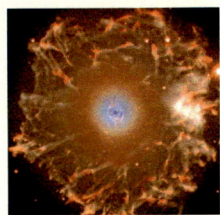

B1 Der astronomische Nebel NGC 6543 ist die explodierte Gashülle eines roten Riesen mit weißem Zwerg im Zentrum.

Protuberanzen bis 100 000 km

Dichte:

Fotosphäre
200 km
5 800 K

0,000 001 g/cm³

Konvektionszone
100 000 km

0,1 g/cm³

Strahlungszone
450 000 km
3 000 000 K

70 % H
27 % He
3 % Andere

1 g/cm³

10 g/cm³

Fusionszone
150 000 km
10 000 000 K

36 % H
62 % He
2 % Metalle

100 g/cm³

B2 Aufbau der Sonne

Wasserstoff-Fusion zu Helium

Fusion schwerer Kerne

Sonne

Roter Riese

B3 Fusionszonen in der Sonne und im roten Riesenstern

Energie aus Kernkraftwerken

Kettenreaktion und kritische Masse
Die Spaltung eines Uran-235-Kerns gelingt mit Hilfe von Neutronen. Bei der Spaltung eines Kerns werden 2 bis 3 Neutronen frei. Diese können weitere Kernspaltungen auslösen. So wächst die Zahl der Kernspaltungen in sehr kurzer Zeit lawinenartig an (→B1). Es entsteht eine **Kettenreaktion**, wenn:

1 die große Geschwindigkeit der entstandenen Neutronen stark verringert wird. Sie durchdringen sonst die Urankerne, ohne sie zu spalten.

2 eine bestimmte Mindestmasse an spaltbaren Kernen vorhanden ist, damit die Neutronen nicht wirkungslos nach außen entweichen (**kritische Masse**). Eine handballgroße Kugel aus reinem U-235 hat bereits die kritische Masse (ca. 50 kg).

Eine **unkontrollierte Kettenreaktion** setzt aufgrund des enormen Anstiegs der Anzahl der Kernspaltungen in wenigen Millisekunden sehr viel Energie frei, z.B. bei der Spaltung von etwa 1 kg Uran rund 23 Millionen kWh, eine Energiemenge, die beim Verbrennen von etwa 2,6 Millionen Litern Benzin überführt wird.

Für den Betrieb von Kernkraftwerken darf pro Spaltung jeweils nur ein Neutron für weitere Spaltungen genutzt werden, die restlichen entstandenen Neutronen müssen durch den Einsatz von Regelstäben aus geeigneten Materialien eingefangen (absorbiert) werden. Ein solcher Vorgang wird als **kontrollierte Kettenreaktion** bezeichnet. Er liefert dann gleichmäßig Energie.

Kernkraftwerke
Kernkraftwerke (→B3) wenden die Kettenreaktion bei der Kernspaltung des Uranisotopes U-235 zur Energiegewinnung an. Durch Abbremsen und Absorbieren der Spaltprodukte, der Neutronen und Elektronen sowie der γ-Strahlung wird die freigesetzte Energie in thermische Energie der umgebenden Stoffe überführt. Mit Hilfe eines Kühlsystems wird diese Energie abtransportiert und zur Dampferzeugung verwendet. Für 1 MW Kraftwerksleistung pro Tag müssen die Kerne von 1 g U-235 gespalten werden.

Im **Kernreaktor** findet die Kettenreaktion so statt, dass sie jederzeit beendet werden kann. **Brennstoffstäbe** (→B2) stellen das spaltbare Material in einem Gemisch aus spaltbarem U-235 sowie nicht spaltbarem U-238 bereit. **Moderatoren** bremsen die bei der Kernspaltung frei werdenden Neutronen ab, so dass sie das Uran-235 spalten können. Dafür eignen sich Wasser oder Graphit. **Neutronenreflektoren** in der Umgebung der Brennstäbe verhindern das Austreten von Neutronen aus dem Reaktorraum.

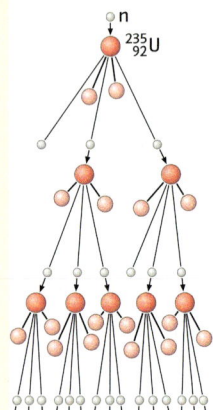

B1 Kettenreaktion

B2 Brennstoffstäbe und Regelstäbe im Brennelement

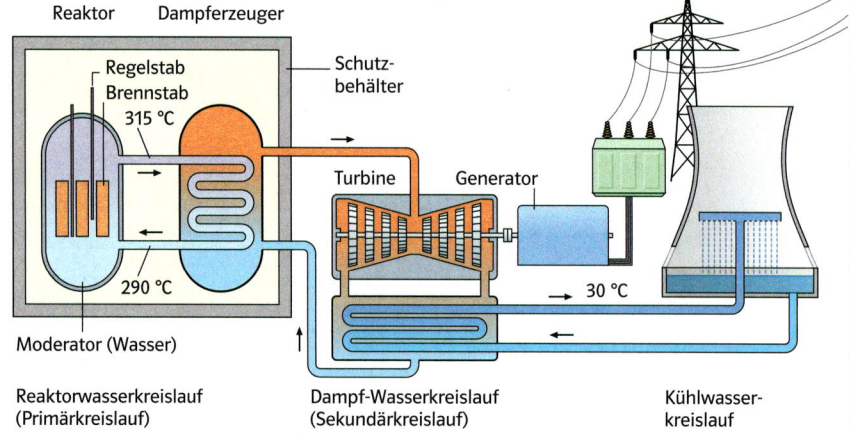

B3 Kernkraftwerk mit Druckwasserreaktor und Wasserkreisläufen (links: Blick in das Innere des Reaktors)

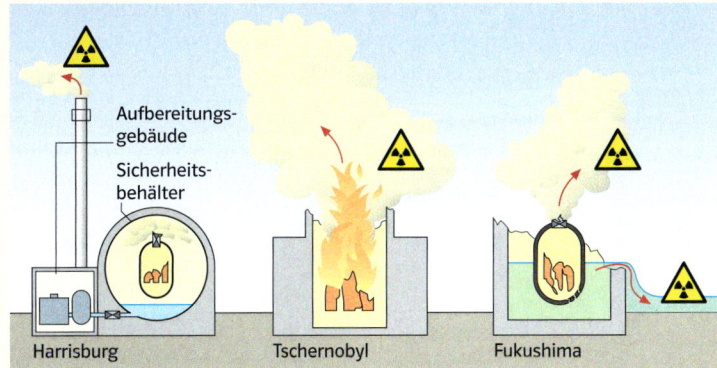

Aufbereitungs-
gebäude
Sicherheits-
behälter

Harrisburg Tschernobyl Fukushima

B4 Störfälle von Harrisburg, Tschernobyl und Fukushima

Metallhülle der
Brennstäbe

Stahlhülle des
Reaktors (25 cm)

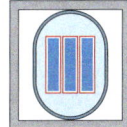

Strahlenschutz
(1 m Stahlbeton)

Sicherheitsbehälter
(3 cm Stahl)

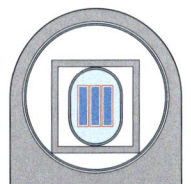

Meterdicke
Stahlbetonhülle

B5 Schutzbarrieren

Reaktorsicherheit Durch das Einfahren von **Regelstäben** in den Reaktor lässt sich die Kettenreaktion steuern. Regelstäbe bestehen aus Bor oder Cadmium und absorbieren Neutronen. Zum raschen Beenden der Uranspaltung (Notabschaltung) können zusätzliche Stäbe in den Reaktor geschossen werden. Da aber der Zerfall der Spaltprodukte weitergeht, muss Kühlwasser weiterhin Energie abführen. Zur Sicherung der Kühlung gibt es Notkühlsysteme. Ein Sicherheitssystem aus fünf Barrieren soll ein Freiwerden radioaktiver Stoffe verhindern (→**B5**), selbst bei einem größten anzunehmenden Unfall (GAU).

Risiken Der Betrieb eines Kernkraftwerks ist mit Risiken verbunden. Auch wenn die Unfallwahrscheinlichkeit gering ist, im Falle eines Unglücks können die Schäden gewaltige Ausmaße annehmen. Dabei stellt das Entweichen von radioaktiven Stoffen die größte Gefahr dar. Fallen z. B. alle Kühlsysteme aus, dann heizen sich die Brennelemente im Reaktor in wenigen Sekunden so stark auf, dass sie schmelzen und Teile des Reaktorinhalts verdampfen. Lässt sich der Austritt radioaktiven Materials nicht mehr verhindern, spricht man von einem Super-GAU.

Das Unglück von Tschernobyl (1986) war die Folge eines krassen Bedienungsfehlers, ebenso wie das in Harrisburg 1979 (→**B4**). Das Reaktorunglück in Fukushima 2011 wurde durch ein Erdbeben und einen damit verbundenen Tsunami ausgelöst. Mängel in der Konstruktion der Anlage gepaart mit Fehlern beim Notfallmanagement haben zum schwersten Reaktorunfall seit Tschernobyl geführt.

Aus dem geborstenen Reaktor in Tschernobyl entwichen etwa 3 % des Inhalts als Gas und Staub – hauptsächlich radioaktive Spaltprodukte wie Iod, Caesium und Strontium. Eine unsichtbare radioaktive Wolke wurde vom Wind über weite Teile Europas getragen. Auch im 1600 km entfernten Deutschland stieg die Radioaktivität deutlich an. Gemüse und Milch waren für einige Zeit so stark belastet, dass vom Verzehr dringend abgeraten wurde. Über 150 000 Menschen wurden aus der Umgebung des geschmolzenen Reaktors dauerhaft evakuiert. Noch heute sind über 3 000 km^2 unbewohnbare Sperrzone. Man schätzt, dass Zehntausende an den Folgen des Unfalls starben und noch sterben, hauptsächlich an Krebs.

Ein weiteres Risiko ergibt sich aus den weltweit großen Mengen spaltbaren Materials, das beim Betrieb von KKWs entsteht, da es teilweise zum Bau von Kernwaffen geeignet ist. Auch die Entsorgung radioaktiver Bauteile und Brennstäbe ist sehr problematisch. Nach etwa zwei Jahren müssen die Brennstäbe im Reaktor ausgewechselt werden, sie sind hochradioaktiv und können zuerst nur in der Nähe des Reaktors in einem Wassertank aufbewahrt werden, bis die stärkste Strahlung nachgelassen hat. In Anlagen zur Wiederaufbereitung werden sie später zerkleinert und chemisch zerlegt. Ein Teil des Urans findet erneut in Brennstäben Verwendung, der Rest wird in Blöcken aus Glaskeramik eingeschmolzen. Sie müssen für viele zehntausend Jahre sicher gelagert werden. Eine Lagerung in mehrere hundert Meter dicken Schichten aus Salz, Ton oder Granit in großer Tiefe wird weltweit noch diskutiert. Die Sicherheit der Transporte und der Lagerstätten ist aber umstritten.

A1 ● Welche Vor- und Nachteile bringt die Nutzung der Kernenergie mit sich?

Radioaktivität

Ein **Atom** besteht aus einem positiv geladenen Kern und einer negativ geladenen Atomhülle. Ist ein Atom nicht elektrisch neutral, so spricht man von einem **Ion.**

Radioaktive Strahlung überträgt Energie. Dabei kann sie Atome oder Moleküle **ionisieren.**

Der Mensch hat kein Sinnesorgan zur Wahrnehmung radioaktiver Strahlung. Sie kann aber mit technischen Hilfsmitteln nachgewiesen werden.

Die **Elektronenhülle** kann bestimmte **Energieportionen** aufnehmen (angeregte Zustände) oder abgeben. Form und Größe der Elektronenhülle hängen von ihrem Energiezustand ab und beschreiben den **Aufenthaltsbereich** der Elektronen.

Radioaktive Strahlung entsteht in **instabilen Atomkernen.** Dabei verliert der Kern viel Energie, zusätzlich kann er sich in einen anderen Kern umwandeln.

Isotope

Der **Atomkern** besteht aus **Protonen** und **Neutronen**. Er vereinigt fast die gesamte Masse des Atoms.

Isotope eines Elementes besitzen gleiche Protonenzahl, aber unterschiedliche Neutronenzahlen.

Protonen und Neutronen werden durch nur im Kern wirksame Kräfte zusammengehalten.

Ein radioaktiver Stoff zerfällt exponentiell. Die Zeitspanne, nach der noch die Hälfte der ursprünglichen Kerne vorhanden ist, nennt man **Halbwertszeit.**

$\frac{N}{N_0}$

1

0,5

0,25

0

Halbwertszeit

t

Es gibt drei verschiedene Arten von Strahlung: **α-Strahlung** besteht aus Heliumkernen, **β-Strahlung** aus Elektronen und **γ-Strahlung** besitzt nur Energie.

α-Strahlung und **β-Strahlung** besitzen in Luft eine Reichweite von mehreren Zentimetern bzw. Metern. Am Entstehungsort kann **α-Strahlung** bereits durch Papier abgeschirmt werden, **β-Strahlung** durch Festkörper mit mehreren Zentimetern Dicke. Eine vollständige Abschirmung von **γ-Strahlung** ist nicht möglich.

FACHWISSEN

Im Folgenden findest du Aussagen zum Themengebiet „Radioaktivität", die wahr oder falsch sind. Entscheide!

1 Atome bestehen aus einem Atomkern und einer Atomhülle.

2 Der Atomkern ist elektrisch positiv geladen.

3 Radioaktive Strahlung entsteht in der Atomhülle.

4 In unserer Umgebung gibt es immer radioaktive Strahlung.

5 Radioaktive Strahlung besteht vorwiegend aus Helium-Kernen.

6 α-Strahlung hat die größte Reichweite der Strahlungsarten.

7 Je weiter man von einem radioaktiven Präparat entfernt ist, desto geringer ist die gemessene Zählrate.

8 Die Halbwertszeit gibt an, ab welcher Zeitdauer ein radioaktives Präparat nicht mehr strahlt.

9 Mit der C-14-Methode kann man das Alter prähistorischer Fundstücke bestimmen.

ERKENNTNISGEWINNUNG

Bei der Messung an vier radioaktiven Präparaten erhält man folgende Messergebnisse. Gib an, welche Rückschlüsse aus den jeweiligen Ergebnissen auf das radioaktive Präparat gezogen werden können.

Präparat 1 Die Zählrate geht auf den Wert des Nulleffekts zurück, wenn man ein Blatt Papier zwischen Präparat und Zählrohr hält.

Präparat 2 Die Zählrate verringert sich, wenn man eine 10 mm dicke Bleiplatte zwischen Präparat und Zählrohr hält.

Präparat 3 Die Zählrate ändert sich nicht, wenn man eine 4 mm dicke Aluminiumplatte zwischen Präparat und Zählrohr hält.

Präparat 4 Die Zählrate geht auf den Wert des Nulleffekts zurück, wenn man eine 4 mm dicke Aluminiumplatte zwischen Präparat und Zählrohr hält.

a) Das Präparat sendet nur α-Strahlung aus.

b) Das Präparat sendet nur β-Strahlung aus.

c) Das Präparat sendet nur γ-Strahlung aus.

d) Das Präparat sendet α-Strahlung aus.

e) Das Präparat sendet β-Strahlung aus.

f) Das Präparat sendet γ-Strahlung aus.

g) Das Präparat sendet nur α- und/oder β-Strahlung aus.

h) Das Präparat sendet α- und/oder β-Strahlung aus.

KOMMUNIKATION

Übertrage das Rätsel in dein Heft, ergänze passende Begriffe und finde das Lösungswort.

1 Bezeichnung für elektrisch geladenes Teilchen

2 Wird z. B. mit einem Geiger-Müller-Zählrohr ermittelt.

3 Daraus besteht α-Strahlung.

4 Bestandteil eines Atoms

5 Träger negativer elektrischer Ladung

6 Bezeichnung für ein chemisches Element mit gleicher Kernladungszahl, aber unterschiedlicher Massenzahl

7 Positiv geladener Bestandteil des Atomkerns

Das Wort im markierten Bereich bezeichnet einen Bestandteil des Atomkerns. Beachte: Schreibe für Ä = AE.

BEWERTUNG

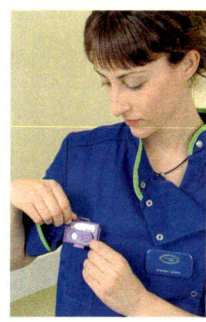

Mitarbeiter in einer Kernforschungsanlage sind täglich radioaktiver Strahlung ausgesetzt. Übers Jahr gerechnet, darf ihre Belastung einen Grenzwert (aktuell 20 mSv pro Jahr) nicht überschreiten. Die Kontrolle erfolgt u. a. mit Hilfe von Dosimeter-Plaketten. Bewerte folgende Aussagen:

1 Es ist egal, ob die Person den Grenzwert schon nach einem Monat erreicht (und dann keiner Strahlung mehr ausgesetzt ist) oder ob sich die Belastung über das Jahr verteilt.

2 Es ist besser, sich Strahlenquellen auch bei geringer Belastung immer nur so kurz wie möglich auszusetzen.

3 Es ist egal, wie groß die Strahlenbelastung einer Person ist, Hauptsache sie liegt unter dem Grenzwert.

4 Es spielt keine Rolle, durch welche Strahlungsart die Belastung stattfindet – die Angabe des Grenzwertes in mSv berücksichtigt dies schon.

A1 ○ Stelle die Zahl der Protonen und Neutronen für folgende Atomkerne in einer Tabelle dar:

^2H, ^4He, ^{16}O, ^{17}O, ^{60}Co, ^{60}Ni, ^{207}Pb, ^{208}Pb, ^{235}U, ^{238}U.

Nenne die Isotope.

Strahlen-quelle	Impulse/min
Kalium-chlorid	58
Kaliumper-manganat	44
Seesand	26
Kochsalz	20
Kalium-nitrat	46

B1

A2 ⊖ a) Wie lässt sich experimentell bestimmen, welche Strahlungsart von einem Präparat ausgesandt wird?
b) Beschreibe ein Experiment zum Nachweis, dass radioaktive Strahlung Luft ionisiert.

A3 ○ Wie lässt sich die Reichweite einer radioaktiven Strahlung bestimmen?

A4 ⊖ Beschreibe Aufbau und Wirkungsweise einer Nebelkammer und eines Zählrohres.

A5 ⊖ Deute die Messergebnisse in Tabelle **B1** an verschiedenen Stoffen bei einer Untersuchung mit dem Zählrohr (Nulleffekt: 18 Impulse/min).

A6 ⊖ a) Begründe die Grundregeln des Strahlenschutzes mit Hilfe der Eigenschaften und Wirkungen radioaktiver Strahlung.
b) Nenne einige Strahlenbelastungen, denen der Mensch ständig ausgesetzt ist.

A7 ⊖ a) Das Thoriumisotop $^{227}_{90}Th$ ist ein α-Strahler. Welcher Kern entsteht beim Zerfall? Beschreibe die Umwandlung mit einer Formel.
b) Was versteht man unter einer Zerfallsreihe?

A8 ⊖ Das radioaktive Kohlenstoffisotop $^{14}_{6}C$ wandelt sich in Stickstoff (N) um und sendet eine β-Strahlung aus. Beschreibe diesen Zerfall in einer Formel.

A9 ⊖ Das Poloniumisotop $^{216}_{84}Po$ zerfällt unter Aussendung radioaktiver Strahlung. Bestimme mit dem Diagramm **B2** die Kernumwandlungen und die auftretenden Strahlungsarten der Zerfallsreihe.

A10 ● Die Aktivität einer Bariumverbindung wird nach jeweils einer Minute für 10 Sekunden gemessen und der Nulleffekt abgezogen.

Stelle die Messergebnisse grafisch dar und bestimme die Halbwertszeit von Barium (Ba).

t in min	0	1	2	3	4	5	6
Impulse 10 s	1050	795	600	460	345	260	220

A11 ⊖ Beschreibe eine Methode zur archäologischen und geologischen Altersbestimmung mit Hilfe der radioaktiven Strahlung.

A12 ● Bei jungen Bäumen an verkehrsreichen Straßen wird nach der C-14-Methode ein Alter von etwa 500 Jahren gemessen. Entwickle eine Hypothese zur Erklärung.

A13 ⊖ a) Was versteht man unter einer natürlichen Kernumwandlung?
b) Erläutere den Unterschied zwischen Kernspaltung und Kernfusion.

A14 ● a) Bei der Explosion einer Atombombe läuft eine unkontrollierte Kettenreaktion ab. Erläutere Maßnahmen, mit denen eine solche Reaktion in Kernkraftwerken verhindert wird.
b) Warum kommt im natürlichen Uranerz fast nie eine Kettenreaktion in Gang?

A15 ● Beim Reaktorunfall von Tschernobyl wurden radioaktive Stoffe als Gas und feinstem Staub freigesetzt und mit dem Wind über Europa verteilt. Folgende Vorsichtsmaßnahmen wurden empfohlen: Möglichst oft waschen! Bei Regen nicht im Freien aufhalten! Keine Milch von Weidevieh trinken! Nicht auf staubigen Sportplätzen spielen! Bewerte diese Maßnahmen.

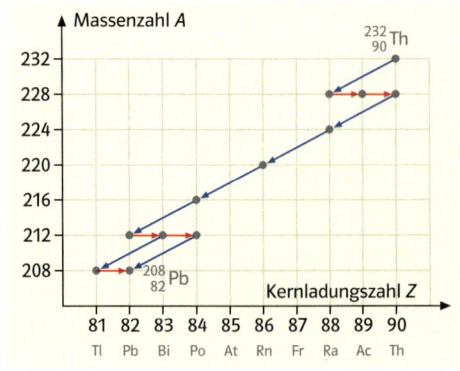

B2 Thorium-Zerfallsreihe

🌐 **z269uq** Lösungen der Trainingsaufgaben

Lösungen „Teste dich selbst"-Aufgaben

7 Energieübertragung

Fachwissen:
wahr: 2, 3, 4, 5, 6, 8
falsch: 1, 7

Kommunikation:
ENTWERTUNG, ARBEIT, FEST,
WIRKUNGSGRAD, TEMPERATUR,
HOEHENENERGIE
Lösungswort: WAERME

Erkenntnisgewinnung:
2, 3, 5

Bewerten:
3 - 1 - 2
(Begründung: **zu 3:** der Motor muss
nur die Energie zum Anheben von
m = 600 kg liefern – die zugeführte
elektrische Energie ist um den
Faktor 1/0,9 = 1,1 größer; **zu 1:** jeder
Motor muss die Energie zum Anheben von m = 400 kg liefern, insgesamt wird die Energie zum Anheben
von m = 800 kg benötigt – die zugeführte elektrische Energie ist um
den Faktor 1/0,9 = 1,1 größer;
zu 2: auch hier müssen m = 800 kg
gehoben werden – die zugeführte
elektrische Energie ist aber wegen
des zusätzliche Getriebes um einen
Faktor von mehr als 1,1 größer)

8 Halbleiter

Fachwissen:
wahr: 2, 3, 5, 6, 9
falsch: 1, 4, 7, 8

Kommunikation:
HALBLEITER, REKOMBINATION,
DIODE, ISOLATOR, GLAS, KENNLINIE,
ELEKTRON
Lösungswort: ENERGIE

Erkenntnisgewinnung:
A4, B5, C1, D2, E5, F3

Bewerten:
1, 3, 6

9 Energieversorgung

Fachwissen:
wahr: 1, 3, 4, 6, 8
falsch: 2, 5, 7

Kommunikation:
MAGNET, LEITUNG, DYNAMO,
BATTERIE, PRIMAERSEITE, AKKU,
TOTPUNKT, ROTOR, TRANSFORMATOR
Lösungswort: GENERATOR

Erkenntnisgewinnung:
A1, A2, B3, B4, A5, B5 (Begründung:
Der heiße Topfboden erwärmt durch
Wärmeleitung auch die Induktions-
herdplatte.)

Bewerten:
richtig: 2, 3   falsch: 1, 4

10 Druck

Fachwissen:
wahr: 2, 3, 5, 7
falsch: 1, 4, 6

Kommunikation:
DRUCKEINHEIT, TEMPERATUR,
WASSERSAEULE, VOLUMEN,
NEGATIV, PROPORTIONAL
Lösungswort: KELVIN

Erkenntnisgewinnung:
1b, 1e, 2a, 3c, 4d

Bewerten:
a1, a4, b3, c2

11 Kreisprozesse

Fachwissen:
wahr: 2, 3; 6
falsch: 1, 4, 5, 7

Kommunikation:
THERMISCH, CARNOT, GASMENGE,
DRUCK, WIRKUNGSGRAD,
DIAGRAMM, EXPANDIEREN
Lösungswort: ENERGIE

Erkenntnisgewinnung:
A1, A6, B1, B3, B4, C1, C2, D1, D2, D3,
D5

Bewerten:
dafür: 1, 3, 4
dagegen: 2, 5

12 Radioaktivität

Fachwissen:
wahr: 1, 2, 4, 7, 9
falsch: 3, 5, 6, 8

Kommunikation:
ION, ZAEHLRATE, HELIUMKERNE,
ATOMKERN, ELEKTRON, ISOTOP,
PROTON
Lösungswort: NEUTRON

Erkenntnisgewinnung:
1a, 2f, 3c, 4g

Bewerten:
zutreffend: 2, 4 (Begründung: **zu 2:**
jede Strahlenbelastung führt zu
Schädigungen, daher ist es am
besten, diese so gering wie möglich
zu halten; **zu 4:** die Äquivalentdosis
angegeben in der Einheit Sievert
berücksichtigt die unterschiedliche
Schädigungswirkung der Strahlen-
arten)
nicht zutreffend: 1, 3 (Begründung:
zu 1: eine kurze starke Strahlenbelastung kann Körperzellen
schädigen, während bei längerer
schwacher Strahlenbelastung die
körpereigenen Reparaturmechanis-
men Zellschädigungen eher be-
heben können; **zu 3:** der Grenzwert
ist eine willkürliche Festlegung,
tatsächlich gibt es keinen Grenzwert bei dem Schädigungen absolut
ausgeschlossen sind)

B1 Urmeter

B2 Urkilogramm

SI-Einheiten

Die Physik befasst sich mit den messbaren Eigenschaften der Natur. Dazu muss man für physikalische Größen jeweils eine Maßeinheit („Maßstab") festlegen und erläutern, wann eine Gleichheit oder eine Vielfachheit des Maßstabs vorliegt.

Diese Einheit ist nicht eindeutig und so gab es früher verschiedene Maßeinheiten für dieselbe physikalische Größe. Die Elle als Maßeinheit der Weglänge ging beispielsweise vom Ellenbogen bis zur Mittelfingerspitze. Dies war natürlich personenabhängig.

Um eine Vereinheitlichung zu bekommen, wurde um 1790 jeweils ein Prototyp für das Meter und das Kilogramm hergestellt, das sogenannte Urmeter (→B1) und Urkilogramm (→B2). Diese sind im französischen National-archiv gelagert. Weitere Kopien besitzen die Länder, die sich dieser Konvention angeschlossen haben.

Als erstes **Basissystem** wurde das Meter-Kilogramm-Sekunde-System (kurz: mks-System) beziehungsweise das cgs-System (Zentimeter, Gramm, Sekunde) verwendet. Diese Basissysteme wurden um vier weitere Basisgrößen erweitert und mündeten 1954 im Internationalen Einheitensystem (Système Internationale d'Unités; kurz: **SI-System**).

Das SI-System hat sieben **Grund-** oder **Basisgrößen**: Zeit, Länge, Masse, elektrische Stromstärke, Temperatur, Stoffmenge und Lichtstärke. Die zugehörigen Einheiten, die per Definition festgelegt sind, heißen **Basiseinheiten** (→B3). Alle anderen physikalischen Einheiten sind abgeleitete Einheiten. Die zugehörigen Größen heißen abgeleitete Größen. Beispiele: Volumen, Frequenz, elektrische Ladung …

Beispiele für abgeleitete Größen		
Größe	Definition	SI-Einheit
Volumen V	$1\,m^3$	$1\,m^3$
Frequenz f	$1\,Hz$	$1\,1/s$
Ladung Q	$1\,As$	$1\,C$

Die Definition der Basiseinheiten sind abhängig von den naturwissenschaftlichen Möglichkeiten, die die Physiker im Moment besitzen. Sie sind quasi „Momentaufnahmen" des gegenwärtigen naturwissenschaftlichen Standes.

Die Definition des Meters mit Hilfe des Urmeters ist überholt. Heute wird das Urmeter mit Hilfe der Lichtgeschwindigkeit definiert. Die Definition des Kilogramms mit Hilfe des Urkilogramms in Paris ist problematisch, da dieses jedes Jahr um etwa $0,5\,\mu g$ an Masse verliert. Man ist auf der Suche nach einer neuen Definition des Kilogramms. Eine Möglichkeit ist, die Anzahl der Siliciumatome zu bestimmen, die dem heutigen Kilogramm entsprechen. Dies sind etwa $2,1 \cdot 10^{24}$. Eine Festlegung für das Kilogramm eignet sich aber erst dann, wenn man die Anzahl auf 10^{18} genau bestimmen kann.

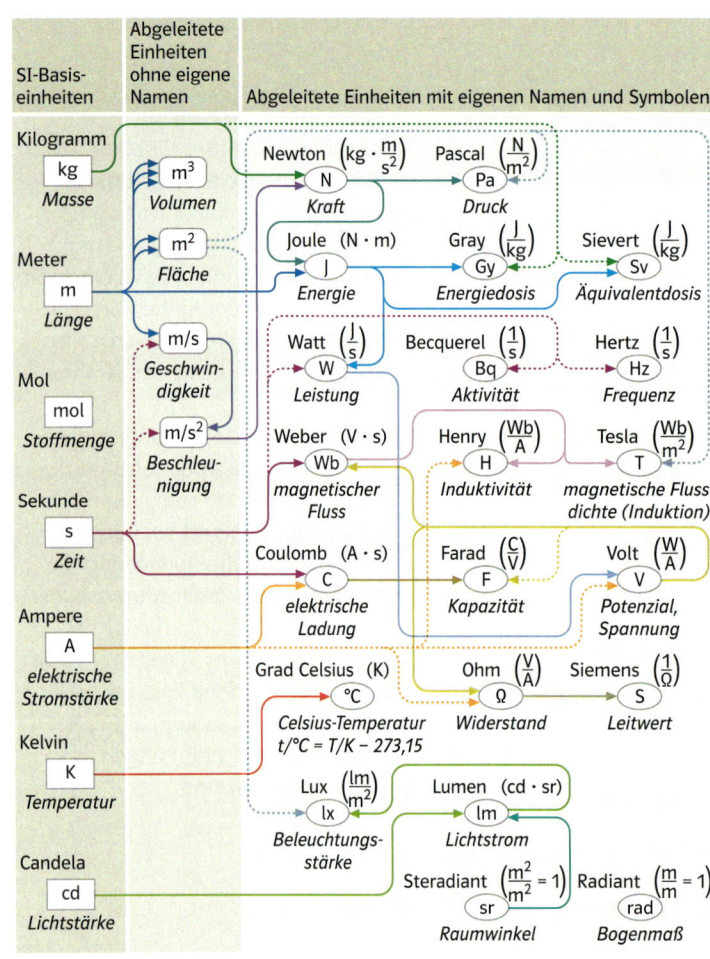

B3 SI-System

Wichtige Größen und ihre Einheiten

Größe	Zeichen	Einheitenname	Zeichen	Festlegung
Länge	s, l	Meter	$1\,m$	Lichtgeschwindigkeit c_0 mal Zeit
Fläche	A	Quadratmeter	$1\,m^2$	$1\,m^2 = 1\,m \cdot 1\,m$
Volumen	V	Kubikmeter	$1\,m^3$	$1\,m^3 = 1\,m \cdot 1\,m \cdot 1\,m$
Masse	m	Kilogramm	$1\,kg$	Grundeinheit, festgelegt durch ein Normal
Dichte	ϱ		$1\,kg/m^3$; $1\,g/cm^3$	Masse durch Volumen
Stoffmenge	n	Mol	$1\,mol$	Grundeinheit, festgelegt durch ein Normal
Zeit	t	Sekunde	$1\,s$	Grundeinheit, festgelegt durch ein Normal
Geschwindigkeit	v		$1\,m/s$; $1\,km/h$	Weglänge durch Zeitspanne
Frequenz	f	Hertz	$1\,Hz$	$1\,Hz = 1\,1/s$; Anzahl Perioden durch Sekunde
Kraft	F	Newton	$1\,N$	$1\,N = 1\,kg\,m/s^2$; Masse mal Beschleunigung
Druck	p	Pascal	$1\,Pa$	$1\,Pa = 1\,N/m^2$; Kraft/Fläche
Arbeit	W	Joule, Wattsekunde	$1\,J$, $1\,Ws$	Kraft mal Weg in Kraftrichtung
Energie	E	Joule, Wattsekunde	$1\,J$, $1\,Ws$	$1\,J = 1\,Ws = 1\,N \cdot 1\,m$
Leistung, Energiestromstärke	P	Watt	$1\,W$	$1\,W = 1\,J/s$; Arbeit durch Zeit
Temperatur	ϑ	Grad Celsius	$1\,°C$	festgelegte Skala
	T	Kelvin	$1\,K$	festgelegte Skala — Temperaturunterschied: $1\,°C = 1\,K$
Ladung	Q	Coulomb	$1\,C$	$1\,C = 1\,A \cdot 1\,s$; Stromstärke mal Zeit
Stromstärke	I	Ampere	$1\,A$	Grundeinheit, festgelegt durch ein Normal
Spannung	U	Volt	$1\,V$	$1\,V = 1\,Ws/C$; Arbeit durch Ladung
Widerstand	R	Ohm	$1\,\Omega$	$1\,\Omega = 1\,V/A$; Spannung durch Stromstärke

Vorsilben für dezimale Vielfache und Teile von Einheiten

Vorsilbe	Exa (E)	Peta (P)	Tera (T)	Giga (G)	Mega (M)	Kilo (k)	Hekto (h)	Deka (da)
bedeutet	10^{18}	10^{15}	10^{12}	10^{9}	10^{6}	10^{3}	10^{2}	10^{1}

Vorsilbe	Dezi (d)	Zenti (c)	Milli (m)	Mikro (µ)	Nano (n)	Piko (p)	Femto (f)	Atto (a)
bedeutet	10^{-1}	10^{-2}	10^{-3}	10^{-6}	10^{-9}	10^{-12}	10^{-15}	10^{-18}

Spezielle Einheiten, ausländische Einheiten

			englisch	amerik.
1 geografische Meile	$= 7420\,m$			
1 Seemeile (sm)	$= 1852\,m$	1 pint (liq. pt.)	$= 0,5683\,l$	$0,4732\,l$
1 Knoten (kn) = 1 sm/h	$= 0,5144\,m/s$	1 quart = 2 pints	$= 1,1365\,l$	$0,9464\,l$
1 Faden	$= 1,829\,m$	1 gallon = 4 quarts	$= 4,5460\,l$	$3,7854\,l$
1 Registertonne	$= 2,832\,m^3$	1 petroleum barrel	$= 159,11\,l$	$158,99\,l$
1 internat. Karat	$= 0,2051\,g$	1 °Fahrenheit (°F)	$= \frac{5}{9}\,°C$; $(0\,°C \triangleq 32\,°F)$	
1 Feinunze (troy ounce)	$= 31,1035\,g$		$x\,°C = (\frac{9}{5}\,x + 32)\,°F$	
1 inch (in, Zoll)	$= 2,54\,cm$	1 ounce (oz)	$=$	$28,35\,g$
1 foot (ft) = 12 in	$= 30,48\,cm$	1 pound (lb) = 16 oz	$=$	$453,60\,g$
1 yard (yd) = 3 ft	$= 91,44\,cm$	1 quarter (qu) = 28 lbs	$=$	$12,70\,kg$
1 mile = 1760 yd	$= 1609\,m$	1 short ton = 2 000 lbs	$=$	$907,20\,kg$
1 acre	$= 4047\,m^2$	1 long ton = 2 240 lbs	$=$	$1016,00\,kg$

Veraltete Einheiten

Druck

1 at	$= 98\,066,5\,Pa$
1 atm	$= 101\,325\,Pa$
1 Torr	$= 133\,Pa$

Energie

1 kcal	$= 4186,8\,J$
1 kp m	$= 9,80665\,J$

Leistung

1 PS	$= 736\,W$
1 kcal/h	$= 1,16\,W$
1 kp m/s	$= 9,80665\,W$

Eigenschaften verschiedener Stoffe

ϱ = Dichte bei 20 °C, für Gase bei 0 °C und 1013 hPa;
γ = Volumenausdehnungszahl bei 20 °C;
c = spezifische Wärmekapazität,
   bei Gasen bei konstantem Druck;
s = spezifische Schmelzenergie;

α = Längenausdehnungszahl bei 18 °C;
v = Schallgeschwindigkeit in Gasen bei 0 °C;
ϑ_f = Schmelztemperatur;
ϑ_d = Siedetemperatur;
r = spezifische Verdampfungsenergie

Feste Stoffe	ϱ g/cm^3	α 1/(10^6 K)	c kJ/(kg · K)	ϑ_f °C	s kJ/kg	ϑ_d °C	r kJ/kg
Aluminium	2,70	23,8	0,896	660	404	2400	10539
Beton	2,2–2,5	11	0,879				
Blei	11,35	29,4	0,129	327	24,7	1750	871
Cobalt	8,8	12,6	0,419	1493	260	2880	4815
Eis (−4 °C)	0,92	37	2,09	0	334	100	2257
Eisen	7,86	11,59	0,452	1535	270	2800	6322
Glas	2,23	3,2	0,799	815			
Gold	19,3	14,2	0,129	1063	64,5	2660	1578
Graphit	2,25	19	0,711	3800		4400	
Iod	4,93	64,1	0,214	114	124	183	163
Kochsalz	2,16	48	0,854	808	519	1461	2789
Kupfer	8,93	16,8	0,385	1083	205	2582	4798
Messing (MS 7,2)	8,6	18,5	0,375	~320		1160	
Natrium	0,97	71	1,23	98	113	890	4600
Paraffin	0,8–0,9	150	2,51	50			
Platin	21,45	9,1	0,134	1769	111	4300	2470
Plexiglas	1,16	75	1,30	~110			
Porzellan	2,3	4	0,846	1670			
Quarzglas	2,20	5,6	0,712	1585			
Schwefel	2,06	56,5	0,720	113	50,2	445	293
Silber	10,5	19,3	0,237	961	105	2180	2361
Silicium	2,4	2,5	0,703	1423	166	2350	12561
Wolfram	19,27	4,5	0,142	3390	192	5500	4354
Zink	7,13	26,3	0,389	420	111	907	1754
Zinn	7,30	27	0,226	232	59,5	2680	2387
Flüssigkeiten	ϱ g/cm^3	α 1/(10^3 K)	c kJ/(kg · K)	ϑ_f °C	s kJ/kg	ϑ_d °C	r kJ/kg
Aceton	0,791	1,43	2,22	−95	82,1	56	519
Benzol	0,879	1,23	1,70	6	126	80	394
Ethanol	0,789	1,10	2,40	−114	105	78	854
Ether	0,714	1,62	2,26	−116		34,6	356
Glycerin	1,260	0,50	2,39	18	201	291	
Petroleum	0,847	0,96	2,14			150	
Quecksilber	13,546	0,181	0,138	−39	11,8	357	285
Schwefelsäure (rein)	1,834	0,22	1,42	10,4	109	338	
Wasser	0,998	0,21	4,19	0	334	100	2257
Gase	ϱ g/dm^3	v m/s	c kJ/(kg · K)	ϑ_f °C	s kJ/kg	ϑ_d °C	r kJ/kg
Ammoniak	0,771	415	2,16	−77,7	332	−33,4	1374
Chlor	3,214	206	0,486	−101,5	90,4	−34,7	289
Helium	0,179	965	5,23	−273,2		−268,98	20,5
Kohlenstoffdioxid	1,977	266	0,837	−78,5	181	−57	574
Kohlenstoffmonooxid	1,25	337	1,05	−204	29,7	−191,5	216
Luft	1,293	332	1,005	−213		−193	
Propan	2,010	260	1,63	−187,7	80,0	−42,1	427
Sauerstoff	1,429	315	0,917	−219	13,8	−182,97	214
Stickstoff	1,251	334	1,04	−210,5	25,5	−195,8	201
Wasserstoff	0,0899	1286	14,32	−259,5	58,2	−252,8	448
Xenon	5,897	170	0,126	−111,8	17,6	−108,1	99,2

Radioaktive Zerfallsreihen

Thorium-Reihe

$^{232}_{90}\text{Th}$ (1,4·10¹⁰ a) — $^{228}_{88}\text{Ra}$ (6,7 a) — $^{228}_{89}\text{Ac}$ (6,2 h) — $^{228}_{90}\text{Th}$ (1,9 a) — $^{224}_{88}\text{Ra}$ (3,6 d) — $^{220}_{86}\text{Rn}$ (55 s) — $^{216}_{84}\text{Po}$ (0,15 s)

$^{216}_{85}\text{At}$ (3·10⁻⁴ s) [α] ; $^{212}_{82}\text{Pb}$ (10,5 h) [β] — $^{212}_{83}\text{Bi}$ (61 min) — $^{212}_{84}\text{Po}$ (3·10⁻⁷ s) [α] ; $^{208}_{81}\text{Tl}$ (3,1 min) [β] — $^{208}_{82}\text{Pb}$ stabil

Zerfallsarten: α, β, β, α, α, α, α ; β ; α ; β

Uran-Radium-Reihe

$^{238}_{92}\text{U}$ (4,5·10⁹ a) — $^{234}_{90}\text{Th}$ (24,1 d) — $^{234}_{91}\text{Pa}$ (1,18 min) — $^{234}_{92}\text{U}$ (2,5·10⁵ a) — $^{230}_{90}\text{Th}$ (7,5·10⁴ a) — $^{226}_{88}\text{Ra}$ (1,6·10³ a) — $^{222}_{86}\text{Rn}$ (3,82 d) — $^{218}_{84}\text{Po}$ (3,05 min)

$^{218}_{85}\text{At}$ (2 s) ; $^{214}_{82}\text{Pb}$ (26,8 min) — $^{214}_{83}\text{Bi}$ (19,7 min) — $^{214}_{84}\text{Po}$ (1,6·10⁻⁴ s) ; $^{210}_{81}\text{Tl}$ (1,3 min) — $^{210}_{82}\text{Pb}$ (22 a) — $^{210}_{83}\text{Bi}$ (5 d) — $^{210}_{84}\text{Po}$ (138 d) ; $^{206}_{81}\text{Tl}$ (4,2 min) — $^{206}_{82}\text{Pb}$ stabil

Zerfallsarten: α, β, β, α, α, α, α ; β ; α ; β ; β ; β ; α ; β

Uran-Actinium-Reihe

$^{235}_{92}\text{U}$ (7,0·10⁸ a) — $^{231}_{90}\text{Th}$ (25,6 h) — $^{231}_{91}\text{Pa}$ (3,4·10⁴ a) — $^{227}_{89}\text{Ac}$ (22 a)

$^{223}_{87}\text{Fr}$ (22 min) ; $^{219}_{85}\text{At}$ (0,9 min) ; $^{215}_{83}\text{Bi}$ (8 min) ; $^{215}_{85}\text{At}$ (10⁻⁴ s) ; $^{211}_{84}\text{Po}$ (0,5 s) ; $^{207}_{82}\text{Pb}$ stabil

$^{227}_{90}\text{Th}$ (18,2 d) — $^{223}_{88}\text{Ra}$ (11,6 d) — $^{219}_{86}\text{Rn}$ (3,96 s) — $^{215}_{84}\text{Po}$ (1,8·10⁻³ s) — $^{211}_{82}\text{Pb}$ (36,1 min) — $^{211}_{83}\text{Bi}$ (2,15 min) — $^{207}_{81}\text{Tl}$ (4,8 min)

Zerfallsarten: β, α, α ; αβ, αβ, β ; α ; α ; α, α, α ; α ; β ; β

Plutonium-Neptunium-Reihe (künstlich)

$^{241}_{94}\text{Pu}$ (13,3 a) — $^{241}_{95}\text{Am}$ (458 a) — $^{237}_{93}\text{Np}$ (2,2·10⁶ a) — $^{233}_{91}\text{Pa}$ (27 d) — $^{233}_{92}\text{U}$ (1,6·10⁵ a) — $^{229}_{90}\text{Th}$ (7,3·10³ a) — $^{225}_{88}\text{Ra}$ (14,8 d) — $^{225}_{89}\text{Ac}$ (10,0 d) — $^{221}_{87}\text{Fr}$ (4,8 min) — $^{217}_{85}\text{At}$ (3·10⁻² s) — $^{213}_{83}\text{Bi}$ (46 min)

$^{213}_{84}\text{Po}$ (4,3·10⁻⁶ s) [α] ; $^{209}_{81}\text{Tl}$ (2,2 min) [β] — $^{209}_{82}\text{Pb}$ (3,3 h) — $^{209}_{83}\text{Bi}$ stabil

Zerfallsarten: β, α, α, β, α, α, β, α, α, α ; α ; β ; β

Ausgewählte Isotope

Angegeben sind in Spalte **1** = Element, **2** = Kernladung, **3** = Massenzahl, **4** = Kernmasse in u, **5** = Halbwertszeit bzw. Häufigkeit im natürlichen Isotopengemisch (1 u = 1,66053837·10⁻²⁷ kg)

1	2	3	4	5	1	2	3	4	5
H	1	1	1,0072765	stabil, 99,985 %	I	53	123	122,877045	γ/13,3 h
	1	2	2,0135534	stabil, 0,015 %		53	127	126,875396	stabil, 100 %
	1	3	3,0155004	β⁻/12,346 a		53	131	130,877045	β⁻/8,05 d
He	2	3	3,014932	stabil, 0,00013 %	Ba	56	137	136,874780	stabil, 11,2 % *)
	2	4	4,001506	stabil, 99,99987 %		56	138	137,874290	stabil, 71,9 %
	2	6	6,017793	β⁻/0,802 s		56	144	143,871420	β⁻/11,9 s
Li	3	6	6,013479	stabil, 7,4 %	Tl	81	206	205,932065	β⁻/4,19 min
	3	7	7,014358	stabil, 92,6 %	Pb	82	206	205,929471	stabil, 24,1 %
Be	4	9	9,009992	stabil, 100 %		82	207	206,930619	stabil, 22,1 %
B	5	10	10,010196	stabil, 20 %		82	208	207,931516	stabil, 52,4 %
	5	11	11,006562	stabil, 80 %	Po	84	210	209,936795	α/138,38 d
C	6	12	11,996708	stabil, 98,89 %		84	218	217,962850	α/3,05 min
	6	13	13,000044	stabil, 1,11 %	Rn	86	219	218,962302	α/3,96 s
	6	14	13,999948	β⁻/5730 a		86	220	219,964222	α/55,4 s
O	8	16	15,990526	stabil, 99,756 %		86	222	221,970352	α/3,824 d
	8	17	16,994741	stabil, 0,039 %	Ra	88	224	223,971945	α/3,64 d
	8	18	17,994771	stabil, 0,205 %		88	226	225,977085	α/1620 a
K	19	39	38,953287	stabil, 93,2 %		88	228	227,982865	β⁻/5,75 a
	19	40	39,953577	β⁻/1,2·10⁹ a	U	92	233	232,989061	α/1,62·10⁵ a
	19	41	40,951407	stabil, 6,7 %		92	234	233,990431	α/2,47·10⁵ a
Fe	26	56	55,920676	stabil, 91,8 %		92	235	234,99346	α/7,04·10⁸ a
Kr	36	82	81,893731	stabil, 11,6 %		92	236	235,995221	α/2,39·10⁷ a
	36	83	82,891754	stabil, 11,5 %		92	237	236,998211	β⁻/6,75 d
	36	84	83,891754	stabil, 57,0 %		92	238	238,000301	α/4,47·10⁹ a
	36	85	84,910890	β⁻/10,78 a		92	239	239,003821	β⁻/23,5 min
	36	86	85,890867	stabil, 17,3 %	Pu	94	239	239,000534	α/2,439·10⁴ a

*) angeregter Zustand $T_{1/2}$ = 2,55 min

Periodensystem der Elemente

Hauptgruppen / Nebengruppen

Periode	I	II	IIIa	IVa	Va	VIa	VIIa	VIIIa	VIIIa	VIIIa	Ia	IIa	III	IV	V	VI	VII	VIII/0
1	1,00794 ₁H Wasserstoff (1)																	4,00260 ₂He Helium (–)
2	6,941 ₃Li Lithium (1)	9,01218 ₄Be Beryllium (2)											10,811 ₅B Bor (3)	12,0107 ₆C Kohlenstoff (4)	14,0067 ₇N Stickstoff (5)	15,9994 ₈O Sauerstoff (6)	18,9984 ₉F Fluor (7)	20,1797 ₁₀Ne Neon (–)
3	22,9898 ₁₁Na Natrium (1)	24,3050 ₁₂Mg Magnesium (2)											26,9815 ₁₃Al Aluminium (3)	28,0855 ₁₄Si Silicium (4)	30,9738 ₁₅P Phosphor (5)	32,065 ₁₆S Schwefel (6)	35,453 ₁₇Cl Chlor (7)	39,948 ₁₈Ar Argon (–)
4	39,0983 ₁₉K Kalium (1)	40,078 ₂₀Ca Calcium (2)	44,9559 ₂₁Sc Scandium (3)	47,867 ₂₂Ti Titan (4)	50,9415 ₂₃V Vanadium (5)	51,9961 ₂₄Cr Chrom (6)	54,9380 ₂₅Mn Mangan (7)	55,845 ₂₆Fe Eisen (8)	58,9332 ₂₇Co Cobalt (9)	58,6934 ₂₈Ni Nickel (10)	65,546 ₂₉Cu Kupfer (11)	65,409 ₃₀Zn Zink (2)	69,723 ₃₁Ga Gallium (3)	72,64 ₃₂Ge Germanium (4)	74,9216 ₃₃As Arsen (5)	78,96 ₃₄Se Selen (6)	79,904 ₃₅Br Brom (7)	83,798 ₃₆Kr Krypton (–)
5	85,4678 ₃₇Rb Rubidium (1)	87,62 ₃₈Sr Strontium (2)	88,9059 ₃₉Y Yttrium (3)	91,224 ₄₀Zr Zirconium (4)	92,9064 ₄₁Nb Niob (5)	95,94 ₄₂Mo Molybdän (6)	(97,9072) ₄₃Tc Technetium (7)	101,07 ₄₄Ru Ruthenium (8)	102,906 ₄₅Rh Rhodium (9)	106,42 ₄₆Pd Palladium (10)	107,868 ₄₇Ag Silber (11)	112,411 ₄₈Cd Cadmium (2)	114,818 ₄₉In Indium (3)	118,710 ₅₀Sn Zinn (4)	121,760 ₅₁Sb Antimon (5)	127,60 ₅₂Te Tellur (6)	126,904 ₅₃I Iod (7)	131,293 ₅₄Xe Xenon (–)
6	132,905 ₅₅Cs Caesium (1)	137,327 ₅₆Ba Barium (2)	138,906 ₅₇La Lanthan (3)	178,49 ₇₂Hf Hafnium (4)	180,948 ₇₃Ta Tantal (5)	183,84 ₇₄W Wolfram (6)	186,207 ₇₅Re Rhenium (7)	190,23 ₇₆Os Osmium (8)	192,217 ₇₇Ir Iridium (9)	195,078 ₇₈Pt Platin (10)	196,967 ₇₉Au Gold (11)	200,59 ₈₀Hg Quecksilber (2)	204,383 ₈₁Tl Thallium (3)	207,2 ₈₂Pb Blei (4)	208,980 ₈₃Bi Bismut (5)	(209) ₈₄Po Polonium (6)	(210) ₈₅At Astat (7)	(222) ₈₆Rn Radon (–)
7	(223) ₈₇Fr Francium (1)	(226) ₈₈Ra Radium (2)	(227) ₈₉Ac Actinium (3)	(267) ₁₀₄Rf Rutherfordium (4)	(268) ₁₀₅Db Dubnium (5)	(271) ₁₀₆Sg Seaborgium (6)	(270) ₁₀₇Bh Bohrium (7)	(277) ₁₀₈Hs Hassium (8)	(278) ₁₀₉Mt Meitnerium (9)	(281) ₁₁₀Ds Darmstadtium (10)	(282) ₁₁₁Rg Roentgenium (11)	(285) ₁₁₂Cn Copernicium (2)	(286) ₁₁₃Nh Ninonium (3)	(289) ₁₁₄Fl Flerovium (4)	(290) ₁₁₅Mc Moscovium (5)	(293) ₁₁₆Lv Livermorium (6)	(294) ₁₁₇Ts Tenness (7)	(294) ₁₁₈Og Oganesson (–)

Lanthanoide 58 – 71 · Actinoide 90 – 103

Lanthanoide

Periode														
6	140,116 ₅₈Ce Cer (4)	140,908 ₅₉Pr Praseodym (5)	144,24 ₆₀Nd Neodym (6)	(144,913) ₆₁Pm Promethium (7)	150,36 ₆₂Sm Samarium (8)	151,964 ₆₃Eu Europium (9)	157,25 ₆₄Gd Gadolinium (10)	158,925 ₆₅Tb Terbium (11)	162,50 ₆₆Dy Dysprosium (12)	164,930 ₆₇Ho Holmium (13)	167,259 ₆₈Er Erbium (14)	168,934 ₆₉Tm Thulium (15)	173,04 ₇₀Yb Ytterbium (16)	164,967 ₇₁Lu Lutetium (3)

Actinoide

Periode														
7	(232) ₉₀Th Thorium (4)	(231) ₉₁Pa Protactinium (5)	(238) ₉₂U Uran (6)	(237) ₉₃Np Neptunium (7)	(244) ₉₄Pu Plutonium (8)	(243) ₉₅Am Americium (9)	(247) ₉₆Cm Curium (10)	(247) ₉₇Bk Berkelium (11)	(251) ₉₈Cf Californium (12)	(252) ₉₉Es Einsteinium (13)	(257) ₁₀₀Fm Fermium (14)	(258) ₁₀₁Md Mendelevium (15)	(259) ₁₀₂No Nobelium (16)	(266) ₁₀₃Lr Lawrencium (3)

Elementsymbol

238,029 ₉₂U Uran (6)

* Alle Isotope dieses Elements sind radioaktiv.
Im Kästchen links unten ist die Anzahl der für chemische Bindungen in Frage kommenden Elektronen angegeben. Die Zahl oberhalb des Elementsymbols gibt die Atommasse in u (1 u = 1,661 · 10⁻²⁷ kg) der natürlichen Isotopenmischung an (Zahl in Klammern: Atommasse des langlebigsten Isotops). Die untere Zahl ist die Kernladungs- bzw. Ordnungszahl.

Stichwort- und Personenverzeichnis

Bildquellennachweis

U1.1 Getty Images (Flickr/Harry Kikstra/Planet.com), München; **4.1** Helga Lade – Okapia (Josef Ege), Frankfurt; **4.2** dreamstime.com (Algre1), Brentwood, TN; **4.3** Picture-Alliance (dpa), Frankfurt; **5.1** Science Photo Library (Science Photo Library/NASA/GSFC/BARREL), München; **5.2** Ullstein Bild GmbH (Schöning), Berlin; **5.3** FOCUS (Health Protection Agency/SPL), Hamburg; **111.1** Okapia (Josef Ege/LADE), Frankfurt; **112.0** shutterstock (amskad), New York, NY; **114.0** shutterstock (Christian Bertrand), New York, NY; **115.7** Klett-Archiv (Manfred Grote), Stuttgart; **115.8** Klett-Archiv (Toni Wiedemann), Stuttgart; **116.0** Caro Fotoagentur (Oberhaeuser), Berlin; **117.6** Klett-Archiv (Zuckerfabrik Digital), Stuttgart; **118.0** Getty Images (Stockbyte), München; **121.1** iStockphoto (Roberto A. Sanchez), Calgary, Alberta; **122.0** shutterstock (Joe Belanger), New York, NY; **126.0** shutterstock (Nitr), New York, NY; **128.1** shutterstock (Vadim Ratnikov), New York, NY; **128.2** iStockphoto (monkeybusinessimages), Calgary, Alberta; **128.3; 128.4; 128.5** Klett-Archiv (Zuckerfabrik Digital), Stuttgart; **129.1a; 129.1b; 129.1c; 129.1d** Elfriede König, Fellbach; **129.2** BPK, Berlin; **129.3** Klett-Archiv, Stuttgart; **129.4** Avenue Images GmbH (Karl-Heinz Spremberg/imagebroker), Hamburg; **130.2** Hans Dieter Seufert, Berglen-Steinach; **130.3** Mauritius Images (Tony Lilley/Alamy), Mittenwald; **131.1** Picture-Alliance (dpa/ZB), Frankfurt; **131.3** Deutsche Energie-Agentur GmbH, Berlin; **131.7** Fotolia.com (fotomek), New York; **134.1** Alamy Stock Photo (Chris Howes/Wild Places Photography), Abingdon, Oxon; **135.1** dreamstime.com (Algre1), Brentwood, TN; **136.0** shutterstock (Alexander Raths), New York, NY; **136.1; 136.2** Klett-Archiv (Zuckerfabrik Digital), Stuttgart; **137.5; 137.6** Manfred Grote, Lüchow; **142.0** Imago (Horst Rudel), Berlin; **143.8** Manfred Grote, Lüchow; **146.0** Getty Images (Jean Revillard), München; **153.1** Picture-Alliance (dpa), Frankfurt; **154.0** Mauritius Images (Alamy/Werner Otto), Mittenwald; **154.2** Wilhelm Bredthauer, Wunstorf; **154.3** Thinkstock (Digital Vision), München; **155.5** Fraunhofer IISB (Kurt Fuchs), Erlangen; **156.1** Harald Köhncke, Hannover; **156.3** Manfred Grote, Lüchow; **157.1** Siemens AG Communications Siemens Historical Institute CC SHI, Berlin; **157.2** akg-images, Berlin; **157.3** Deutsches Museum, München; **157.4** Thinkstock (iStockphoto), München; **157.5** Getty Images (Archive Photos), München; **158.1** Wilhelm Bredthauer, Wunstorf; **158.3** By S.J. de Waard – Own work, CC BY-SA 4.0, https://commons.wikimedia.org/w/index.php?curid=17313755; siehe *1; **160.1** Michael Wagner, Korntal-Münchingen; **160.3** Senvion Deutschland GmbH, Hamburg; **161.1** Klett-Archiv (Johann Leupold), Stuttgart; **161.2** Ullstein Bild GmbH, Berlin; **161.3** Klett-Archiv (Manfred Grote), Stuttgart; **161.5** Michael Wagner, Korntal-Münchingen; **162.0** Avenue Images GmbH (JupiterImages), Hamburg; **162.3** Stadtmuseum Weiz (Harald Polt), Weiz; **163.5** Manfred Grote, Lüchow; **163.7** Anke Méndez, Königsbronn; **163.8** Klett-Archiv, Stuttgart; **164.1a** Helga Lade – Okapia (P. Thompson), Frankfurt; **164.1c** Picture-Alliance (Bildagentur-online/McP-Boy), Frankfurt; **164.1d** shutterstock (Christian Mueller), New York, NY; **165.5** iStockphoto (i-bob), Calgary, Alberta; **167.1** BSH Bosch u. Siemens Hausgeräte GmbH, München; **167.2** Wilhelm Bredthauer, Wunstorf; **168.1** Klett-Archiv (Manfred Grote), Stuttgart; **168.3a; 168.3b** Klett-Archiv (Horst Welker), Stuttgart; **169.1** Science Photo Library (Science Photo Library/NASA/GSFC/BARREL), München; **170.0** Imago (teutopress Feature), Berlin; **171.7b** Klett-Archiv (Zuckerfabrik Digital), Stuttgart; **172.0** STUDIO 242, Neunkirchen-Seelscheid; **172.3a; 172.3b** Fruhmann GmbH NTL, Neutal; **173.5** www.pd-f.de (Kay Tkatzik), Göttingen; **173.6** Fotolia.com (LianeM), New York; **174.0** By Chocolateoak (Own work) [CC BY-SA 3.0 (http://creativecommons.org/licenses/by-sa/4.0) or GFDL (http://www.gnu.org/copyleft/fdl.html)], via Wikimedia Commons; siehe *1; **175.4** Klett-Archiv (Göran Tronicke), Stuttgart; **175.6; 179.3** Fruhmann GmbH NTL, Neutal; **180.1** Fotolia.com (sonya etchison), New York; **181.4** Klett-Archiv (Zuckerfabrik Digital), Stuttgart; **184.4a; 184.4b; 184.4c; 184.4d; 184.4e; 184.4f** Michael Wagner, Korntal-Münchingen; **185.1** Ullstein Bild GmbH (Schöning), Berlin; **186.0** Leandro Bruns-Alves, Lessingstr. 23, 66121 Saarbrücken; **188.0** Manfred Grote, Lüchow; **189.6** Georg Heinrichs, Mönchengladbach; **189.9** Klett-Archiv (Florian Karsten), Stuttgart; **193.1** Thinkstock (Jupiterimages), München; **193.3b** Deutsches Museum, München; **194.0** Picture-Alliance (dpa), Frankfurt; **194.2** By Phrontis (Own work) [CC BY-SA 3.0 (http://creativecommons.org/licenses/by-sa/4.0)], via Wikimedia Commons; siehe *1; **195.7** Heinz Stoll, Zürich; **198.3** shutterstock (Paolo Bona), New York, NY; **199.1** FOCUS (Health Protection Agency / SPL), Hamburg; **200.0** shutterstock (kikovic), New York, NY; **200.1** Ullstein Bild GmbH (KPA), Berlin; **202.0** Mauritius Images (Roy LANGSTAFF/Alamy), Mittenwald; **204.0** Deutsches Museum, München; **204.1** Thomas Rapp, München; **204.3** Conrad Electronic SE, www.conrad.de (Artikelnr. 101706-62), Hirschau; **205.4** Klett-Archiv (Stefan Lienesch), Stuttgart; **205.5** Klett-Archiv (Zuckerfabrik Digital), Stuttgart; **205.6** Klett-Archiv, Stuttgart; **206.1** Conrad Electronic SE, www.conrad.de (Artikelnr. 101706-62), Hirschau; **206.2; 206.4** Klett-Archiv (Zuckerfabrik Digital), Stuttgart; **206.6** Helmut Wiederrecht, Lobbach-Lobenfeld; **207.1; 207.2; 207.3a; 207.3b; 207.4** Klett-Archiv (Stefan Lienesch), Stuttgart; **208.0** LEYBOLD®/LD DIDACTIC GmbH, Hürth; **208.1; 209.6** Klett-Archiv, Stuttgart; **209.7** LEYBOLD®/LD DIDACTIC GmbH, Hürth; **211.1** Gesellschaft für Strahlen- und Umweltforschung, München; **211.2** Picture-Alliance (dpa/Johann Haas), Frankfurt; **211.3a** FOCUS (Mark Richards), Hamburg; **211.3b; 211.3c** MEV Verlag GmbH, Augsburg; **211.3d** Picture-Alliance (dpa), Frankfurt; **211.3e** Getty Images RF (PhotoDisc), München; **211.3f** Corel Corporation Deutschland, Unterschleissheim; **212.0** Science Photo Library (McIntyre, Will & Deni), München; **213.3** TEPCO Holdings, Chiyoda, Tokio; **214.4** Klett-Archiv (Manfred Grote), Stuttgart; **217.1** FOCUS (PUBLIC HEALTH ENGLAND/SCIENCE PHOTO LIBRARY), Hamburg; **218.0** Mauritius Images (Minden Pictures/Sergey Gorshkov), Mittenwald; **220.3** Deutsches Museum, München; **221.1** Astrofoto, Sörth; **222.2** AREVA (WRIGHT WARREN), Erlangen; **222.3** Science Photo Library (Science Photo Library/Landmann, Patrick), München; **225.1** FOCUS (PUBLIC HEALTH ENGLAND/SCIENCE PHOTO LIBRARY), Hamburg; **228.1** Picture-Alliance (dpa), Frankfurt; **228.2** Physikalisch-Technische Bundesanstalt (E. Claus), Braunschweig;

*1 Lizenzbestimmungen zu CC-BY-4.0 siehe: http://creativecommons.org/licenses/by/4.0/legalcode

Sollte es in einem Einzelfall nicht gelungen sein, den korrekten Rechteinhaber ausfindig zu machen, so werden berechtigte Ansprüche selbstverständlich im Rahmen der üblichen Regelungen abgegolten.